Internet +
E-commerce
Development Roadmap

互联网+
中外电商发展路线图

水藏玺 吴平新◎编著

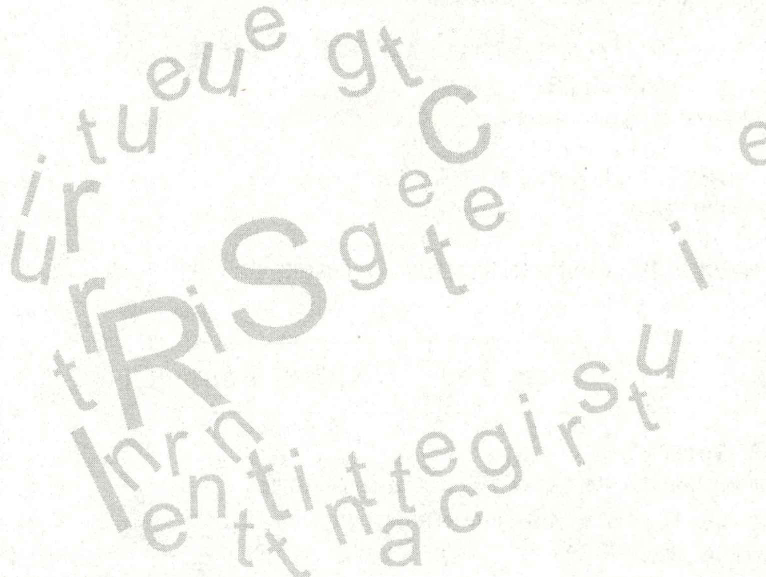

中国纺织出版社
国家一级出版社
全国百佳图书出版单位

内 容 提 要

电商起源于美国，迅速发展在中国。电子商务就像一个强大的帝国，随着互联网的迅速发展而悄然崛起，不断地改变着人们的生活和工作。特别是李克强总理提出“互联网 +”，发展电商更被提高到了国家战略的高度，因此，了解电商发展路径及未来发展方向必将成为所有中国企业进行“互联网 +”转型和个人创业的必修课。

《互联网 + ：中外电商发展路线图》一书正是基于以上的思考，系统地阐述了美国、欧洲、非洲、亚洲电商发展路径，同时也对未来发展方向进行了大胆预测，旨在帮助正在从事和准备从事电子商务的企业及个人抓住发展的机遇，快速腾飞！

图书在版编目（CIP）数据

互联网 + ：中外电商发展路线图 / 水藏玺，吴平新编著．—北京：中国纺织出版社，2017. 7
ISBN 978－7－5180－3475－8

Ⅰ．①互… Ⅱ．①水… ②吴… Ⅲ．①电子商务—研究 Ⅳ．① F713.36

中国版本图书馆 CIP 数据核字（2017）第 068607 号

策划编辑：向连英　　特约编辑：于　涛　　责任印制：储志伟

中国纺织出版社出版发行
地址：北京市朝阳区百子湾东里A407号楼　邮政编码：100124
销售电话：010—67004422　传真：010—87155801
http：//www. c-textilep. com
E-mail：faxing@c-textilep. com
中国纺织出版社天猫旗舰店
官方微博 http：//weibo. com/2119887771
三河市盛宏印务有限公司印刷　各地新华书店经销
2017年 7 月第 1 版第 1 次印刷
开本：710×1000　1/16　印张：17
字数：245千字　定价：49.00元

南粤商学专家委员会

万良民	张兴隆	吴新南	陈利新	王俊权	姚孝杨
李　敏	梁　芳	王　燕	李东峰	胡　宾	梁凯荣
邓玉莲	黄　勇	李　强	钟　萍	田　燕	陈梧盛
周乐国	朱韵菲	王　红	任洪刚	冼　林	黄妘穗
朱小勇	杨紫晴	叶　芬	王远飞	刘溧云	刘凡慧
王若茜	陈晓岽	杨剑军	景通桥	沈全利	刘明勇
谢志鸿	宋维团	符立龙	韩平肖	乔　峥	游黎萍
吴艳青	张　辉	熊　刚	甘云龙	牛改荣	欧阳曙
杜　睿	戴建红	沈海涛	艾　静	李友玺	顾群丰
罗向明	马立祥	马宏亮	黄　钢		

推荐序

拥抱互联网，让传统企业插上腾飞的翅膀

欣闻水藏玺先生的《互联网+：中外电商发展路线图》一书即将付梓印刷，在此送上我深深的祝福。水藏玺先生在日常繁忙的咨询工作中，还能抽出时间对“互联网+”这种新生事物进行研究，并结合他个人十多年咨询经验和对管理的感悟写出来，与大家分享，这对我们习惯于传统思维经营的企业家而言无疑是一种福音。

“互联网+”作为基于互联网的一整套信息技术（包括移动互联网、云计算、大数据技术等），本质在于传统行业的在线化和数据化。2015年3月5日十二届全国人大三次会议上，李克强总理在政府工作报告中提出“互联网+”行动计划，推动移动互联网、云计算、大数据、物联网等与现代制造业结合，促进电子商务、工业互联网和互联网金融健康发展，引导互联网企业拓展国际市场，正式将“互联网+”纳入国家顶层设计，提升至国家战略层面。对促进像我们国茂这样的企业转型升级具有极大的推动作用。

国茂创建于1993年，精耕于传动设备领域，力求为人类生产力进步作出贡献，目前已发展成为一家以国茂减速机股份为主力旗舰、位列“2016中国民营企业500强”第487位、“2016中国民营企业制造业500强”第281位、2015年度江苏百强民企榜第88位的大型民营企业集团。

随着国家“中国制造 2025”“互联网 +”等战略的逐步推广，国茂与所有传统制造企业一样都面临互联网转型和二次创业的压力，这种压力一方面来自企业外部，但我认为更多的是来自企业内部，从团队意识创新、商业模式创新、产品模式再造，到内部价值链重组，等等，都面临着极大的挑战。

国茂认为，未来行业竞争一定是价值链之间的竞争，单靠企业自身的领先已经不足以赢得市场和竞争，因此，国茂集团需要按照互联网思维全面重新构建新的价值链体系，进而实现产品从功能单一向解决方案的创新，构建共赢的上下游价值链体系。

一是用开放的胸怀拥抱互联网时代的到来。“互联网 +”对传统行业的冲击有目共睹，有人讲，传统企业不做互联网 + 转型是“等死”。国茂集团一定不能坐以待毙，我们必须全力出击，因为在未来，传统企业与互联网的高度融合已经成为必然，国茂集团要用积极、开放的心态拥抱“互联网 +”带来的变化。

二是打造共赢的价值链体系。早在创业伊始，国茂集团就从市场端建立了完善的共赢体系，在未来我们还需要通过建立战略供应商体系，将价值链向产业前端转移，进而构建“战略供应商——国茂减速机集团——战略市场伙伴”的共赢价值链体系。

三是打造让客户尖叫的产品和服务。在产品同质化、客户忠诚度急剧下降的时代，如何才能提升客户满意度和忠诚度？我们觉得，唯一的出路就是要打造让客户尖叫的产品和服务，一方面，通过内部研发和技术创新，稳定产品品质，提升产品技术含量；另一方面，建立 6S 级售后服务体系，让客户在产品全生命周期都能享受来自国茂集团的星级服务。

四是用互联网思维全面改造渠道模式。不仅在产品制造、研发上我们要融入互联网思维，在渠道模式上我们也要按照互联网思维进行全面改造和升级，让终端用户享受更为便捷的服务。

五是加速业务流程重构。按照互联网企业运作模式对现有组织体系进行全面再造，强调用户平台、产品实现和效率提升。

回顾过去，在全体国茂人的努力下，我们赢得了市场的普遍认可和赞誉，未来，我们在“互联网 + 战略”的指引下必将续写辉煌。

《互联网 +：中外电商发展路线图》一书，第一，对国际上如何界定电子商务进行了介绍，接着对电子商务产生的历史背景、发展条件、发展历程、发展特点进行了客观的描述；第二，对美国、德国、英国、法国、俄罗斯、意大利、日本、韩国、印度、台湾地区、新加坡及非洲的电子商务发展路径、模式、经验和问题进行了全面的介绍；第三，对中国电子商务发展的过程、特点、模式和格局进行了深入解析；第四，对电商发展的未来趋势和可能的路径进行了有益的探索，这些对于像我们国茂这样的企业大有助益。在企业转型升级之际，水藏玺先生的《互联网+：中外电商发展路线图》为我们指明了前进的方向，是我们传统企业转型升级的导航灯。

忆往昔，峥嵘岁月稠；望今朝，任重而道远。国茂集团定互联网思维武装自己，力求以国际产业发展为导向，围绕创新与发展主题，站在时代的高度，紧扣市场脉搏，创新产品，拓宽视野，为全面实现“成为世界级传动专家”的目标而全力以赴。

江苏国茂减速机股份有限公司董事长 徐国忠

2017 年 3 月 1 日

前言
PREFACE

电子商务，就像一个强大的帝国，随着互联网（因特网）的迅速发展而悄然崛起，它从产生的第一天起，就以爆炸式的速度迅速发展。从 1994 年贝佐斯在西雅图郊区一个破旧的仓库试图在网上倒腾图书算起，经过 20 多年时间，全球电子商务的销售额已达 1.2 万亿美元。究竟是什么力量促使电子商务迅猛发展？是网络世界的联通性。正如我们在第一章中所指出的：由 20 世纪 40 年代信息技术（IT）发展起来的集成电路技术和数据网络通信技术，为电子商务的发展奠定了良好的技术基础。

但 IT 技术的发展只是完成了电子商务大发展的“硬件”需求，各国电子交易相关法律法规的制定，为开发网络上的电子商务提供了重要的安全环境。政府的支持与推动是电子商务大发展的必要“软件”。

为了大力推进我国电子商务的快速发展，信睿咨询和中国纺织出版社达成共识，决定编辑出版系列电子商务图书，对电子商务的发展状况、政策环境、各个价值链的具体管理方法等进行介绍。本书是这个系列中的一本，旨在对中外电子商务发展状况做一个纵向和横向的总体介绍，为正在开展电子商务或正准备往电子商务转型的企业及个人，特别是中小企业及个人提供一个清晰的路线图，使之对整个电子商务的发展状况和机理有一个清晰的了解。

在第一章，首先对国际上如何界定电子商务进行了介绍，接着对电子商务产生的历史背景、发展条件、发展历程、发展特点进行了客观的描述；第二章，对美国、德国、英国、法国、俄罗斯、意大利、日本、韩国、印度、台湾地区、新加坡及非洲的电子商务发展路径、模式、经验和问题进行了全面的介绍；第三章，对中国电子商务发展的过程、特点、模式和格局进行了深入解析；第四章，对电商发展的未来趋势和可能的路径进行了简单的介绍。

电子商务起源于美国，发展在中国。

在美国，电子商务实践早于电子商务概念，企业的商务需求“推动”了网络和电子商务技术的进步，并促成电子商务概念的形成。当互联网时代到来的时候，美国已经有了一个比较先进和发达的电子商务基础。在中国，电子商务概念先于电子商务应用与发展，“启蒙者”是IBM等IT厂商，网络和电子商务技术需要不断“拉动”企业的商务需求，进而推动了中国电子商务的应用与发展。了解这一不同点是很重要的，这是中国电子商务发展的一大特点，也是理解中国电子商务应用与发展的一把钥匙。

1997年，中国化工信息网正式在互联网上提供服务，开拓了网络化工的先河。1997年12月，中国化工网（英文版）上线，成为国内第一家垂直B2B电子商务商业网站。经过短短十几年的发展，我国电子商务从无到有，从小到大。1999年全国电子商务交易额为200亿元，2000年达到1900亿元，2005年为7400亿元，2007年超过了21700亿元，到2015年年底，全国电商交易额超过了16.2万亿元。我国网络零售市场规模早在2013年已经超过美国，成为世界最大的网络零售市场，而且正在往纵深发展。

美国“FAVORITE 50”最受欢迎的50家电子商务网站排行榜中排名前10位的网站中，除Amazon（B2C）和eBay（C2C）外，其余网站均为做实物买卖的企业；而平台模式在中国则成为电子商务的主要特色之一，且发展迅速。如果说美国电子商务是“商务推动型”，那么中国电子商务则更多的是“技术拉动型”，这是在发展模式上中国电子商务与美国电子商务的最大不同。

这就是我们研究电子商务后得到的一些结论，相信对有志于电子商务的企业和对电子商务感兴趣的你会有一定的帮助作用。在编撰过程中，我们尽可能地通过图片、表格来形象地展示电子商务的发展状况，使阅读更为直观，可读性更强。同时，我们采取了理论权威与实操专家相结合的方式进行操作，理论权威对理论把关，实操专家对实操方法把关，保证了这套图书的整体质量。

本书在撰写过程中得到了中国社会科学院、北京大学、武汉大学、信睿咨询、南粤商学的大力支持，在此表示衷心感谢！

水藏玺

2017年1月

目录

CONTENTS

第一章　电子商务的界定及其路径选择

第二章　参差不齐的不同国家及地区电商发展

第三章　中国：一只在电商路上奔跑的兔子

第四章　电商发展的未来趋势——确定性抑或哥德巴赫猜想

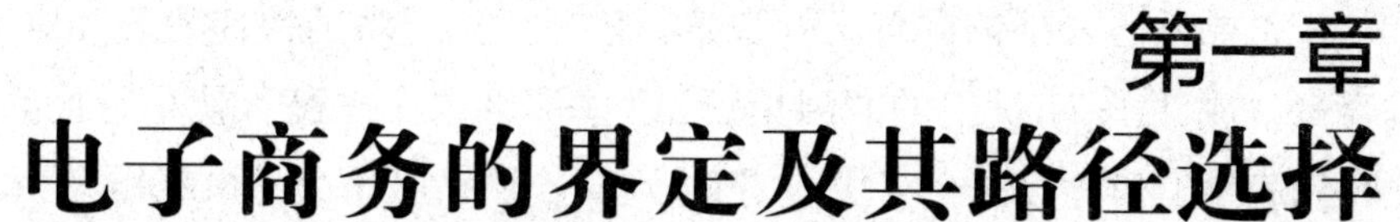

第一章 电子商务的界定及其路径选择

第一节 东西方电商帝国的产生

2014年9月19日，阿里巴巴集团成功在美国纽约证券交易所挂牌上市，股价开盘报92.70美元，收盘上涨至93.89美元，收盘价较发行价68美元上涨38.07%。“阿里巴巴”成为美股史上最大的IPO，其收盘市值为2314亿美元，超越Facebook、IBM、甲骨文、亚马逊等公司，仅次于苹果、谷歌和微软公司，成为了全球第四大高科技公司和全球第二大互联网公司。

如果说马云是依靠自己的智慧，依托中国经济的快速发展和巨大的市场容量，成就了21世纪的“阿里巴巴”，那么“亚马逊”就是时代的幸运儿，时代造就了20世纪90年代的“亚马逊”。网络电子交易系统作为美国人的创新产物，使“亚马逊”幸运诞生。

英雄不论出身。“阿里巴巴”和“亚马逊”都是电商帝国，是东西方大国的代表性企业。是什么力量促成了它们的成功呢？是20世纪90年代末期应运而生的B2B、B2C、C2C电子商务商业模式，成就了“阿里巴巴”，也成就了“亚马逊”。

一、世界级电商庞然大物阿里巴巴

要了解阿里巴巴有今天成就的原因，就需先了解阿里巴巴的发展历程。

（一）阿里巴巴及马云

1. 阿里巴巴

阿里巴巴集团（其标识见图1）由本为英语教师的中国互联网先锋马云于1999年带领其他17人在杭州创立，他希望将互联网发展成为普及、安全可靠的使用工具，让大众受惠。阿里巴巴集团由私人持股，在中国、新加坡、印度、英国及美国设有70多个办事处，员工数量超过20000人。

图1　阿里巴巴公司标识

2. 马云

作为阿里巴巴集团、淘宝网、支付宝的创始人。马云 1964 年 9 月出生于浙江省杭州市，祖籍浙江绍兴嵊州（原嵊县）谷来镇。

1988 年，马云从杭州师范学院外语系英语专业毕业后去了杭州电子工学院，任英文及国际贸易教师。马云很快成为杭州优秀青年教师，发起西湖边上第一个英语角，逐渐在杭州翻译界小有名气。

1997 年，马云和他的团队在北京开发了外经贸部官方网站、网上中国商品交易市场、网上中国技术出口交易会、中国招商、网上广交会和中国外经贸等一系列国家级网站。

1999 年 3 月，马云和他的团队回到杭州，用 50 万元人民币开始了新一轮创业，开创阿里巴巴网站。

1999 年 10 月和 2000 年 1 月，阿里巴巴两次共获得国际风险投资 2500 万美元，马云以“东方的智慧、西方的运作、全球的大市场”的经营管理理念，迅速招揽国际人才，全力开拓国际市场，同时培育国内电子商务市场，帮助中国企业尤其是中小企业迎接加入世界贸易组织的挑战，构建了一个电子商务平台。

2013 年 5 月 10 日，马云卸任阿里巴巴集团 CEO，但兼任阿里巴巴集团董事局主席、中国雅虎董事局主席、杭州师范大学阿里巴巴商学院院长、华谊兄弟传媒集团董事等职务，是中国 IT 企业的代表性人物。

2013 年 5 月 28 日，阿里巴巴集团联合银泰集团、复星集团、富春集团、顺丰、中通、圆通、申通、韵达等多家民营快递企业成立菜鸟网络科技有限公司，并同时启动中国智能骨干网（CSN）项目建设，马云出任菜鸟网络科技有限公司董事长。

2013年6月30日，马云当选全球互联网治理联盟理事会联合主席。10月受邀担任英国首相戴维·卡梅伦的特别经济事务顾问。

2013年8月22日，在UC优视9周年之际，阿里巴巴董事局主席马云和UC优视董事长俞永福向UC优视全体员工发布邮件宣布，马云将出任UC优视董事。

2014年9月19日，阿里巴巴集团于纽约证券交易所正式挂牌上市。

2015年10月23日，"2015信中利·胡润IT富豪榜"发布，51岁的马云及其家族以1350亿元资产蝉联中国IT业首富，在13年里财富增长540倍。

2015年10月26日，2015年福布斯中国富豪榜在北京发布，马云以218亿美元财富，排名第二。

2015年11月4日，马云名列"福布斯"全球最有权力人物排行榜第22位。

2016年5月8日，马云任中国企业家俱乐部主席。

2016年9月21日，马云受联合国邀请，出任联合国贸易和发展会议青年创业和小企业特别顾问。

（二）阿里巴巴的发展历程

1999年：马云带领17位创始人在杭州的公寓中正式成立了阿里巴巴集团。

1999～2000年：阿里巴巴从软银、高盛、美国富达投资等机构融资2500万美金。

2002年：阿里巴巴B2B公司开始盈利。

2003年：在马云位于杭州的公寓中，个人电子商务网站"淘宝"成立；发布在线支付系统——支付宝。

2005年：阿里巴巴集团与雅虎美国建立战略合作伙伴关系。同时，执掌雅虎中国。

2006年：阿里巴巴集团战略投资口碑网。

2007年：1月，以互联网为平台的商务管理软件公司阿里软件成立；11月，阿里巴巴网络有限公司在香港联交所挂牌上市，阿里巴巴集团成立网络广告平台"阿里妈妈"。

2008年：6月，口碑网与中国雅虎合并，成立雅虎口碑；9月，阿里妈妈

与淘宝合并；阿里巴巴集团研发院成立。

2009年：7月，阿里软件与阿里巴巴集团研发院合并。8月，阿里软件的业务管理软件分部注入阿里巴巴B2B公司，作为“大淘宝”战略的一部分，口碑网注入淘宝，使淘宝成为一站式电子商务服务提供商，为更多的电子商务用户提供服务。9月，阿里巴巴集团庆祝创立10周年，同时成立阿里云计算。

2010年：3月，阿里巴巴集团宣布成立大淘宝战略执行委员会，其成员来自淘宝、支付宝、阿里云计算和中国雅虎的高管，以确保“大淘宝”战略的成功执行；5月，阿里巴巴集团宣布，从2010年起将年度收入的0.3%拨作环保基金，以促进全社会对环境问题的重视。11月，淘宝商城启动独立域名Tmall.com。

2011年：1月，阿里巴巴集团宣布将在中国打造一个仓储网络体系，并与伙伴携手大力投资中国物流业；6月，阿里巴巴集团将淘宝网分拆为三个独立的公司：淘宝网（taobao.com），淘宝商城（tmall.com）和一淘（etao.com），更精准和有效地服务于客户。

2012年：1月，淘宝商城宣布更改中文名为天猫，加强其平台的定位；6月，阿里巴巴网络有限公司正式从香港联交所退市；7月，阿里巴巴集团宣布将现有子公司的业务升级为阿里国际业务、阿里小企业业务、淘宝网、天猫、聚划算、一淘和阿里云七个事业群；9月，阿里巴巴集团完成对雅虎初步的股份回购并重组与雅虎的关系；11月，淘宝网和天猫平台本年度的交易额突破人民币10000亿元。

2013年：1月，阿里云计算与万网合并为新的阿里云计算公司；阿里巴巴集团重组为25个事业部，以更好地迎接中国增长迅速的电子商务市场所带来的机会和挑战。

2014年：5月，阿里向美国证券交易委员会提交了首次公开募股申请；9月，阿里巴巴集团在纽约证券交易所正式挂牌上市，股票代码“BABA”，创始人和董事局主席为马云。2014年全年，阿里巴巴总营收762.04亿元人民币，净利润243.20亿元人民币。

2016年：阿里巴巴正式宣布成为全球最大的零售交易平台；合一集团（优酷土豆）（NYSE：YOKU）宣布，依据2015年11月6日宣布的合并计划，合一集团与阿里巴巴集团已完成合并交易，正式成为阿里巴巴旗下全资子公司。

（三）阿里巴巴的美国上市及其影响

2014 年 9 月 19 日，阿里巴巴在纽交所正式进行 IPO，发行总额达 243 亿美元。或许，从来没有一家公司的上市会如此牵动亿万中国人的神经。阿里巴巴上市之后，对于目前电商行业环境有什么改变，对未来会有什么影响呢？

1. 对国内企业的影响

业内人士认为，阿里巴巴的上市对国内企业至少有如下影响。

（1）对国内互联网生态的影响。

阿里巴巴上市后对国内互联网生态将产生一定的影响。首先，中国互联网整体在世界的关注度会得到提升。其次，国内互联网产业格局更加鲜明，形成百度、阿里巴巴、腾讯三大体系，其他热门互联网公司发展到一定阶段后会选择站队。最后，由于三家均面临移动互联网转型压力，阿里巴巴上市后会促进本地生活服务互联网化的发展，及提升以数据为核心链接整个消费生态相关市场的热度。传统行业会更重视互联网化，尤其会促使传统零售互联网化提速。

（2）对中国电商的影响。

首先，上市本身对当前电商在业务层面的竞争情况影响不大。其次，最大的电商上市后，中国市场占有率靠前的电商都会直接或间接上市，中国电商的运营情况更加透明化，当前面临的诚信问题有望得到改善。再次，将促进物流基础建设等相关电商服务产业的发展。最后，阿里巴巴上市后提升中国电商企业在国际的知名度，促进跨境电商发展。

2. 阿里巴巴未来的业务发展

国内零售电商部分的发展现在已经比较成熟，未来会呈现比较稳定的增长。天猫与淘宝定位更加明确，天猫在整个阿里巴巴零售电商所占的份额会进一步增加。上市后阿里巴巴知名度提升，有助于其海外零售业务的发展，目前该业务增速很快，仍将处于上升期，阿里巴巴会积极解决海外支付的问题。更多的重心将放在包括商品、服务的整个消费生态的建立。生活服务将是其发展重点，目前生活服务的布局偏点式，以数据链接会是未来的发展方向。

3. 阿里巴巴给予我们的启示

以阿里巴巴为代表的中国本土电商企业，本出身小微企业，发迹于互联网技术应用，蓬勃于中国式 B2B（企业对企业）、B2C（企业对个人）模式的构建与创新，倚重于国际资本的鼎力支持，根植于中国庞大的生产、消费市场及独特的产业结构，受益于中国加入世界贸易组织的巨大商机。

电商企业成功的因素或许很多，但核心的一条在于把互联网技术与我国小微企业及本土市场特点相结合，开创具有中国本土商业特质、满足小微企业经营实际需求、适合中国政策环境的技术应用和商业模式，并凭借本土化优势在 C2C（个人对个人）等市场关键领域击败美国 ebay 公司这样的国际一流电商企业。

正如马云所言，中小企业就像岸边的沙子，互联网能够把它们粘合在一起，聚合成可以抗击石头倾轧的力量。星星之火，可以燎原。互联网经济时代，阿里巴巴不弃小微之小，故能成就上千亿美元市值之大。

二、杰夫·贝佐斯及其亚马逊帝国

电子商务起源于美国，而美国电子商务要追根溯源，就得从杰夫·贝佐斯说起。

（一）杰夫·贝佐斯其人

杰夫·贝佐斯，1964 年 1 月 12 日生于美国新墨西哥州中部城市阿尔布奎克。贝佐斯的中学时代是在迈阿密的迈阿密蒲葵中学度过，是班长和毕业生代表。到高中，贝佐斯就展示出了做企业的才能。他成立“梦想”协会，开办暑期活动，开发学生的创新思维，甚至鼓动他的妹妹、弟弟也来参加。高中毕业时，由于贝佐斯在各方面的优异表现，他获得了美国高中毕业生的最高荣誉“美国优秀学生奖学金”。

1986 年，贝佐斯以优异成绩毕业于普林斯顿大学，获电气工程与计算机科学学士学位。大学毕业后，他很快就进入纽约一家新成立的高科技公司。两年后，贝佐斯跳槽到一家纽约银行家信托公司，管理价值 2500 亿美元资产的电脑系统；1992 年，25 岁的贝佐斯成了这家银行信托公司有史以来最年轻的副总裁。

（二）杰夫·贝佐斯的偶然发现

1994 年，在一次上网冲浪时，贝佐斯偶然进入一个网站，看到了一个数字——2300%，互联网使用人数每年以这个令人咋舌的速度在增长。贝佐斯看到这个数字后，眼里放光，当时西雅图的微软已经逐渐长大了，他希望自己像微软一样，在 IT 行业取得成功，做网络浪尖上的弄潮儿。

贝佐斯决定在网上卖东西，利用互联网用户爆发式的增长为其创造财富。那到底卖什么好呢？贝佐斯先是列出了 20 多种商品，然后逐项淘汰，精简为书籍和音乐制品，最后他决定先卖书籍。他认为，书籍特别适合在网上展示，而且美国作为出版大国，图书有 130 万种之多，而音乐制品仅 20 万～ 30 万种，图书发行业市场空间较大，这个行业年销售额为 2600 亿美元，但拥有 1000 余家分店的美国最大连锁书店邦诺（Barnes & Noble，也是全球第一大书店）年销售额也仅占 12%。

几周后，他就放弃了丰厚的待遇，踏上了创业之路。贝佐斯通知搬家公司，一旦在科罗拉多州、俄勒冈州或华盛顿州这三处选定地方后即刻通知他们，便匆匆上路西行。他让妻子负责开车，自己则迫不及待地用一台笔记本电脑匆匆起草一份商业计划，又迫不及待地用移动电话联络筹集启动资金。

1995 年，贝佐斯从纽约搬到西雅图。他之所以选定西雅图，是因为这里有现成的技术人才，而且离大型渠道分销商 Ingram 图书部门的俄勒冈仓库十分接近。贝佐斯用 30 万美元的启动资金，在西雅图郊区租来的车库中，创建了全美第一家网络零售公司——Amazon.com（亚马逊公司，其标识见图 2）。贝佐斯用全世界最大的一条河流来命名自己的公司，是希望它能成为图书公司中名副其实的“亚马逊”。

图2　亚马逊的公司标识

“江山代有才人出，各领风骚数百年”，就这样，电子商务的标志性网站就在一个小小的车库中创立了。

（三）亚马逊帝国的形成

Amazon 网站于 1995 年 7 月 16 日正式上线。由于 Amazon 推出打折的图书，因此网站一上线就收到了客户的订单。最初，Amazon 每天的图书订单量很少，不到 10 单。在网站上线三天后，贝佐斯收到了雅虎联合创始人杨致远的邮件，杨致远在邮件中这样说道：“我们认为你的网站非常有创意，你想不想让我们将网站放在雅虎网页的推荐网站列表中呢？”贝佐斯想了想，同意了。此后的几天，Amazon 的图书订单量飞涨。一周内，Amazon 就收到了总价达 1.2 万美元的订单，然而公司的出货却遭到了严峻挑战，Amazon 在那周出货价值仅 846 美元，与订单量相差甚远，这个问题持续了好几周的时间才得以解决。

贝佐斯为了抢占行业制高点，在网站还没有最终做好之前就提前上线了。在他看来，必须先将 Amazon 上线，然后再慢慢解决使用过程中遇到的问题，如果等到网站完全做好再上线就太迟了。这印证了他曾说过的一句话：“成功没有神奇妙方，关键要抢在别人前面。”

在公司起步阶段，为了让亚马逊在传统书店如林的竞争压力中站稳脚跟，贝佐斯花了 1 年时间来建设网站和数据库。同时，他对网络界面进行了人性化的改造，给客户舒适的视觉效果，方便地选取服务。当然还有 110 万册的可选书目。而在设立数据库方面，他更是小心谨慎，光软件测试就用了 3 个月。时间证明贝佐斯的做法极其正确。凭着这些优势，1995 年 7 月，亚马逊正式打开了它的“虚拟商务大门”。

通过一系列的努力，亚马逊渐渐强大起来，贝佐斯的眼光也放得更远。1998 年 3 月，亚马逊开通了儿童书店，虽然这时的亚马逊已经是网上最大、最出名的书店了，但贝佐斯继续以他的理论引导着亚马逊向更远的目标发展。6 月，亚马逊音乐商店开张；7 月，与 Intuit 个人理财网站及精选桌面软件合作；10 月，打进欧洲市场；11 月，加售录像带与其他礼品。1999 年 2 月，买下药店网站股权，并投资药店网站；3 月，投资宠物网站，同期成立网络拍卖站；5 月，投资家庭用品网站。

2000 年 1 月，亚马逊与网络快运公司达成了一项价值 6000 万美元的合作协议，使用户订购的商品在一小时之内能送上门。这一系列举措产生的直接结果就是，使亚马逊的客户突破了1500万。在这个过程中，亚马逊已经完成了从纯网上书店向一个网上零售商的转变，在这组数据的背后，人们看到的是不断地扩张、扩张，而在这个阶段，亚马逊的股价共上升了50多倍，公司市值最高时达到210亿美元。

时间到了2002年7月，人们期望中的经济复苏和IT回暖都没有出现。世通因为财务丑闻而宣布破产保护，全球电信业一片哀号。而在很多企业处在这样的痛楚中时，互联网公司却风景独好。一大批上市的互联网公司都开始正式摆脱“赤字”生涯，迈向健康的赢利之路。雅虎、eBay、Amazon等主要的互联网公司都公布了超过预期的业绩，而且商业模式在经受了严厉的质疑后，也稳稳立住了脚跟。

沉闷的互联网业终于又听到了贝佐斯久违的大笑。他承认，自己在1994年所做的预期完全是错误的，因为他低估了电子商务的力量。“我们最初的商业计划，预期在2001年实现7000万美元的销售收入和400万美元的运营利润。”而在2001年，亚马逊的收入预期将达到30亿美元，是最初预期的42倍。

当所有人还不知道“电子商务”是什么东西、还在讨论“电子商务”的时候，贝佐斯已经用自己的行动证实了什么是电子商务。“亚马逊”是网络上第一个电子商务品牌。在1995年7月，亚马逊还只是个小网站，但到了2000年1月，亚马逊的市值已经达到了210亿美元，是老对手巴诺的8倍。不到5年的时间，亚马逊以惊人的成长速度创造了一个网络神话。

亚马逊成为了世界上最成功的电子商务网站之一，而杰夫·贝索斯也在2013福布斯全球亿万富豪榜排名第19位。这位堪称“电子商务之父”的成功企业家靠着30万美元的第一桶金，成立了一家网上销售书籍的公司，成为电子商务的鼻祖。

第二节　电子商务的不同界定

随着互联网的迅速发展，一个强大的帝国悄然崛起，它使21世纪进入新经济状态，带动了多种新兴行业的发起。

是什么帝国如此神奇？答案便是：电子商务。

一、电子商务的含义

电子商务是一门迅速发展的学科。在电子商务的形成和发展过程中，人们按照各自的理解为电子商务加上了各种注解，专家学者、政府部门、行业协会和各种公司也从不同角度提出了各自的见解。那么，究竟什么是电子商务呢？

图3　形象化的电子商务

（一）电子商务与互联网电子商务

1. 电子商务（EC）

电子商务（Electronic Commerce）是利用计算机技术、网络技术和远程通信技术，实现整个商务（买卖）过程中的电子化、数字化和网络化。它通过网络，网上琳琅满目的商品信息、完善的物流配送系统和方便安全的资金结算系统进行交易。如到淘宝网买衣服，手机订购电子报纸，网上购买电子书阅读，等等。

（注：电子商务简称电商。值得提出的是，有的文章把从事电子商务的企业也简称为电商，为了不混淆这些基本概念，我们把从事电子商务的企业称为电商企业）

2. 互联网电子商务

互联网电子商务（Internet Electronic Commerce），是指在互联网开放的网络环境下，买卖双方在任何可连接网络的地点间进行各种商务活动，实现两个或多个交易者间的生产资料交换及所衍生出来的交易过程、金融活动和相关的综合服务活动的一种的商业运营模式。不包括企业内部的电子商务、企业间基于 VPN（Virtual Private Network，缩写为 VPN，虚拟专用网络）等技术建立的不完全开放网络的电子商务。它是电子商务概念的子集，是外部化的电子商务，也是互联网应用的一种。下图描述的是电子商务与互联网电子商务及互联网应用之间的关系。

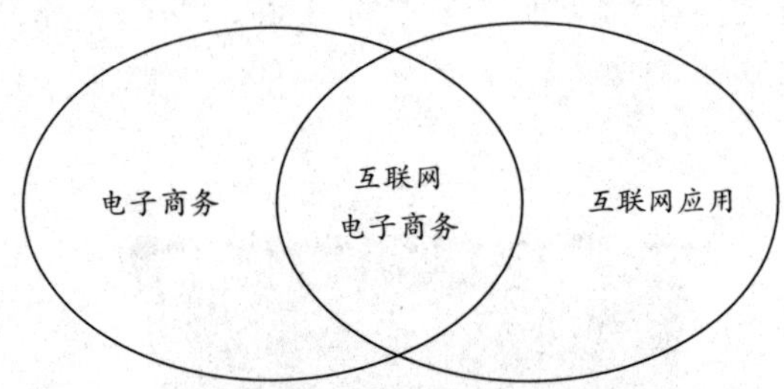

图4　电子商务与互联网之间的关系

（二）电子商务的广义定义和狭义定义

电子商务可以划分为广义和狭义的两种。广义的电子商务定义为，使用各种电子工具从事商务活动；狭义的电子商务定义为，主要利用互联网从事商务活动。

1. 狭义的电子商务

狭义上讲，电子商务（Electronic Commerce，简称 EC）是指通过使用互联网等电子工具（这些工具包括电报、电话、广播、电视、传真、计算机、计算机网络、移动通信等）在全球范围内进行的商务贸易活动，是以计算机网络为基础所进行的各种商务活动，包括商品和服务的提供者、广告商、消

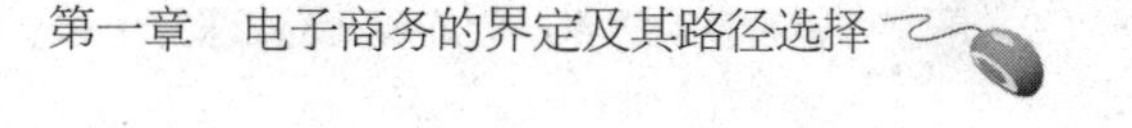

费者、中介商等有关各方行为的总和。人们一般理解的电子商务是指狭义上的电子商务。

2. 广义的电子商务

广义上讲，“电子商务”一词源自 Electronic Business，就是通过电子手段进行的商业事务活动。通过使用互联网等电子工具，使公司内部、供应商、客户和合作伙伴之间，利用电子业务共享信息，实现企业间业务流程的电子化，配合企业内部的电子化生产管理系统，提高企业的生产、库存、流通和资金等各个环节的效率。

无论是狭义的还是广义的电子商务的概念，电子商务都涵盖了两个方面：一是离不开互联网这个平台，没有了网络，就称不上为电子商务；二是通过互联网完成的活动是一种商务活动。

二、电子商务系统

电子商务系统是保证以电子商务为基础的网上交易实现的体系。

（一）结构

电子商务整体结构分为电子商务应用层结构和支持应用实现的基础结构。基础结构又包括三个层次两大支柱：三个层次自下而上分别为网络层、传输层和服务层；两个支柱分别是公共政策与法律规范、隐私，技术标准与文件、安全、网络协议（见图 5）。

（二）电子商务平台

1. 含义

电子商务平台即一个为企业或个人提供网上交易洽谈的平台。企业电子商务平台是建立在互联网上进行商务活动的虚拟网络空间和保障商务顺利运营的管理环境，是协调、整合信息流、物质流、资金流有序、关联、高效流动的重要场所。企业、商家可充分利用电子商务平台提供的网络基础设施、支付平台、安全平台、管理平台等共享资源有效地、低成本地开展自己的商业活动。

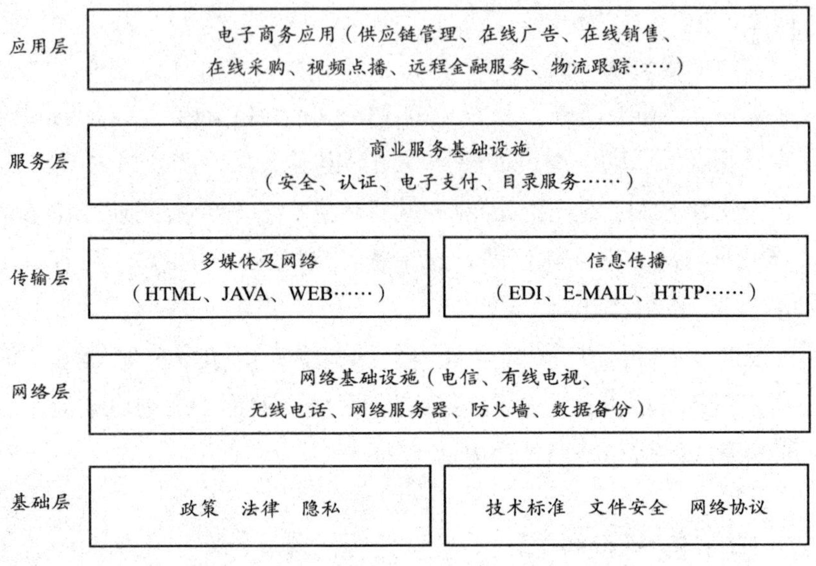

图5　电子商务应用架构

2. 功能

电子商务平台可提供网上交易和管理等全过程的服务，因此它具有广告宣传、在线展会、虚拟展会、咨询洽谈、网上订购、网上支付、电子账户、服务传递、意见征询、交易管理等各项功能。

3. 分类

电子商务平台主要有：B2C平台、独立商城、C2C平台、CPS平台、O2O平台、银行网上商城、运营商平台、第三方电子商务。

（三）电子商务入口

入口就是进入的地方。电子商务入口就是进入电子商务交易的平台。

（四）电子支付

电子支付是指电子交易的当事人，包括消费者、厂商和金融机构，使用安全电子支付手段，通过网络进行的货币支付或资金流转。

1. 电子支付与传统支付的区别

电子支付是电子商务系统的重要组成部分，它与传统支付具有明显的区别（见下表）。

表　电子支付与传统支付对比表

	传统支付	电子支付
款项支付方式	现金流转、票据转让均以银行汇兑等物理实体完成	采用信息技术完成信息传输及款项支付
工作环境	在较封闭的系统中运作完成	在基于开放的网络平台中运作
设备要求	使用传统的通讯媒介，对软件及硬件的要求相对较低	使用先进的通信手段，对软件及硬件要求都很高
支付效率	支付时间较长，效率低、费用高	支付时间很短，效率高、费用极低

2. 支付工具

随着计算机技术的发展，电子支付的工具越来越多。这些支付工具可以分为三大类：

（1）电子货币类，如电子现金、电子钱包等。

（2）电子信用卡类，包括智能卡、借记卡、电话卡等。

（3）电子支票类，如电子支票、电子汇款、电子划款等。

这些方式各有自己的特点和运作模式，适用于不同的交易过程。

3. 电子支付流程

支付流程包括：支付的发起、支付指令的交换与清算、支付的结算等环节。见图 6。

清算（Clearing），指结算之前对支付指令进行发送、对账、确认的处理，还可能包括指令的轧差。

轧差（Netting），指交易伙伴或参与方之间各种余额或债务的对冲，以产生结算的最终余额。

结算（Settlement），指双方或多方对支付交易相关债务的清偿。

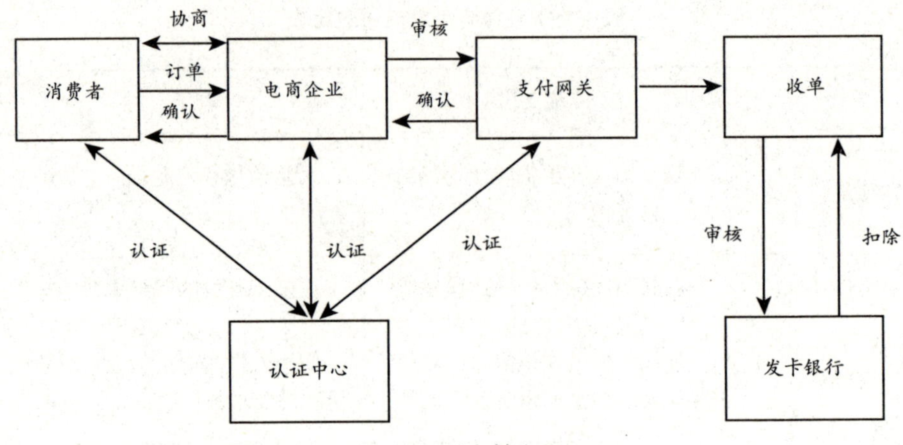

图6　电子支付流程

（五）供应链

供应链是指商品到达消费者手中之前各相关者的连接或业务的衔接，是围绕核心企业，通过对信息流、物流、资金流的控制，从商品采购开始，最后由销售网络把产品送到消费者手中的将制造商、供应商、分销商、零售商，直到最终用户连成一个整体的功能网链结构。

1. 供应链电子商务的作用

（1）实现供应链业务协同：可以完善企业的信息管理，通过平台帮助企业快速地实现信息流、资金流和物流的全方位管理和监控。同时，利用供应链电子商务可以把供应链上下游的供应商、企业、经销商、客户等进行全面的业务协同管理，从而实现高效的资金周转。

（2）转变经营方式：供应链电子商务可以帮助企业从传统的经营方式向互联网时代的经营方式转变。随着互联网技术的深入应用、网上交易习惯的逐渐形成，使得企业的经营模式也相应转变。借助供应链电子商务平台，可以帮助企业分享从内部管理到外部商务协同的一站式、全方位服务，从而解放了企业资源，显著提升企业的生产力和运营效率。

2. 供应链电子商务的流程

供应链电子商务，在统一了人、财、物、产、供、销各个环节的管理，规范了企业的基础信息及业务流程的基础上，实现外部电子商务与企业内部 ERP 系统的无缝链接，实现商务过程的全程贯通。

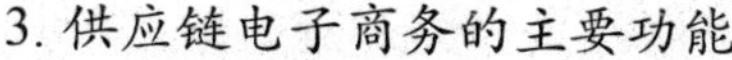

3. 供应链电子商务的主要功能

（1）在线订货。

企业通过 ERP 系统将产品目录及价格发布在订货平台上，经销商通过在线订货平台直接订货并跟踪订单后续处理状态，通过可视化订货处理过程，实现购销双方订货业务协同，提高订货处理效率及数据准确性。企业接收经销商提交的网上订单，依据价格政策、信用政策、存货库存情况对订单进行审核确认，并进行后续的发货及结算。

（2）经销商库存。

通过经销商网上确认收货，自动增加经销商库存，减少信息的重复录入，提升了经销商数据的及时性和准确性。通过经销商定期维护出库信息，帮助经销商和企业掌握准确的渠道库存信息，辅助企业业务决策。

（3）在线退货。

企业通过在线订货平台，接收经销商提交的网上退货申请，依据销售政策、退货类型等对申请进行审核确认，经销商通过订单平台，实时查看退货申请的审批状态，帮助企业提高退货处理效率。

（4）在线对账。

通过定期从 ERP 系统自动取数生成对账单，批量将对账单发布到网上，经销商上网即可查看和确认对账单，帮助企业提高对账效率，减少对账过程的分歧，加快资金的良性循环。

三、电子商务的三个关键环节

电子商务绕不开三个环节：信息流、资金流、物流。

（一）信息流

信息流是指人们采用各种方式来实现信息交流，从面对面的直接交谈直到采用各种现代化的传递媒介，包括信息的收集、传递、处理、储存、检索、分析等渠道和过程。

信息流既包括商品信息的提供、销售、技术支持、售后服务等内容，也包括诸如报价单、付款通知单等商业贸易单证，还包括交易方的支付能力、支付信誉、中介信誉等。

信息流不仅具有连接流通体系的功能，而且具有沟通流通体系与外部系统和环境的功能。流通体系不是孤立的系统，它处在社会经济的大系统之中，是大系统的组成部分。其他系统构成流通体系的外部系统和外部环境，影响着流通体系的运动。流通体系反过来也影响其他系统的运动。不同系统之间的相互影响和联系，同样是靠信息来连接的。

（二）资金流

资金流指的是在供应链成员间随着业务活动而发生的资金往来。资金流作为电子商务的三个构成要素之一，是实现电子商务交易活动的不可或缺的手段。

作为电子商务中连接生产企业、商业企业和消费者的纽带，银行是否能有效地实现电子支付已成为电子商务成败的关键。在常见的 B2C 交易中，持卡顾客向商家发出购物请求；商家将持卡人的支付指令通过支付网关发给银行的电子支付系统；银行接着通过银行卡网络从发卡行获得批准，并将确认信息再从支付网关返回商家；商家取得支付确认后，向持卡人发出购物完成信息。剩下的工作就是银行系统内部的资金拨付和银行间的结算。

从以上过程不难看出，任何网上交易的资金流都可分为交易环节和支付结算环节两大部分。其中支付结算环节是由包括支付网关、银行和发卡行在内的金融专用网络完成的。

（三）物流

物流是指为了满足客户的需求，以最低的成本，通过运输、保管、配送等方式，实现商品或相关信息由商品的产地到商品的消费地的计划、实施和管理的全过程。

物流系统的构成：包括物体的运输、仓储、包装、搬运装卸、流通加工、配送以及相关的物流信息等环节。

1. 运输

使用设施和工具，将物品从一个点运向另一个点的物流活动。

2. 仓储

仓储就是指通过仓库对商品与物品的储存与保管。仓储是集中反映工厂物资活动状况的综合场所，是连接生产、供应、销售的中转站，对促进生产、提高效率起着重要的辅助作用。

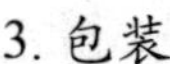

3. 包装

包装是为在流通过程中保护产品、方便储运、促进销售，按一定技术采用的容器、材料及辅助物等物品的总体名称。也指为了达到上述目的而采用容器、材料和辅助物的过程中施加一定技术方法等的操作活动。

4. 搬运装卸

搬运装卸是在同一场所内，对物品进行水平移动为主的物流作业。搬运装卸是为产品的货物运输和保管的需要而进行的作业。

5. 流通加工

流通加工是物品在从生产地到使用地的过程中，根据需要施加包装、分割、计量、分拣、刷标志、拴标签、组装等简单作业的总称。

6. 信息管理

对于物流有关的计划、预测、动态信息及有关生产、市场、成本等方面的信息进行收集和处理，使物流活动能有效、顺利进行。

具体内容包括以下几个方面：用户服务、需求预测、订单处理、配送、存货控制、运输、仓库管理、工厂和仓库的布局与选址、搬运装卸、采购、包装、情报信息。

（四）“三流”的一体化整合

首先，任何一笔电子商务交易都必不可少地包含这“三流”。它们时刻同在，互为因果。任何一个交易者在完成一笔交易之前必然同这“三流”打完了交道。其次，信息技术的不断进步、物流系统效率的不断提高为这“三流”的一体化整合创造了条件。三者在这个大环境下有效互动，构成了一个完整的电子商务模型：信息流是模型的肉体，是资金流和物流的基础；资金流和物流是模型的血液，是信息流的结果。

例如，电子商务物流平台可分为两部分：物流实体网络和物流信息网络。前者指由物流企业、物流设施、交通工具、交通枢纽等在地理集团上的合理布局而形成的网络；后者指物流企业、制造企业和商业企业通过互联网等现代通信手段把上述实体物流体系连接而成共享信息网，并借助该信息网实现运输工具和线路的高效调配与安排。物流资源以信息资源的形式得到了整合，提高了利用率和运行效率。

所以，信息流平台除了本身就包含有价值的信息以外，它更大的价值还在于使物流平台、资金流平台得以良好运转。三个平台中，信息流平台具有基础性和导向性的作用。

三个平台及其相互关系共同构成了电子商务运作的一体架构。举例说明，A 企业与 B 企业经过商谈达成一笔供货协议，确定了商品价格、数量、供货时间与地点等相关条款。B 企业接下来通过物流平台向 A 企业发送货物，这其中包括包装、搬运装卸、仓储和运输等环节与活动。再接下来就由 A 企业通过资金流平台向 B 企业支付货款，这其中包括两家企业代理银行之间的转账结算过程。A 企业、B 企业、A 企业的银行和 B 企业的银行自始至终都在信息流中彼此互动，直到两家企业的交易完成：A 企业拿到购买的货物，B 企业收到销售货款。很显然，物流和资金流在运作的同时，信息流也在积极发挥着作用，否则物流与资金流无从谈起。

所以，在电子商务交易中，资金流是条件，信息流是手段，物流是过程。这一切都是为了企业满足最终客户的需要而形成的。

四、电子商务是对传统商务的颠覆

电子商务是一次商业革命，通过电子商务与传统商务的比较，我们可以发现其异同点。

（一）传统商务的过程

传统商务就是用户可以利用电话、传真、信函和传统媒体来实现商务交易和管理过程。用户能够通过传统手段进行市场营销、广告宣传、获得营销信息、接收订货信息、做出购买决策、支付款项、客户服务支持等。

传统商务的交易流程是企业在具体进行一个商务交易过程中的实际操作步骤和处理过程，由交易前的准备、贸易磋商、合同与执行、支付与清算等环节组成。

（二）电子商务与传统商务的区别

电子商务是个趋势，与传统商务形式相比，还是有较大区别。

1. 运作过程不同

传统商务交易过程中的实务操作由交易前的准备、贸易磋商、合同与执行、支付与清算等环节组成。其中交易前的准备就是交易双方都了解有关产品或服务的供需信息后，就开始进入具体的交易协商过程，交易协商实际上是交易双方进行口头协商或书面单据的传递过程。书面单据包括询价单、订购合同、发货单、运输单、发票、验收单等。在传统商务活动中，交易协商过程经常是通过口头协议来完成的，但在协商后，交易双方必须要以书面形式签订具有法律效应的商贸合同，来确定磋商的结果和监督执行，并在产生纠纷时通过合同由相应机构进行仲裁，这就是合同与执行过程。最后是支付过程，传统商务活动的支付一般有支票和现金两种方式，支票方式多用于企业的交易过程。

电子商务的运作过程虽然也有交易前的准备、贸易的磋商、合同的签订与执行以及资金的支付等环节，但是交易具体使用的运作方法是完全不同的。在电子商务的模式中，交易前的准备、交易的供需信息一般都是通过网络来获取的，这样双方信息的沟通具有快速和高效率的特点：交易的协商，电子商务中双方的协商过程是将书面单据变成了电子单据并且在网络上传递；合同的签订与执行阶段，电子商务环境下的网络协议和电子商务应用系统保证了交易双方所有的交易协商文件的正确性和可靠性，并且在第三方授权的情况下具有法律效力，可以作为在执行过程产生纠纷的仲裁依据。电子商务中交易的资金支付一般采取网上支付的方式。电子商务商品交易过程见图 7。

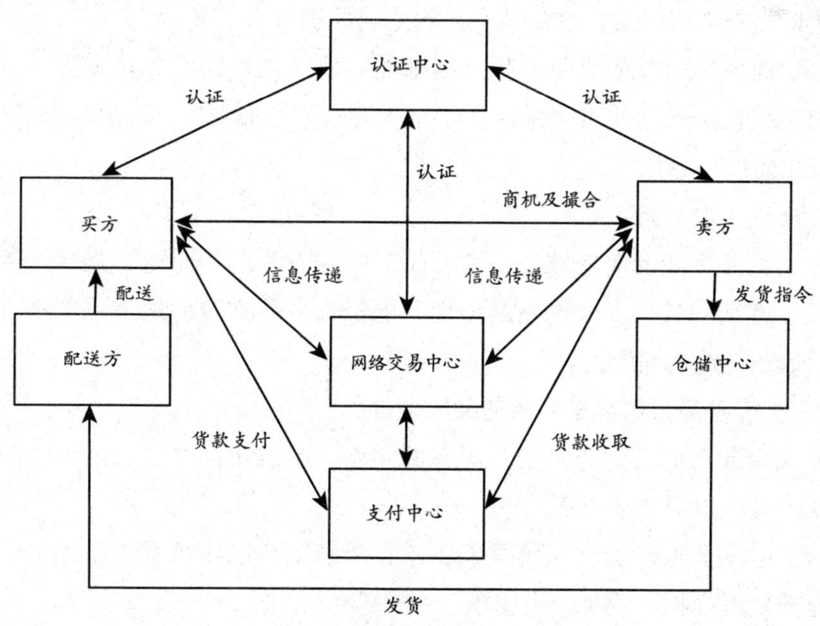

图7　电子商务商品交易过程

2. 商务主体不同

传统商务中制造商是商务中心，而在电子商务环境下销售商则是商务的主体。

在传统商务下制造商负责组织市场的调研、新产品的开发和研制，最后也是由制造商负责组织产品的销售，可以说一切活动都是离不开制造商的。但是，在电子商务环境下则是由销售商配合负责销售环节，包括产品网站建立与管理、网页内容设计与更新、网上销售的所有业务及售后服务的设计、组织与管理等，制造商不再起主导作用。

3. 流转的机制不同

传统商务下的商品流转是一种“间接”的流转机制。制造企业所生产出来的商品大部分都经过了一系列的中间商，才能到达最终用户手中。这种流转机制无形中给商品流通增加了许多无谓环节，也增加了相应的流通、运输、存储费用，加上各个中间商都要获取自己的利润，这样就造成了商品的出厂价与零售价有很大的价差。对此一些制造企业就采取了直销方法（把商品直接送到商场上柜销售）。这种流转方式，使商品的价格下降，深受消费者的欢迎。但是，这种方式并不能给生产企业带来更大的利润，因为直销方式要求制造厂商有许多经常奔波在各个市场之间的销售人员。

电子商务的出现使得每一种商品都能够建立最直接的流转渠道，制造厂商可把商品直接送达到用户那里，还能从用户那里得到最有价值的需求信息，实现无阻碍的信息交流。

4. 地域范围和商品范围不同

传统商务所涉及的地域范围和商品范围是有限的，而随着互联网的推广与普及，特别是各类专业网站的出现，电子商务所涉及的地理范围和时间则是无限的，是超越时空的。

（三）传统商务与电子商务的共同之处

传统商务与电子商务之间，既有共同点，也有不同之处，两者之间的关系主要表现在以下几个方面。

（1）电子商务的物流系统可以建立在传统商务的物流系统基础上，这样会更充分地提高物流资源的利用率。

（2）电子商务下的客户可能就是传统商务下的客户群，从某种意义上说

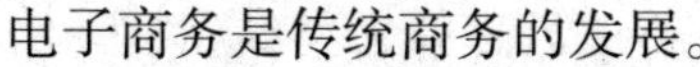

电子商务是传统商务的发展。

（3）电子商务的许多活动可以沿袭传统商务中的活动方式进行操作，并对他们加以改进延伸，使之能够适应新的商务条件。最后，传统商务已有的销售渠道、信息网络等也可为电子商务所用。

拓展电子商务的路径是经济发展的必然要求。随着不断加快的经济全球化进程以及信息技术的快速发展，电子商务全球化是一个必然趋势。相信在不久的将来，在信息技术不断发展的带动下，电子商务也将会在社会经济生活中得到更加全面的发展。

第三节　万流归宗：电商发展的必然性

电子商务的发展不是偶然的，也不是单靠任何一种方式生存的，而是与其他事物有着千丝万缕的关系。在当今世界，电子商务越来越普及，但人们对电子商务发展的内涵却是知之甚少。为了便于大家更全面地了解电子商务，本节主要从电子商务产生的发展条件及历史背景、发展的主要阶段、发展的个性特点四个方面对其内涵进行详细阐述。

一、电子商务产生的技术条件

（一）电子信息技术的发展与广泛应用

在20世纪40年代，基于信息技术（Information Technology，简称为IT）发展起来的集成电路技术和数据网络通信技术，早已为电子商务的发展奠定了技术基础。

1946年，美国宾夕法尼亚大学研制成了世界上第一台可运行程序的电子计算机，使用了18800多个电子管，5000个继电器，重达30余吨，占地170平方米，但每秒仅能处理5000条指令，制造成本则达到几百万美元。

1971 年，英特尔公司将相当于当年 12 台计算机的处理能力集成到了一片 12 毫米的芯片上，而价格却只有 200 美元。

1981 年，美国 IBM 公司（IBM 公司标识见图 8）研制成功了 IBM-PC 机（Personal Computer，个人计算机），并迅速发展成为一个系列。微型计算机采用微处理器和半导体存储器，具有体积小、价格低、通用性和适应性强、可靠性高等特点。随着微型计算机的出现，计算机开始走向千家万户。

图8　IBM公司标识

1996 年 IBM 公司喊出“电子商务”的口号时，也许除了 IBM 公司自己，没人相信这个概念在之后会带动整个 IT 业乃至整个社会的发展。而当整个社会还沉醉在电子商务所带来的巨大惊喜中时，IBM 公司却又以“e-Business On Demand”（电子商务，随需应变）勾勒出了电子商务发展的第三阶段的蓝图。

（二）计算机网络技术的重大突破

20 世纪 60 年代，美国军方最早开发了作为保障战时通信的互联网技术，把单个计算机连接起来应用，计算机开始了网络化的进程。进入 20 世纪 70 年代，当时的美国政府和军方出于冷战的需要，设想将分布在美国本土东海岸的四个城市的计算机联系起来，使它成为一个打不烂、拖不垮的网络系统。美国国防部构想的这个系统叫 ARPANET。但当时的计算机厂商们生产的计算机，无论是硬件还是软件都是不一样的，要组成这样的网络，就必须把很多不同的计算机硬件和软件通过某种方式连接起来。于是在 20 世纪 70 年代初出现了一个关于计算机网络互联的共同协议——TCP/IP 协议，这个协议达成之后，ARPANET 取得了比较大的扩张：从美国本土连到了其在欧洲的军事

基地。

20世纪80年代初，美国科学基金会发现这种方式非常实用，于是把这几个地区的计算机连接起来，并接进了大学校园，参加互联网技术开发的科研和教育机构开始使用互联网，这便是今天互联网的雏形。

20世纪90年代，当互联网技术被发现有极其广泛的市场利用价值，而政府无法靠财政提供互联网服务时，美国政府的政策开始转向开放市场，由私人部门主导。1991年，美国政府解除“禁止私人企业为了商业目的进入互联网”的禁令，并确定了收费标准和体制。从此商业网成为美国发展最快的互联网络：个人、私人企业和创业投资基金成为美国互联网技术产业化、商业化和市场化的主导力量。

1991年9月，美国田纳西州的民主党参议员戈尔在为参议院起草的一项法案中，首次把作为信息基础设施（National Information Infrastructure，英文缩写为NII）的全国性光导纤维网络称为“信息高速公路”。美国国家信息基础设施的建成，为人类打开了信息世界之门。美国国家信息基础设施主要由高速电信网络、数据库和先进的计算机组成，包括互联网、有线、无线与卫星通信网以及各种公共与私营网络构成的完整网络通信系统。随着NII对公众的开放以及各类网络的联网，个人、组织机构和政府系统都可以利用NII进行多媒体通信，各种形式的信息服务也得到了极大的发展。

由于美国互联网向社会公众开放，允许在网上开发商业应用系统，各种信息行业应运而生。直到1993年，具有处理数据、图文、声像、超文本对象能力的网络技术——万维网（WWW，World Wide Web）在互联网上出现，不仅使互联网具备了支持多媒体应用的功能，也使互联网上的商业业务信息量首次超过了科教业务信息量。这既是互联网此后产生爆炸性发展的标志，也是电子商务从此大规模起步发展的标志。

1997年7月，《全球电子商务框架》发布，明确了美国将主导全球电子商务，并制定了九项行动原则。《全球电子商务框架》确立了五大原则：私人部门应作为主导；政府应该避免对电子商务不恰当的限制；当政府需要介入时，它的目标应该是为电子商务提供并实施一个可预见的、简洁的、前后一贯的法制环境；政府应当认清互联网的独特性质；应当立足于全球发展互联网上的电子商务。

继 NII 之后，1999 年年初，美国政府又提出发展“数字地球”的战略构想。这是国际信息领域发展的最新课题，以信息基础设施和空间数据基础为依托的信息化发展的第三步战略。

1999 年 11 月 29 日，美国克林顿政府成立电子商务工作组，由商务部领导，主要负责以下两项事务：

（1）识别出可能阻碍电子商务发展的联邦、州或政府法律与管制。

（2）建议如何改进这些法律以利于电子商务的发展。

美国政府的这一系列政策极大地促进了网络经济的发展，从此，电子商务席卷全球。

二、电子商务产生的社会条件

电子商务最早产生于 20 世纪 60 年代，发展于 90 年代，其发展的重要条件主要是：

1. 计算机的广泛应用

近 30 年来，计算机的处理速度越来越快，处理能力越来越强，价格越来越低，应用范围也越来越广泛，这为电子商务的快速发展提供了基础。

1944 年霍华德·艾肯研制出第一台简称 Mark I 的全电子计算器，这台机器有半个足球场大，内含 500 英里（约 804.6 千米）的电线，使用电磁信号来移动机械部件，计算速度为 1 次 / 3 ～ 5 秒。

1946 年美国政府和宾夕法尼亚大学合作开发的 ENIAC 是第一台现代计算机。ENIAC 使用了 18800 个电子管，70000 个电阻器，有 500 万个焊接点，耗电 160 千瓦，长 30.48 米，宽 1 米，重 30 公斤，用十进制计算，每秒运算 5000 次。

1972 年，第一部真正的个人计算机诞生。所使用的微处理器内包含了 2300 个“晶体管”，可以一秒内执行 60000 个指令，体积也大为缩小。

1978 ～ 1983 年，十六位微型计算机产生。微型计算机代表产品是 IBM-PC（CPU 为 8086）。第一台 286 诞生，从此计算机进入了普及时代。

此后的几十年，计算机技术水平发生着日新月异的变化，运算速度越来越快，每秒运算已经跨越了亿次、万亿次级。2002 年 NEC 公司为日本地球

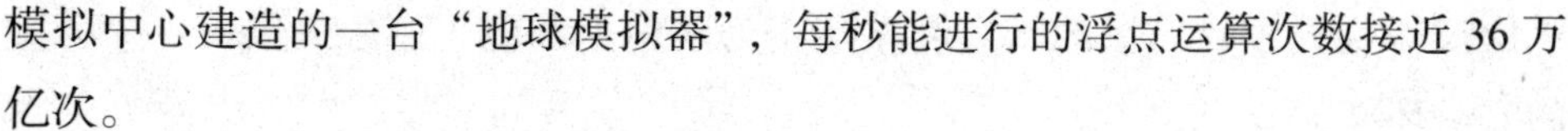

模拟中心建造的一台“地球模拟器”，每秒能进行的浮点运算次数接近 36 万亿次。

据报道，早在 2007 年年底，全世界有 503548700 台电脑，其中连上互联网的有 248898700 台。随着智能手机的普及，虽然近几年全球电脑市场总体数量略有下降，但总量仍然保持在 35 亿台以上。

2. 网络的普及和成熟

以中国为例，据 2016 年 3 月 12 日中国互联网中心发布的第 37 次《中国互联网络发展状况统计报告》显示，截至 2015 年 12 月，中国网民规模达 6.88 亿人，互联网普及率 50.3%；手机网民规模达 6.2 亿人，占比提升至 90.1%；无线网络覆盖明显提升，网民 WiFi 使用率达到 91.8%。

另外，根据中研网预测，2016 年年底全球互联网普及率预计达到 47%，即到 2016 年年底，全球有近 47% 的人口访问互联网。eMarketer 预测，到 2018 年，全球互联网覆盖率将超过 50%，届时全球 50% 的人口将访问互联网，相当于 38.2 亿人。

在 eMarketer 发布的《全球移动用户和互联网：eMarketer 对 2016 年的预测》中提到：北美和西欧互联网市场已经成熟，亚太地区、拉丁美洲、中欧和东欧、中东及非洲等发展中国家消费者目前首次网络访问是通过移动宽带和移动设备。2016 年，全球超过 72% 的网民使用手机上网，年增幅 11.9%，增长最明显的是中东和非洲，紧随其后的是拉丁美洲。

3. 信用卡的普及应用

信用卡因其方便、快捷、安全等优点而成为人们消费支付的重要手段，并由此形成了完善的全球性信用卡计算机网络支付与结算系统，使“一卡在手、走遍全球”成为可能，同时也为电子商务中的网上支付提供了重要的手段。

如今，信用卡已成为人们使用最广泛的非现金支付工具之一。中国中央银行发布的数据显示，截至 2013 年年末，我国的信用卡累计发卡 3.91 亿张，普及率 30%。

4. 电子安全交易协议的制定

1997 年 5 月 31 日，由美国 VISA 和 Mastercard 国际组织等联合制定的 SET 协议（Secure Electronic Transfer protocol），即电子安全交易协议出台，

该协议得到大多数商家的认可和支持，为网络上的电子商务提供了一个关键的安全环境。

5. 政府的支持与推动

自1997年欧盟发布了欧洲电子商务协议，美国随后发布“全球电子商务纲要”，电子商务受到世界各国政府的重视，许多国家的政府开始尝试“网上采购”，这为电子商务的发展提供了有力的支持。

6. 经济全球化的发展态势和全球经济贸易的规模发展

无论哪一个国家或地区的发展都必须参与到全球性的经济环境中来，再也不可能采取闭关自守的国策。在经济全球化的发展背景下实施全球战略，提高自身的生存能力和竞争能力，克服空间和时间的限制。现代的企业、商家以及国家机器等都在寻求和采用新的发展模式。

三、电子商务产生的历史背景

（一）经济全球化的发展

15世纪以前，世界各地处于相对孤立的发展状态，并不存在世界经济，也不存在经济全球化的问题。

15～16世纪，葡萄牙支持的迪亚士和达·伽马向东开辟航路，西班牙支持的哥伦布和麦哲伦向西开辟航路。随后，荷兰、英国、法国等欧洲国家也纷纷加入新航路的开辟，打通了欧洲前往世界各地的航路，结束了世界各地相对孤立的发展状态，世界日益连成一个整体，世界各地之间贸易增多，世界市场的雏形开始出现。

从16世纪开始的资本主义时代，市场经济不断向全球扩张，从而启动并推动了经济全球化的发展，经济全球化的形成与发展持续了一个漫长的过程。

16～18世纪，葡萄牙、西班牙、荷兰、英国、法国等欧洲国家进行了早期殖民扩张，在世界各地建立殖民地，并与世界各地建立了直接的经济联系，世界市场得到进一步拓展。新航路开辟和早期殖民扩张孕育了经济全球化的萌芽。

1840年左右，英国率先完成第一次工业革命，成为世界工厂。19世纪中后期，法国、美国也先后完成第一次工业革命，进一步进行殖民扩张，把越

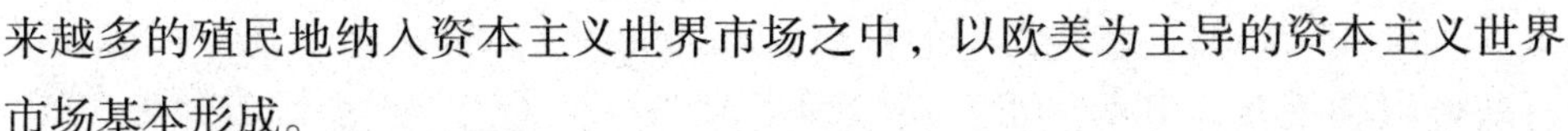

来越多的殖民地纳入资本主义世界市场之中，以欧美为主导的资本主义世界市场基本形成。

第二次工业革命期间，列强掀起了瓜分世界的狂潮，19世纪末20世纪初，世界基本被资本主义列强瓜分完毕，资本主义世界体系最终建立，世界市场最终形成。第二次工业革命加速了经济全球化的进程。

20世纪90年代以来，区域经济集团化发展极其迅猛，世界经济已形成以欧盟、北美自由贸易区和亚太经合组织三大经济板块为中心的格局。区域经济集团化是世界经济全球化的具体表现，是经济全球化的重要补充和发展趋势。

在世界范围内，自由贸易区的数量已经达到数十个，范围遍及各大洲。其中，北美自由贸易区和东盟自由贸易区最具有典型意义，北美自由贸易区是目前世界上最大的自由贸易区。其他大的自由贸易区还有中欧自由贸易区、欧盟—拉美自由贸易区、中国—东盟自由贸易区等。

经济全球化时代的真正到来为电子商务的发展提供了良好的社会环境。

（二）世界多边贸易体制与贸易准则的统一与规范

三大国际经济组织——关税及贸易总协定、世界银行和国际货币基金组织的产生和发展标志着经济全球化从自发过程开始向体系化和制度化方向发展。

世界贸易组织作为国际经济组织，其职能、规模的扩大和发展，使世界经济运行日益规范化和规则化，实现了物流、资金流、信息流和知识流全球畅通，标志着经济全球化时代的真正到来。

近半个世纪以来，全世界形成的多边贸易体制、统一的贸易准则与规范，以及先后建立的相关国际组织，恰好为电子商务在全球的有序发展创造了条件。

四、电子商务发展的个性特点

电子商务是一种依托现代信息技术和网络技术，集金融电子化、管理信息化、商贸信息网络化为一体，旨在实现物流、资金流与信息流和谐统一的新型贸易方式。电子商务在互联网的基础上，突破传统的时空观念，缩小了生产、流通、分配、消费之间的距离，大大提高了物流、资金流和信息流的有效传输和处理，开辟了世界范围内更为公平、公正、广泛竞争的大市场，为制造者、销售者和消费者提供了能更好地满足各自需求的极好的机会。

电子商务发展的个性特点有利有弊，下面主要从其优势与不足两方面进行阐述。

（一）电子商务发展的优势

1. 交易虚拟化

通过互联网为代表的计算机互联网络进行的贸易，贸易双方从贸易磋商、签订合同到支付等，无须当面进行，均通过计算机互联网络完成，整个交易完全虚拟化。对卖方来说，可以到网络管理机构申请域名，制作自己的主页，组织产品信息上网。而虚拟现实、网上聊天等新技术的发展使买方能够根据自己的需求选择广告，并将信息反馈给卖方。通过信息的推拉互动，签订电子合同，完成交易并进行电子支付，整个交易都在网络这个虚拟的环境中进行。电子商务的发展打破了传统企业间明确的组织界限，出现了虚拟企业，形成了“你中有我，我中有你”的动态联盟，表现为企业有形边界的缩小，无形边界（虚拟企业的共同边界）的无限扩张。

2. 产品成本低

电子商务使得买卖双方的交易成本大大降低。

（1）距离越远，网络上进行信息传递的成本相对于信件、电话、传真而言就越低。此外，缩短时间及减少重复的数据录入也降低了信息成本。

（2）买卖双方通过网络进行商务活动，无须中介者参与，减少了交易的相关环节。

（3）卖方可通过互联网络进行产品介绍、宣传，避免了在传统方式下做广告、发印刷品等大量费用。

（4）电子商务实行“无纸贸易”，可减少 90% 的文件处理费用。

（5）互联网使买卖双方即时沟通供需信息，使无库存生产和无库存销售成为可能，从而使库存成本降为零。

（6）企业利用内部网络可以实现“无纸办公”，提高了内部信息传递的效率，节省时间，并降低管理成本。通过互联网络把其公司总部、代理商以及分布在其他国家的子公司、分公司联系在一起，及时对各地市场情况做出反

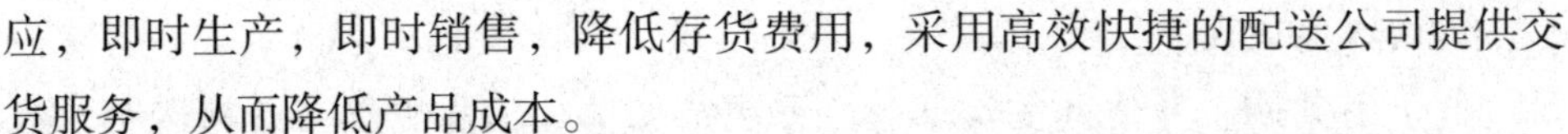

应，即时生产，即时销售，降低存货费用，采用高效快捷的配送公司提供交货服务，从而降低产品成本。

（7）传统的贸易平台是地面店铺，电子商务贸易平台则是办公室，大大地降低了店面的租金。据相关资料表明，使用电子数据交换（Electronic Data Interchange，简称 EDI）通常可以为企业节约 5% ～ 10% 的采购成本。

3. 购买效率高

由于互联网络将贸易中的商业报文标准化，使商业报文能在世界各地瞬间完成传递与计算机自动处理，使原料采购、产品生产、需求与销售、银行汇兑、保险、货物托运及申报等过程无须人员干预，在最短的时间内就能完成。传统贸易方式中，用信件、电话和传真传递信息必须有人的参与，且每个环节都要花不少时间。有时由于人员合作和工作时间的问题，会延误传输时间，失去最佳商机。电子商务克服了传统贸易方式费用高、易出错、处理速度慢等缺点，极大地缩短了交易时间，使整个交易非常快捷与方便。

4. 方式集成性

电子商务是一种新兴产物，其中用到了大量新技术，但并不是说新技术的出现就必须导致老技术的消亡。互联网的真实商业价值在于协调新老技术，使用户能更加行之有效地利用他们已有的资源和技术，更高效地完成他们的任务。电子商务的集成性，还在于事务处理的整体性和统一性，它能规范事务处理的工作流程，将人工操作和电子信息处理集成为一个不可分割的整体。这样不仅能提高人力和物力的利用，也提高了系统运行的严密性。

5. 合作协调性

商务活动是一种协调过程，它需要员工和客户、生产方、供货方以及商务伙伴间的协调。为提高效率，许多组织都提供了交互式的协议，电子商务活动可以在这些协议的基础上进行。传统的电子商务解决方案能加强公司内部相互作用，电子邮件就是其中一种，但那只是协调员工合作的一小部分功能。利用互联网将供货方连接至管理系统，再连接到客户订单处理，并通过一个供货渠道加以处理，这样公司就节省了时间，消除了纸张文件带来的麻烦并提高了效率。

6. 沟通便捷性

电子商务使企业之间的沟通与联系更加便捷，信息更加公开与透明，极大地降低了企业间的交易成本。它的发展使得企业可以更方便地与主要供应商之间建立长期合作伙伴关系，并将原材料采购与产品的制造过程有机地配合起来，形成一体化的信息传递和信息处理体系。电子商务还使得贸易双方的交流更为便捷，大大降低了双方的通信往来费用，简化了业务流程，节约了大量的时间成本与传输成本。

除此之外，通过电子商务，供应链伙伴（供应商、制造商、分销商等）之间能够更加紧密地联系在一起，使以往商品生产与消费之间、供给与需求之间的“时滞”变为“实时”，大大改善了销售预测与库存管理，降低了整个供应链的库存成本，并节省了仓储、保管、管理等多方面的开支。

7. 信息透明化

买卖双方交易的洽谈、签约以及货款的支付、交货通知等整个交易过程都在网络上进行。通畅、快捷的信息传输可以保证各种信息之间互相核对，防止伪造信息的流通。例如，在典型的许可证系统中，由于加强了发证单位和验证单位的通信、核对，假的许可证就不易漏网。海关 EDI（Electronic Data Interchange，缩写 EDI）也帮助杜绝边境的假出口、兜圈子、骗退税等行径。

8. 优化资源配置

由于一个行业的所有企业不可能同时采用电子商务，所以，那些率先使用电子商务的企业会有价格上的优势、产量上的优势、规模扩张上的优势、市场占有上的优势和规则制定上的优势，而那些后来使用者或不使用者的平均成本则有可能高于行业的平均成本。这样，社会的资金、人力和物力等资源会通过市场机制和电子商务的共同作用，从成本高的企业向成本低的企业流动，从利用率低的企业向利用率高的企业流动，从亏损的企业向赢利的企业流动，从而使社会资源得到更合理和更优化的配置。

9. 企业技术创新与市场无缝连接

电子商务促使中小企业更新生产技术，提高市场应变能力。互联网的飞速发展为产品的研发提供了快捷的方式，在企业技术创新和产品升级方面电子商务发挥了一定的积极作用。因为电子商务使新技术、新创意在网上迅速传播，为企业开发新产品提供了准确、及时的信息，开发者可以利用网络快速调研，了解顾客最新的需求。在开发产品的过程中，电子商务是快捷简便的，具有友好界面的用户信息反馈工具，决策者们能够通过它获得高价值的商业情报，辨别隐藏的商业关系和把握未来的趋势。因而，他们可以做出更有创造性、更具战略性的决策。开发者利用网络迅速地得到市场反馈，以便随时对产品进行改良，使产品最大限度地满足市场需求。

电子商务还为消费者提供个性化服务创造了条件，在提高整个社会的福利水平的同时，也为企业增加赢利提供了契机。在此之前，人们必须在商场营业时间去商场购物，受较强的时间和地点限制。电子商务的全球市场由计算机网络联结而成，网络工作的不间断特性使之成为一个与地域及时间无关的一体化市场，世界各地的任何人都可以通过计算机和互联网随时、随地、随意地进行商务活动。企业也能够利用网络追踪和分析每一位消费者的偏好、需求和购物习惯，同时将消费者的需求及时反馈到决策层，促进企业针对消费者而进行的研究和开发活动，使企业对客户的了解和认知更为透彻，更好地为他们提供个性化服务，提高他们的满意度和忠诚度，为企业增加赢利。

10.提高企业内部团队合作效率

在企业内部，电子商务模式可以促使企业内部打破部门之间的界限，把相关人员集合起来，按照市场机制去组织跨职能的工作，从而减少企业的管理层次和管理人员的数量。将那种容易形成官僚主义、低效率、结构僵化、沟通壁垒的单一决策中心组织改变为分散的多中心决策组织。因为决策的分散化能够增强员工的参与感和责任感，提高决策的科学性和可操作性，改变下级服从上级，上级行政干预下级的专制型的企业管理模式。在管理思想上，强调高效、快捷；在管理制度上，注重各环节的协调、配合和并行工作；在组织功能上，强调企业领导者的协调、服务和创新，着力培养企业员工的团队精神，增强企业的凝聚力；在管理的任务方面，强调以客户的需求为中心。

综上所述，电子商务是运用现代电子计算机技术，尤其是网络技术进行的一种社会生产经营形态，根本目的是通过提高企业生产率，降低经营成本，优化资源配置，从而实现社会财务最大化。从这个意义上说，电子商务要求的是整个生产经营方式价值链的改变，是利用信息技术实现商业模式的创新与变革。

（二）电子商务的不足

“金无赤金，人无完人”。世界上没有十全十美的东西，任何事物都有它的长处和短处。电子商务也有其缺点，主要表现如下：

1. 网络自身有局限性

有一位消费者在网上订购了一个新款女式背包，收到货后虽然质量不错，但怎么看款式都没有网上那个中意。许多消费者都反映实际得到的商品不是在网上看中的商品。这是怎么回事呢？其实在把一件立体的实物缩小许多变成平面的图片的过程中，商品本身的一些基本信息会丢失；输入电脑的只是人为选择商品的部分信息，人们无法从网上得到商品的全部信息，尤其是无法得到对商品的最鲜明的直观印象。

2. 搜索功能不够完善

当在网上购物时，用户面临的一个很大的问题就是如何在众多的网站中找到自己想要的物品，并以最低的价格买到。搜索引擎看起来很简单：用户输入一个查询关键词，搜索引擎就按照关键词到数据库去查找，并返回最合适的 Web 页链接。但根据 NEC 研究所与 Inktomi 公司最近研究结果表明，目前在互联网上至少有 10 亿个网页需要建立索引，但现有搜索引擎仅仅能对 5 亿个网页建立索引，仍然有一半不能索引。这主要不是由于技术原因，而是由于在线商家希望保护商品价格的隐私权。因此当用户在网上购物时，不得不一个网站一个网站搜寻下去，直到找到价格满意的物品。

3. 用户消费观念跟不上

电子商务有一个很大的特点是交易的当事人不见面，交易的虚拟性强，这就要求整个社会的信用环境要好，信用消费的观念要深入人心。西方国家的电子商务发展势头比较好，一个重要的原因是西方的市场秩序比较好，信用制度比较健全，信用消费观念已被人们普遍接受，但也不是一视同仁。在我国，一方面人们信用消费的意识非常薄弱，信用卡的使用远没有普及；另一方面，人们到商场还怕买到假冒伪劣产品，更何况是在不可确定因素更多的网上。

4. 交易的安全性得不到有效保障

电子商务的安全问题仍然是影响电子商务发展的主要因素。由于互联网的迅速流行，电子商务引起了广泛的注意，被公认为是未来 IT 业最有潜力的新

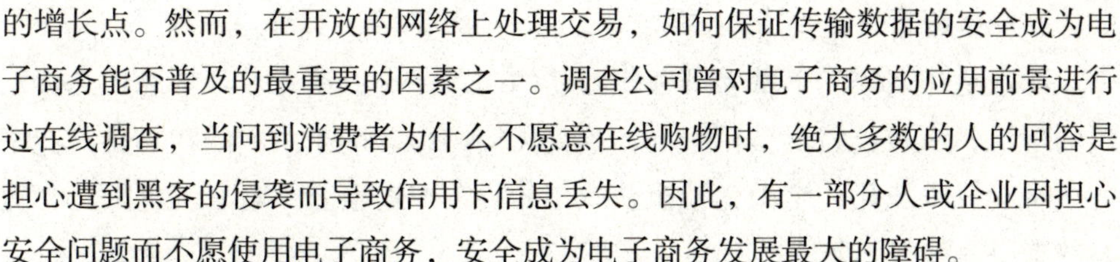

的增长点。然而，在开放的网络上处理交易，如何保证传输数据的安全成为电子商务能否普及的最重要的因素之一。调查公司曾对电子商务的应用前景进行过在线调查，当问到消费者为什么不愿意在线购物时，绝大多数的人的回答是担心遭到黑客的侵袭而导致信用卡信息丢失。因此，有一部分人或企业因担心安全问题而不愿使用电子商务，安全成为电子商务发展最大的障碍。

5. 电子商务的管理不够规范

电子商务的多姿多彩给世界带来全新的商务规则和方式，这更加要求在管理上要做到规范，这个管理的概念应该涵盖商务管理、技术管理、服务管理等多方面，而要同时在这些方面达到一个比较令人满意的规范程度，不是一蹴而就的。另外电子商务平台的前后端相一致也是非常重要的，前台的Web平台是直接面向消费者的，是电子商务的门面；而后台的内部经营管理体系则是完成电子商务的必备条件，它关系到前台所承接的业务最终能不能得到很好的实现。一个完善的后台系统更能体现一个电子商务公司的综合实力，因为它将最终决定提供给用户的是什么样的服务，决定电子商务的管理是不是有效，决定电子商务公司最终能不能实现赢利。

6. 税务难以完全控制

税务（包括关税和税收）是一个国家重要的财政来源。由于电子商务的交易活动是在没有固定场所的国际信息网络环境下进行，造成国家难以控制和收取电子商务的税金。

7. 缺乏统一的国际标准

各国的国情不同，电子商务的交易方式和手段当然也存在某些差异，而且我们要面对无国界、全球性的贸易活动，因此需要在电子商务交易活动中建立相关的、统一的国际性标准，以解决电子商务活动的互相操作问题。中国电子商务目前的问题是概念不清，经营电子的经营商务，经营商务的经营电子，呈现一种离散、无序、局部的状态。

8. 支付方式不统一，需要完善

由于金融手段落后、信用制度不健全，中国人更喜欢现金交易，没有普及使用信用卡的习惯，而在美国、欧洲等国，现金交易较少，消费者购物基本上采用信用卡支付。完善的金融制度，方便、可靠、安全的支付手段是电子商务发展的基本条件。

9. 配送体系不健全

配送是让商家和消费者都很伤脑筋的问题。网上消费者经常遇到交货延迟的现象，而且配送的费用很高，这毫无疑问地影响了人们的购物热情。建立系统化、专业化、全国化乃至全球化的货物配送企业，对于健全配送管理系统来说是很有必要的。

当然，电子商务的弊端不仅仅局限于上面谈到的，电子商务还会带来什么样的弊端谁也无法预料，要解决和完善这些弊端任重道远。

人类社会走入知识经济时代，网络成为经济生活的主宰。电子商务作为网络时代的宠儿得到了快速发展，它不是一时兴起的泡沫，也不会昙花一现，它是有迹可循的社会发展的必然结果。

第四节　电商商业模式的创新与路径选择

一、电商商业模式的创新

（一）商业模式

所谓商业模式就是一个完整的产品、服务和信息流体系。包括每个参与者及其在其中的作用、潜在的利益、收益来源和收益方式。

商业模式描述了企业能为客户提供的价值及其实现这一价值并产生持续赢利收入的各种要素，包括公司内部结构、合作伙伴、关系资本等。

（二）电子商务商业模式

电子商务商业模式是在网络环境中，基于一定技术的商业运作方式和赢利模式。

电子商务共有十多种商业模式，分别是：B2B、B2C、C2C、ABC、B2B2C、B2M、M2C、B2A、C2A、O2O、B2Q、G2B、F2C。

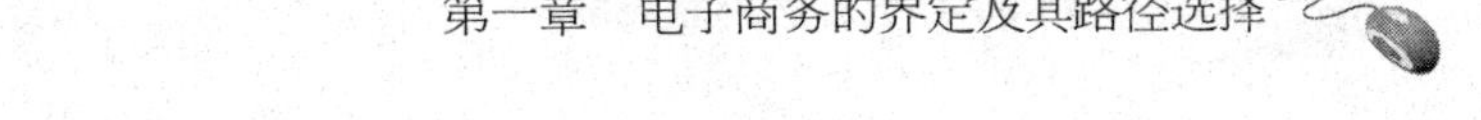

1. B2B

B2B（Business to Business）是企业与企业之间通过互联网进行产品、服务及信息的交换。

传统的企业间的交易往往要耗费企业大量的资源和时间，无论是销售、分销还是采购都要占用产品成本。通过 B2B 的交易方式，买卖双方能够在网上完成整个业务流程，从建立最初印象，到货比三家，再到讨价还价、签单和交货，最后到客户服务。B2B 使企业之间的交易减少了许多事务性的工作流程和管理费用，降低了企业的经营成本。网络的便利性及延伸性使企业扩大了活动范围，企业跨地区、跨国界发展更方便，成本更低廉。

B2B 不仅仅是建立一个网上的买卖群体，它也为企业之间的战略合作提供了基础。任何一家企业，不论它具有多强的技术实力或多好的经营战略，要想单独实现 B2B 是完全不可能的。单打独斗的时代已经过去，企业间建立合作联盟逐渐成为发展趋势。网络使得信息通行无阻，企业之间可以通过网络在市场、产品或经营等方面建立互补互惠的合作，形成水平或垂直形式的业务整合，以规模、实力、运作真正达到全球运筹管理的模式。

2. B2C

B2C【Business to Customer（Consumer）】即企业通过互联网为消费者提供一个新型的购物环境——网上商店，消费者通过网络在网上购物、在网上支付。这种形式的电子商务一般以网络零售业为主，主要借助于互联网开展在线销售活动。

B2C 的付款方式是货到付款与网上支付相结合，而大多数企业的配送选择物流外包方式以节约运营成本。随着用户消费习惯的改变以及优秀企业示范效应的促进，网上购物的用户不断增长。

B2C 模式其基本需求包括用户管理需求、客户需求和销售商的需求。

（1）用户管理需求：用户注册及用户信息管理。

（2）客户需求：提供电子目录，帮助用户搜索、发现需要的商品；进行同类产品比较，帮助用户进行购买决策；商品的评价；购物车；为购买产品下订单；撤销和修改订单；能够通过网络付款；对订单的状态进行跟踪。

（3）销售商的需求：检查客户的注册信息；处理客户订单；完成客户选购产品的结算，处理客户付款；能够进行电子拍卖；能够进行商品信息发布；

能够发布和管理网络广告；商品库存管理；能够跟踪产品销售情况；能够和物流配送系统建立接口；与银行之间建立接口；实现客户关系管理；售后服务。

3. C2C

C2C（Customer to Customer）即个人与个人之间的电子商务。如一个消费者有一台电脑，通过网络进行交易，把它出售给另外一个消费者，此种交易类型就称为 C2C 电子商务。

C2C 网站的主要特点：

（1）Website Aesthetics：网页审美。不以炫目、怪异来夺人眼球，而是以专业的方式来展示独特的商品信息和服务，符合大众审美，并有艺术感的亮点存在，能在第一时间内给潜在客户留下印象。

（2）Usability：可用性。专注于怎样让用户搜索、比较，流程更便捷，获得良好的用户体验。

（3）Content：内容为王。探寻客户的潜在客户需求，为潜在客户提供最有价值的信息，引导和教育客户怎样去选择和鉴定商品，并且让客户相信这些信息及服务足够让他们付诸行动购买，提供最具商业价值的网站结构布局。

（4）SEO：搜索引擎优化。网站优化，正确运用各种设计元素，让搜索引擎更易抓取，提升网站的营销价值。

4. ABC

ABC 模式是新型电子商务模式的一种，是由代理商（Agents）、商家（Business）和消费者（Consumer）共同搭建的集生产、经营、消费为一体的电子商务平台。被誉为继阿里巴巴 B2B 模式、京东商城 B2C 模式、淘宝 C2C 模式之后电子商务界的第四大模式。商家通过 ABC 平台发布产品；消费者通过购买 ABC 平台上的产品而获得积分，积分累加到一定数额，即可提升为“代理商”，同时享受购买折扣；成为“代理商”的消费者可向其他消费者推销 ABC 平台上的产品，若达成交易，可从中获取提成，同时，当其引荐的消费者的购买积分达到成为代理商的要求时，便自动成为了其下线成员。

大家都是这个平台的主人，生产者、消费者、经营者、合作者、管理者，大家相互服务，相互支持，你中有我，我中有你，真正形成一个利益共同体，资源共享，产、消共生而达到共同幸福的良性局面，从而达到共产、共消、

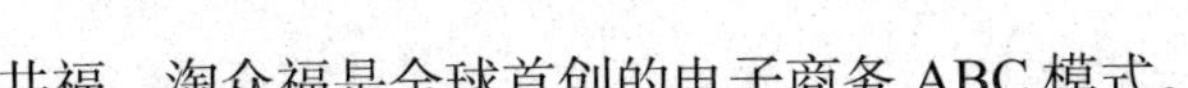

共福。淘众福是全球首创的电子商务 ABC 模式。

5. B2B2C

B2B2C（Business to Business to Consumer）是一种新的网络通信销售方式，其第一个 B 指广义的卖方（成品、半成品、材料提供商等），第二个 B 指交易平台，即提供卖方与买方的联系平台，同时提供优质的附加服务，C 即指买方。

卖方不仅是公司，还可以包括个人，即一种逻辑上的买卖关系中的卖方。平台绝非简单的中介，而是提供高附加值服务的渠道机构，拥有客户管理、信息反馈、数据库管理、决策支持等功能的服务平台。买方同样是逻辑上的关系，可以是内部也可以是外部的。B2B2C 定义包括了现存的 B2C 和 C2C 平台的商业模式，更加综合化，可以提供更优质的服务。

B2B2C 来源于目前的 B2B、B2C 模式的演变和完善，把 B2C 和 C2C 完美地结合起来，通过 B2B2C 模式的电子商务企业构建自己的物流供应链系统，提供统一的服务。

6. B2M

B2M（Business to Marketing），指面向市场营销的电子商务企业（电子商务公司或电子商务是其重要营销渠道的公司）。B2M 电子商务公司根据客户需求为核心而建立营销型站点，并通过线上和线下多种渠道对站点进行广泛推广和规范化的导购管理，从而使得站点成为企业的重要营销渠道。

相对于 B2B、B2C 等电子商务模式，B2M 注重的是网络营销市场，注重的是企业网络营销渠道的建立，是针对企业网络市场营销而建立的电子商务平台，通过接触市场、选择市场、开发市场，而不断地扩大对目标市场的影响力。从而实现销售增长、市场占有。为企业通过网络找到新经济增长点。

7. M2C

M2C（Manufacturers to Consumer），生产厂家（Manufacturers）直接对消费者（Consumer）提供自己生产的产品或服务的一种商业模式，特点是流通环节减少至一对一，销售成本降低，从而保障了产品品质和售后服务质量。

M2C 是 B2M 的延伸，也是 B2M 这个新型电子商务模式中不可缺少的一个后续发展环节。经理人最终还是要将产品销售给最终消费者，而这里面也有很大一部分是要通过电子商务的形式，类似于C2C，但又不完全一样。C2C是传统的赢利模式，赚取的基本就是商品进出价的差价。M2C则是生产厂家通过网络平台发布该企业的产品或者服务，消费者通过支付费用获得自己想要的。

8. B2A

B2A即商业机构对行政机构（Business to Administrations）的电子商务是指企业与政府机构之间进行的电子商务活动。例如，政府将采购的细节在国际互联网络上公布，通过网上竞价方式进行招标，企业也要通过电子的方式进行投标。

目前这种方式仍处于初期的试验阶段，但可能会很快发展，因为政府可以通过这种方式树立政府形象，通过示范作用促进电子商务的发展。除此之外，政府还可以通过这类电子商务实施对企业的行政事务管理，如政府用电子商务方式发放进出口许可证、开展统计工作，企业可以通过网上办理交税和退税等。

政府应在推动电子商务发展方面起到重要的作用。我国的金关工程就是要通过商业机构对行政机构的电子商务，如发放进出口许可证、办理出口退税、电子报关等，建立我国以外贸为龙头的电子商务框架，并促进我国各类电子商务活动的开展。

9. C2A

消费者对行政机构的电子商务（Consumer to Administration），指的是政府对个人的电子商务活动。这类的电子商务活动目前还没有真正形成。然而，在个别发达国家，如在澳大利亚，政府的税务机构已经通过指定私营税务，或财务会计事务所用电子方式来为个人报税。这类活动虽然还没有达到真正的报税电子化，但是，它已经具备了消费者对行政机构电子商务的雏形。

政府随着商业机构对消费者、商业机构对行政机构的电子商务的发展，将会对社会的个人实施更为全面的电子方式服务。政府各部门向社会纳税人提供的各种服务，如社会福利金的支付等，将来都会在网上进行。

10. O2O

O2O（Online to Offline 在线离线/线上到线下）是指将线下的商务机会与互联网结合，让互联网成为线下交易的前台。二维码的出现，或将成为移

动运营商进军移动互联网，布局未来 O2O 电子商务的关键。

其实 O2O 模式，早在团购网站兴起时就已经开始出现，只不过消费者更熟知团购的概念。团购商品都是临时性的促销，而在 O2O 网站上，只要网站与商家持续合作，那商家的商品就会一直“促销”下去，O2O 的商家都是具有线下实体店的，而团购模式中的商家则不一定。

O2O 电子商务模式需具备四大要素：独立网上商城、国家级权威行业可信网站认证、在线网络广告营销推广、全面社交媒体与客户在线互动。

11. B2Q

B2Q（企业网购引入质量控制，英文：Enterprise Online Shopping Introduce Quality Control，交易双方网上先达成意向交易合同，签单后根据买方需要可引进第三方（验货、验厂、设备调试）工程师进行商品品质检验及售后安装调试服务。

12. G2B

G2B 是指政府（Government）与企业（Business）之间的电商商务，即政府通过电子商务系统进行电子采购与招标，精简管理业务流程，快捷迅速地为企业提供各种信息服务。

在 G2B 模式中，政府主要通过电子化网络系统为企业提供公共服务。G2B 模式旨在打破各政府部门的界限，使业务相关部门在资源共享的基础上迅速快捷地为企业提供各种信息服务，精简管理业务流程，简化审批手续，提高办事效率，减轻企业负担，为企业的生存和发展提供良好的环境，促进企业发展。

G2B 模式目前主要运用于电子采购与招标、电子化报税、电子证照办理与审批、相关政策发布、提供咨询服务等。

电子政务对企业的服务包括三个层面：

政府对企业开放各种信息，以方便企业经营活动；政府对企业业务的电子化服务，包括政府电子化采购、税收服务电子化、审批服务电子化，对中小企业电子化服务等各种与企业业务有关的电子化服务活动等；政府对企业进行监督和管理，包括工商、外贸环保等。

13. F2C

F2C（Factory to Consumer）工厂直接到消费者的电子商务模式，传统的商品流通路径是：工厂—品牌公司—总代理—经销商—卖场—消费者，由于环节太多层层加价，产品到达消费者手里往往价格居高不下。F2C 模式是品牌公司把设计好的产品交由工厂代工后直接通过终端送达至消费者，流通路径最短，这样可确保产品低价，同时质量服务都有保证。它们为消费者提供了最具性价比的产品，为消费者带来了价值最大化。

二、企业电商模式的路径选择

（一）企业电子商务运营的基本模式

实际上，对于企业特别是中小企业而言，更应该注重企业整个商务流程中价值创造的大小。因此，电子商务的未来发展模式应该是基于价值链的赢利模式。从这个角度考虑，对企业的电子商务模式可分为：电子商务应用模式、第三方平台模式、协作平台模式和电子采购。

1. 专业化电子商务（ASP）应用模式

ASP（Active Server Page）模式是指企业（用户）不再负责与应用系统有关的任何管理工作，而是将整个信息系统的建设、维护等工作全部外包给 ASP，企业只需按时付给 ASP 租金，即可使用该信息系统。该模式 1999 年起源于美国，主要适用于广大中小企业对 IT 技术不熟悉、缺乏人才、资金有限的情况，很多知名 IT 企业如 IBM、Microsoft、Oracle、Sun 等纷纷介入 ASP，很多企业管理软件提供商也争相推出 ASP 服务，而中国数目众多的中小企业又对 ASP 的成长提供了有力的推动。

2. 第三方平台模式

第三方平台模式，其实质就是依赖第三方提供的公共平台开展电子商务。真正的电子商务应该专业化，具有很强的服务功能。具有“公用性”和“公平性”的第三方服务平台应该是制造业、流通渠道和零售终端的服务商，目标是为制造企业和流通企业搭建一个高效的信息交流平台，即在网络上提供卖家与买家交流的场所，其本身很少有货物。他们的经营方式为：网站帮卖家发布商品信息，消费者在网站上浏览货物，双方主要通过拍卖方式商定好价格，下好订单，消费者汇款到网站，卖家出货，网站再将钱转给卖家，或者网站只提供消费者信息给卖家，促成其交易，并不参加资金的流通。同时，

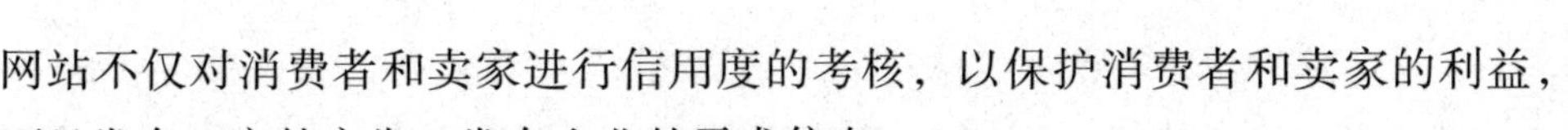

网站不仅对消费者和卖家进行信用度的考核，以保护消费者和卖家的利益，而且发布一定的广告，发布企业的需求信息。

3. 协作平台

协作平台的核心就是把与企业运营相关的所有独立实体编织到一起，并按兴趣和目标划分为不同的群组，不同群组对应不同的业务功能，提供不同的服务，群组内部以及群组之间均能直接通信，从而实现企业信息共享、战略协作、同步运作。协作平台模式中常见流通企业与制造企业的合作：制造企业借助网络平台迅速推出产品，同时借助流通企业完整的物流设施及供应链体系节约商品流通费用。传统流通企业则借助制造业企业产品销量，拓展业务，增加利润。企业协作平台可以根据市场需求变化，及时调整和变更自己的合作伙伴。中小企业通过企业协作模式开展电子商务，可以在互联网中增加被搜寻到的概率。但是，由于同业竞争者会同时被目标顾客搜寻到，会加剧同行业的竞争。

4. 电子采购

电子采购是由采购方发起的一种采购行为，是买卖双方一种不见面的网上交易，如网上招标、网上竞标、网上谈判等。这种企业之间在网络上进行的招标、竞价、谈判等活动颇有些 B2B 的味道，事实上，这也只是电子采购的一个组成部分。

（二）企业电子商务运营模式选择策略

1. 影响模式选择的因素

企业目标：企业发展目标是影响企业决策的一个重要因素，未来一段时间的发展方向将影响运营模式的选择，如企业是想着力发展信息化，还是想增加销售，抑或实现资源共享等。

资金：资金是企业发展的最基本的因素，中小企业要想得到长远发展，就要把资金用在刀刃上。因此，如何利用资金，将对企业未来发展产生重要影响。企业在选择运营模式的时候要明确自身的主要目标是什么，未来工作中心放在何处，从而有效利用资金，提高企业的核心竞争力。

费用、成本：成本是企业发展时必须考虑的一个因素，追求最低成本，获得最大效益是每个企业所追求的。因此，在模式选择时要充分考虑采用该模式会花费企业多少资金、成本是否会过高、会不会影响收益等。

专门的技术及专业的IT人才：一般来讲，一个企业，无论要建设的IT系统多么精巧，软件和硬件的总投资至少都在几十万元以上。招募IT人才则更伤脑筋。一般情况下，优秀的IT人才首先会流向各种专业的IT企业。因此，中小企业聘请高级IT人才的愿望很难实现。企业就算招募到了人才，由于无法为其提供更大的发展空间，因此也难以留住这些人才。没有人才，维护IT系统的正常运行将变得不可能。因此，在进行模式选择时还要充分考虑企业是否有这个技术和能力进行自行维护。

交易安全性：网络安全一直是困扰着大家的一个问题，从电子商务产生发展以来，诚信及安全问题，随电子商务的用户及贸易量的不断扩大而受到企业的重视。如何检验买卖双方的诚信，及供求双方与第三方支付、物流运输等共同需要形成的安全体系的完全建立，甄别虚假的信息等还存在着许多问题。因此，企业在模式选择时，还要考虑交易的安全性，避免因为安全问题而给企业的信誉带来损失。

信息流通：企业要想发展，首先就得让顾客知道电子商务能够使人们更广泛、更充分地利用信息、了解商情、共享资源。信息的透明化和公开化使市场主体间的竞争更加激烈，这也将有助于促进企业拓宽服务贸易，凭借网络技术将商务活动中的商流、物流、信息流、资金渠道汇总并带动服务质量的提高。

企业目前实际的运营情况：企业运营包括三大环节，即采购、加工、销售，企业要根据实际的情况，尽可能地减少成本，扩大企业效益。

2. ASP模式的选择

如果企业的资金较少，而需要的费用较多，IT人才欠缺，但又想加强企业的信息化建设，则可以选择ASP模式（ASP是英文“Application Services Provider”的简称，即应用服务提供商）。虽然，目前我国中小企业信息化建设取得了一些成就，但仍然存在着很大问题，主要表现在思想观念陈旧，缺乏统一规划，服务层次偏低，建设成本过高及信息人才缺乏等方面。如果企业自己进行建设活动，则需要很大的资金投入，并且需要专业的IT人才，而中小企业却很难留住这些人才，此时，企业便可以选择ASP模式。通过采用ASP模式，企业省去了前期的大量软硬件投入，用较少的资金就可以启动较大型的项目，缓解了企业现金流的压力。更重要的是企业可以控制系统实施过程中的风险，租赁的方式给企业和IT厂商的交易制度提供了保障，ASP提供商必须持续地给企业提供专业的服务，满足企业的需要。如果服务质量不能满足企业的需要，企业就可以轻易地解除这种租赁关系，以减少自己的损失，降低投资风险。此外，企业如果通过购买软硬件来进行系统建设，则不仅有购买的开销，还有隐性的成本，那就是维护费用，而这些非核心部门的投入，是长期而巨大的。对于实力雄厚的大公司，这些投入可以接受，但是对于资金不宽裕的企业来说，这笔投入显然是其不愿承担的。而且，企业为了在激烈的市场竞争中生存，就必须把自己有限的资源集中到自己的核心业务上来。如果企业把过多的资源用到自己并不擅长的领域，就显然是不明智的。而 ASP 模式的出现，正好解决了这个问题，让这些企业更加专注于自己的核心业务，而将自己不擅长的 IT 交给专业的 ASP 处理。

3. 第三方平台的选择

如果企业的资金不够，缺乏专业人才，又不需要进行信息化建设，只是想增加销售、降低销售成本，并且着重交易的安全性，则可以选择第三方平台的模式。买卖双方企业采用第三方电子商务平台是应用电子商务的较好选择。第三方电子商务平台是具有赢利潜质的商务模式，它以客户为中心，是开放式的中立商务平台，并以创新的方式提供传统的功能，以增值的形式服务于买卖双方企业。具体体现在以下 3 个方面：

（1）扩大信息资源的规模，增加销售的可能。网上交易市场为交易双方提供了全球性的市场，它是各类生产企业、第三方物流公司和广大消费者的信息中心，可以为他们提供大量的信息，从而降低由于信息不对称导致的过高经营成本，提高信息资源的规模效益，这样的优势是任何电子商务模式都不能提供的。

（2）增强交易的安全性，节约成本。对有争议的问题，双方可以通过第三方交易平台公正处理，采用商业和法律手段有效约束。如由第三方电子商务平台确认交易者的意思表达是否真实无误，对交易者身份的真实性、合法性、合同履行能力予以确认等。另外，如果中小企业选择第三方电子商务平台，可以节约自建网站对硬件与软件的大量投入，同时也就省去了聘用专业技术人员维护网络安全和系统升级的烦恼。

（3）全程监控管理。网上交易市场具有电子交易功能和监控管理功能，可以全程有效地监控交易过程。

4. 协作平台的选择

中小企业由于物力、财力的制约，不能像大企业那样建立自己的网站，没有专门的服务机构，而且大部分中小企业知名度不高，其搭建自己的电子商务网站，不会像第三方平台那样有大量的访问量，也不会有多少交易额。而第三方平台提供的信息太多，该企业的信息会显得不是那么明显。同时，企业之间信息、技术的交流与共享也不是很方便。在这种情况下，企业可以通过协作平台的方式来实施电子商务。实际上，随着企业所处的内外生存环境的改变，从"公司竞争"变为"联盟竞争"，从"硬竞争"变为"软竞争"已成为一种趋势。而且，企业的创新能力也将成为制造企业的生命力，成为在联盟中或协同中所处地位的主要砝码。独创型技术开发与创新，以市场需求为导向的技术创新、主动创新以及组织创新和管理创新将成为一个成功的制造企业的基本条件。

目前已经有很多公司通过自己的网站向其他专业网站提供综合化的"小门户 + 联盟"的供应商服务。例如，浙江网盛科技股份有限公司的"纵横服务"活动。通过这样的合作方式，中小企业一方面利用网上交易为企业创造价值，提升行业供应链竞争力；另一方面通过制定行业标准、组织中间采购对 B2B 服务进行有效管控，同时为业内企业集中提供丰富的信息内容，包括行业新闻、行业教育、职位招聘以及提供面向行业的专业化服务。

5. 电子采购的选择

在企业运营的三大环节即采购、加工、销售中，企业在加工、销售环节已经没有多少潜力可挖；而采购过程中所节省的每一分钱，在不需要投资扩大生产和销售规模的情况之下，都直接成为企业的利润，制造型中小企业更是如此。据调查显示，采购原料总成本中有 40% 来自处理、管理订单有关的交易。在线采购不但便宜、快捷，而且也有望减少开列账单及订单的失误，从而减少很多交易成本。已经采用了电子采购的企业，过程成本降低了 90%，对于采购商品及服务的直接成本来说，其价格减少了 11%。并且，企业通过电子采购可以扩大采购范围，提高采购质量，缩短采购周期。因此，电子采购在企业最终产品的成本构成中，具有举足轻重的作用。对于中小企业而言，目前电子采购由于实施环境还缺乏条件，只能作为传统商务活动的辅助使用或者配合大企业实施。

第二章 参差不齐的不同国家及地区电商发展

电子商务的发展其实应该追溯到 1839 年电报的出现，当贸易中的信息开始以莫尔斯码点和线的形式在电线中传输的时候，就是运用电子手段进行商务活动的新纪元。时至今日，在全球经济保持平稳增长和互联网宽带技术迅速普及的背景下，世界主要国家和地区的电子商务市场保持了高速增长态势。

美国微软公司创始人比尔·盖茨曾经说过："21 世纪要么电子商务，要么无商可务！"可见，电子商务作为一种改进传统商务活动的全新商业机制蓬勃地发展着，很大程度上改变了人们数千年来的传统生活方式。

在本章的编排上，本来是准备以大的地理位置——美洲、欧洲、亚洲、大洋洲、非洲为分类依据逐个介绍的，但因美国在电子商务方面过于突出，故而美洲就只介绍了美国这个电子商务典型大国。大洋洲由于国家太少，在电子商务发展上也构不成什么典型，故而略去。亚洲部分的中国，由于在下一章会作详细介绍，在这一章就不再重复介绍，而香港、澳门、台湾地区作为中国特殊的组成部分，放在这章介绍，在下一章不再介绍，特此说明。

第一节 美国：电商路上高飞的老鹰

电子商务起源于美国，美国作为全球电子商务发展最早也是最快的国家，一直走在世界的前列，其应用领域和规模都远远领先于其他国家，在全球所有电子交易中，目前大约有50%以上都发生在美国。美国在开创电子商务之后的近二十年里突飞猛进，犹如展翅高飞的老鹰，为各国后期的电子商务发展开创了先河。

2012年，全球跨境电子商务市场规模超过1万亿美元，同比增长约21%。美洲电子商务最为发达。其中，北美地区电子商务市场的交易额达到3895亿美元，占全球的33.1%；拉美地区作为电子商务的新兴市场，交易总额达到557亿美元，占全球的4.8%。

美国电商杂志基于美国商务部的数据，发布了《2016年美国电商市场最新报告》，预计美国电商销售额将达3500亿美元，连续6年平均增长速度保持在15%以上。

一、美国电子商务发展概况

（一）发展历程

互联网在美国发展十多年所创造的价值，接近于美国汽车工业经过百年发展所创造的价值。作为这一场电子商务运动的倡导者和推动者，美国国内的电子商务发展经历了五个阶段，演绎了一段世界电子商务的发展史。

第一阶段：

1991年，美国政府向社会公众开放互联网，允许在网上开发商业应用系统。

1993年，美国总统克林顿提出建设信息高速公路计划。

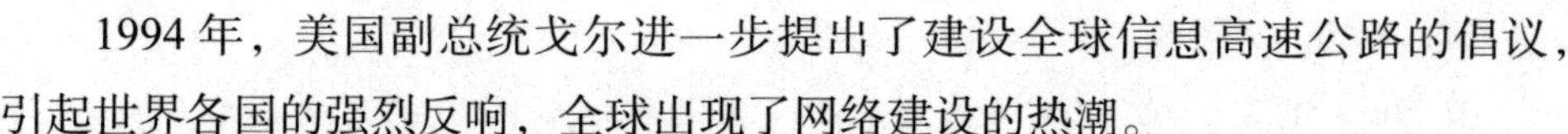

1994 年，美国副总统戈尔进一步提出了建设全球信息高速公路的倡议，引起世界各国的强烈反响，全球出现了网络建设的热潮。

这一段时期是全球电子商务的萌芽期。期间，随着互联网的兴起，众多美国网络公司纷纷成立，他们以提供信息的方式聚集网络浏览者，吸引广告商投放广告而获得收入。

第二阶段：

1995 年，互联网上的商业业务信息量首超科教业务信息量，电子商务从此大规模起步发展。

1996 年，美国两大信用卡国际组织共同发起制定保障在互联网上进行安全电子交易、适用于 B2C 的模式的 SET 协议（SET 是英文“Secure Electronic Transaction”的简称，意为安全电子交易协议），并在全球推广。

1997 年，美国政府制定了全球电子商务市场框架文件，推动全球电子商务的自由竞争发展。此外，美国和欧盟共同发表了有关电子商务的联合宣言。当年，美国在网上开设的商店已达 2 万家。

1998 年年初，美国政府宣布了三项免税政策草案，将网上购物这种商业形式与传统的贸易方式区别出来，用法律形式保护新型的电子商务市场。当年北美网上购物的人数达 100 万人次。

从 1998 年开始，美国政府通过法案决定联邦政府机构的全部经费开支实行电子化付款，加快了美国全国金融的电子化、网络化。

企业与消费者之间的电子商务（B2C）在这一期间兴起，电子商务进入了发展的第二阶段。

第三阶段：

据美国官方资料显示，1999 年美国第四季度 B2C 的交易额达 53 亿美元，占全部商品零售总额的 0.64%。

2000 ～ 2004 年，企业间电子商务（B2B）兴起，企业之间通过电子商务的方式来进行交易，以节约成本和提高效率。电子商务进入了发展的第三阶段。

美国国内制造协会 2000 年的一项调查表明：32% 的制造商开始使用电子商贸技术来进行商业交易，80% 的公司有自己的网址，并通过互联网来进行招标、购买等商业活动。

第四阶段：

由2005年起，美国的许多大型传统企业相继转向电子商务，并试图通过互联网简化商业流程，以节约成本提高效率，全球电子商务迎来了发展的第四阶段。

第五阶段：

2008年，美国Groupon的成立，开创了网络团购模式，即消费者对商家的电子商务（C2B）。该模式的核心是通过聚合数量庞大的具有相同购买意向的零散消费者，形成一个强大的采购集团向商家大批量购买，以此来改变B2C模式中用户一对一出价的弱势地位，这标志着全球电子商务的发展走向第五阶段。

（二）现状分析

通过对美国电子商务行业近10年发展情况进行数据分析，我们清晰地看出电子商务的发展趋势和现今状况。下面以美国的零售贸易（B2C）电子商务为例进行分析。

美国的零售贸易电子商务起步最早，引领了世界发展潮流。美国在线（AOL）、雅虎、电子港湾等著名的电子商务公司在1995年前后开始赚钱，到2000年创造了7.8亿美元利润；IBM、亚马逊书城、戴尔计算机、沃尔玛超市等电子商务公司在各自的领域都取得了巨额利润。

从2000～2007年，美国零售业电子商务规模翻了两番，从277.2亿美元增长到1266.97亿美元，净增长357%。而同期零售业销售总额增长缓慢，8年时间仅增长了33.7%。在此期间，电子商务占零售业销售总额的比例从0.9%迅速上升到3.2%。

2008年受全球金融危机影响，美国房地产市场、汽车业、银行业和零售业进一步低迷，当年失业率也升至十多年来的最高点，消费者大幅削减开支。美国电子商务交易也受到了较大的影响。随着美国一系列经济刺激计划的推出，2009年美国一季度电子商务交易规模企稳并回升，环比下降趋势得到逆转，而二季度的环比增长更达到2.2%，快速反弹趋势明显，从2010年开始，美国电商跨入一个快速增长的新周期。见表1。

表1　美国电商规模（2010～2015年）

单位：10亿美元

年度	2010	2011	2012	2013	2014	2015
电商销售额	167.3	194.3	224.6	262.5	304.9	341.7

注：资料来源《2016年美国电商市场最新报告》

从上表可以看得出来，2010～2015年的这6年，美国电商发展速度非常迅速，每年都保持在10%以上的增长速度。

二、美国电子商务的法规与政策

美国电子商务的高速发展在很大程度上得益于政府的大力支持。电子商务作为一种新生事物，一经出现就在美国受到高度重视，美国联邦、州两级政府都以极大的热情关注电子商务的发展，并且制定了大量与之相关的法规和政策来促进电子商务的发展。

早在1991年，美国参议院通过了由时任田纳西州参议员的前副总统戈尔发起和起草的《高性能计算法规网络案》，该法案的宗旨是建设“信息高速公路”，这为美国电子商务的发展奠定了关键性的技术基础。

1993年，克林顿总统签发了《国家信息基础结构的行动纲领》，开始全面推动建设美国国家信息基础设施。

1996年下半年，美国财政部颁布了有关《全球电子商务选择税收政策》白皮书。

1996年年底，克林顿总统亲自倡导成立跨部门的电子商务管理协调机构：美国政府电子商务工作组，负责制定有关电子商务的政策措施，并协调督促相关部门实施。

1997年，美国政府发布了《全球电子商务纲要》，将互联网的发展与二百年前的工业革命相提并论。

1997年7月1日，克林顿总统颁布了联邦政府促进、支持电子商务发展的《全球电子商务框架》，该框架确立了联邦政府政策的基本框架，对美国乃至世界各国电子商务的发展产生了积极影响。

1998年，克林顿发表了著名的“网络新政”演说，宣布为了推动网络贸易将对电子商务实行免税，其后不久美国国会即通过了《互联网税收自由法案》。

1999年，犹他州率先以州立法的形式承认了电子签名的法律效力。

2000年《电子签名法案》在国会获得通过成为联邦法律。

美国联邦政府为电子商务的发展提出了五项原则和九项政策建议。

（一）美国发展电子商务的原则

1. 私营部门必须发挥主导作用

互联网发展应该以市场为驱动，因为创新、拓展服务、广泛参与、降低价格等只有在市场主导的环境下才能实现。在一种受管制的行业中则无法实现，即使是在某些需要共同行为的领域，政府也应该尽可能鼓励产业界自我管理以及私营部门带头。

2. 政府应该避免对电子商务的不当限制

买卖双方在通过互联网进行产品或者服务买卖并达成合法协议的过程中，应尽可能将政府的参与或干预最小化。政府将严格控制对通过互联网进行的商务活动制定新的以及不必要的规定，简化政府办事程序或者避免征收新的税收和关税。

3. 为商业发展营造合适的环境

当政府必须参与时，政府参与的目标应该是支持和创造一种可以预测的、受影响最小的、持续简单的法律环境。那些需要政府干预的领域，政府的作用应是确保竞争、合同履行、保护知识产权和私有权利、防止假冒、增强透明度、增进商业贸易、促进争端的解决。

4. 政府必须认清互联网的特性

互联网的优势和获得的巨大成功在一定程度上应该归功于其分散的本质，以及其自下而上的管理方式。过去60年来为电信、无线电和电视行业建立的规范框架对互联网来讲可能并不适用。对现有的一些可能阻碍电子商务发展的法律法规应该重新进行审议、修改或者废止，以满足电子时代的新要求。

5. 互联网上的电子商务应该在全球范围内促进

当今互联网本身就是一个全球性的市场，网上交易的法律框架必须打破地区、国家和国际之间的界限，采取一致的管理原则。对互联网进行完全不

同和多重管理只会阻碍自由贸易和全球商业发展。

（二）美国发展电子商务的政策

1. 关税和税收

在互联网上进行交易的产品或服务，都应该是无关税的，亦即不应该对电子商务征收新的税收。因为互联网是一种全球的媒介，所有的国家都应该从这种无壁垒贸易中受益。现有的适用于电子商务的税收应该在全国范围内施行一致，并且做到易于理解和管理。根据现有的税收原则，地方政府应该合作制定出统一的、简单的电子商务税收方法。

2. 电子支付系统

在电子支付系统发展初期，迅速改变的商业和技术环境使得制定及时、合适的相关政策非常困难。因此，法规和规则不应当缺乏灵活性，不应当有高度约束性，否则会对电子商务发展造成潜在的伤害。近期而言，电子支付个案监测的做法是可取的方式。

3. 电子商务通则

政府支持制定一套国际统一的贸易规范以促进电子商务。这种规范应该鼓励政府对电子合同的认可；鼓励国际普遍接受电子签名以及其他类似授权程序的规则；促进为国际贸易活动制定可替代的争端解决机制；制定可预测的根本原则，使权责明确；让电子注册的使用合理化、简单化。

4. 保护知识产权

互联网上的商务活动经常涉及知识产权的销售与认证。为此，政府将研究并征求公众对保护数据库方法的建议，促进全球共同努力，为相关专利提供有效的充分保护，建立能够决定专利要求效力的标准。在全球开展工作，以解决那些由于不同国家对互联网相关商标的不同处理方式而引起的争端。建立审议域名的分配制度，以创造更加有竞争力的、以市场为基础的体系，并力争造就互联网这种自下而上的管理模式。

5. 隐私权

政府支持私营部门建立有效的、用户友好的以及自我规范的隐私管理体系，这包括促进对个人隐私认知的机制、网上选择的应用、信息的公平获取与利用以及争端的有效解决。对于那些不能完全由产业通过自身规范和技术独自解决的隐私权问题，政府将和产业以及有关各方共同寻找合适的解决方法。

6. 安全

全球信息基础设施必须是安全且可以信赖的。如果用户对他们在网上的通信安全不够信任，认为他们的数据会被截取或者更改，那他们也就不会利用互联网来进行商务活动。政府正在与产业界合作，采取措施，促进这种市场驱动的重要公共基础设施的发展，并满足社会和用户对安全性和可靠性的需要。

7. 电信基础设施和信息技术

全球电子商务依赖现代的、严密的全球电信网络以及与之相连的信息的应用。然而，许多国家现有的电信政策正在阻碍先进数字网络的发展。美国将广泛开展国际合作，以消除竞争、客户选择、低价格和更优服务的壁垒。

8. 内容

政府鼓励产业界进行自我规范，采用有竞争性的内容评价体系，开发有效的、用户友好的技术工具（如过滤和封锁技术），从而使父母、教师以及其他人员能够阻挡儿童触及不适当的内容。

9. 技术标准

互联网的技术标准以及其他相互作用的机制应该由市场而不是政府来决定。技术在快速变化，如果政府试图建立技术标准来管理互联网的话，将只能阻碍技术创新。

美国政府不仅出台了一系列的法律政策来推动电子商务发展，而且其自身也通过一些直接措施身体力行。美国政府从宏观上高层推进，在通信通道方面引入竞争机制，有计划地放开信息服务业，积极予以实施。1997 年，美国政府就制定出一系列时间表来推动政府电子化进程；从 1998 年开始美国政府机构的全部经费开支实行电子化付款，通过 EDI 技术完成政府采购任务，并在 1999 年最终取消了政府商业行为的一切纸面单证。美国地方政府、研究机构、应用部门在本地平台建设、企业内联网和连入互联网的建设上则由自己投入、自己负责、自由发展，体现了社会化大分工的鲜明特点。

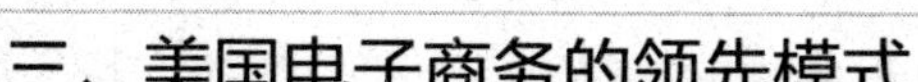

三、美国电子商务的领先模式

美国高度发达的市场经济体系为电子商务的崛起提供了良好的经济、技术和社会条件，因此，美国的电子商务发展异常迅猛，迄今一直保持全球领先的地位。

美国电子商务的领先应用主要集中在两个领域：

1. B2C 电子商务

B2C 电子商务也称网上零售，是指在互联网上发生的企业与消费者之间的交易行为，这种模式着重于以网上直销取代传统零售业的中间环节，可以说创造了商品零售业的一种新的经营模式。

B2C 电子商务在美国的顺利发展得益于以下几个条件：

第一，良好的信用和金融支付系统。美国社会拥有的信用卡总量超过 7 亿张，平均每个美国人有 3.5 张信用卡，发达的金融电子化使网上支付变得十分容易。另外，信用卡对用户的金融信用记录十分完善，整个美国社会的信用制度也十分健全，这些都为网上交易活动提供了良好的信用保证。

第二，发达的物流体系。美国有美国邮政局、UPS、Fedex 这样著名的大型物流企业，遍布全国的现代物流网络，可以保证顾客从网上订购的产品在 1 ～ 3 天内送达，这为网上零售所必需的商品配送提供了不可或缺的支持。

2. B2B 电子商务

美国的电子商务从 B2C 模式起步，但 B2B 电子商务很快成为主流。推动这种模式发展的主要力量是传统产业对电子商务的大规模应用，众多的传统企业通过电子商务手段，可以有效地改善市场营销和企业内部管理，从而推动了 B2B 电子商务的迅猛发展。如前文所述，2001 年美国网上零售的销售额占零售总额的比例为 1%，而企业间电子商务交易额为 6710 亿美元，约占美国企业间整体商务交易额的 7%，这表明企业间电子商务已经取代网上零售成为了美国电子商务的主流。

现在几乎所有的美国大企业都在使用电子商务。三大汽车公司通用和福特、戴姆勒－克莱斯勒早在 2000 年就联手建立了网上采购市场，现在它们每年所需的 2500 亿美元的零部件和其他商品都是通过这一网上平台采购，通过网上采购不仅能节约 10% 的成本，而且还可以大大缩短采购零部件的时间，加快汽车生产的进程。其他如 DELL 公司在网上直销个人电脑，每天销售额达到 500 万美元，思科公司每天的网上订单有 100 万美元，通用电气公司 2000 年的网上订货额就已经达到 50 亿美元。

根据美国制造商协会 2001 年的一项调查，80% 的美国制造商已经拥有自己的网站，电子商务交易的使用率为 32%，采购商的电子商务利用率为 38%，在尚未使用电子交易的企业中，35% 的企业计划在一年内使用，54% 的企业考虑在未来三年使用，仅有 11% 的企业表示没有考虑使用互联网进行采购。

美国 B2B 电子商务发展的特点是：以大型企业为主导，以集成供应链管理为起点，以降低成本为主要目标。其主要表现形式为：大型企业首先利用 ICT 信息平台（ERP、ISC、CRM、IPD 等），在整合企业内部流程和信息资源基础上，进一步向上游的供应商和下游的客户扩展，打通与上下游的信息流、资金流和物流，从而改善沟通效率和服务质量，大幅度降低交易成本、库存成本、生产成本和采购成本，通过全球化资源配置提高竞争优势，这构成了美国 B2B 电子商务发展的主流模式。如戴尔电脑（DELL）、UPS、沃尔玛、思科等。

四、美国电子商务的环境支持

1. 营造良好的市场环境

电子商务作为一种新型商务模式，要求必须有良好的市场环境。包括适宜的社会环境、竞争环境、管理和服务环境等。为此，政府强调市场化原则，主张发挥私营企业在电子商务发展中的主导作用，鼓励私人投资，建立自律性产业规范与规则，尽量减少政府的干预。

2. 创造适宜的制度环境

电子商务的发展还需要适宜的制度环境。为此，政府建立和完善法律法规、税收政策、电子支付系统、知识产权保护、信息安全、个人隐私、电信技术标准等，为其电子商务的发展营造良好的制度环境。如 1998 年 10 月，克林顿总统颁布了《互联网税收自由法案》，规定 3 年内免征互联网或互联网

接入使用税；2000 年 6 月，国会众议院通过《电子签名法》，使得电子签名与书面签名具有同等法律效力。

3. 促进电子商务全球化

互联网全球性开放的特点，使得建立网上国际贸易自由区成为可能。为此，必须打破地区、国家和国际之间的界限，建立一套国际统一的贸易规范与法律框架。包括对电子合同的认可、接受电子签名以及其他类似授权程序的规则，制定争端解决机制，制定权责明确的根本原则等。鉴于此，政府率先实施网上贸易免税政策，并主张和推动各国对网上贸易免征关税。1998 年 5 月，克林顿总统亲赴世贸组织部长级会议，敦促各国支持美国关于电子商务完全永久免税的建议。尽管发展中国家存在种种担心，但 132 个成员国还是签署了《关于电子商务的宣言》，规定至少 1 年内免征互联网上所有贸易活动的关税。

4. 确立一致性原则

美国政府认为，对互联网采取完全不同和多重管理措施，只会阻碍自由贸易和全球商业发展。为此，依据“全球电子商务框架”所确定的原则与相关政策建议，美国大力促进世界各国及国际组织对其“全球电子商务框架”的认同。事实上“全球电子商务框架”一出台就受到发达国家的普遍支持，成为商讨全球电子商务政策及法规问题的准则。1997 年 12 月，欧盟与美国发表了有关电子商务的联合宣言，与美国就全球电子商务指导原则达成协议，承诺建立“无关税电子空间”；1998 年 5 月，世贸组织 132 个成员国签署“关于电子商务的宣言”，随后经济合作与发展组织国家也接受了关税豁免建议，世贸组织也已认可这一原则；1999 年 2 月，欧盟又提出建立一个旨在协调全球通信，特别是电子商务的国际宪章的提议；1999 年 5 月，美、日两国发表联合声明，双方在关税、税收、隐私权、身份确认等方面确定了共同原则，强调了两个经济大国在电子商务方面进行磋商与合作的重要性，表明两国意欲通过他们在世界经济中的地位与影响，联手制定电子商务全球框架，以保持和增强两国的领先地位。

5. 加强信息基础设施的建设和投入

1993 年，美国政府颁布“国家信息基础设施”（NII）行动计划以及信息高速公路规划，计划投资 4000 亿美元，用 20 多年时间，逐步将电信光缆铺设到所有家庭用户；1994年美国政府提出建设全球信息基础设施（GII）的倡议，旨在通过卫星通信和电信光缆连通全球信息网络，形成信息共享的竞争机制，全面推动世界经济的持续发展；2000年美国政府向信息和通信产业投入8.5亿美元，政府还提供1.1亿美元用于发展第二代互联网，为电子商务的发展提供物质技术基础。

6. 促进互联网的普及和发展

美国政府在促进互联网的普及和发展方面也不遗余力，连总统、副总统都亲自上阵。比如，在互联网商业活动还不充分时，政府出钱使互联网免费运行，直至近年在互联网走上轨道，能自行良性快速发展壮大时为止；还规定美国政府的各个部门1997年必须在互联网上购买不少于450万件的商品，把指标分散开来，分配到政府各地和各部门，以培养在互联网上购物的习惯和环境。

1997年5月，克林顿公布了一个政策，即Internet免税区，即在全球范围内，通过互联网所购买、销售的商品不加税，包括关税和商业税。这个政策已得到加拿大、日本、欧洲等国的不同程度的支持。

在推动电子商务的革命性发展中，美国政府无疑发挥了重要的作用。美国联邦政府负责在规划、政策、示范推广、宣传培训、研究开发等几个层次上，宏观地把握电子商务的发展。与此同时，联邦政府把电子商务发展中涉及的方方面面的事务及相应的利益、权利、责任广泛分散给了地方政府、私有机构、企业、国际组织，地方政府着眼于本地环境建设，电信和互联网企业在竞争机制下开展网络建设，企业用户搞好自身的内部网络建设，并利用现有网络资源实现内部网与互联网的互联。这样就充分利用了全社会的能动性，使电子商务在很短的时间内发展壮大起来。

目前，美国企业普遍利用互联网这个便捷的通路来开展交易，为客户提供产品与服务。GE、Cisco、Intel、IBM、Compaq、Dell、HP等公司，都在网络上达成巨额的交易。电子商务的冲击影响到经济结构中的每一个方面。美国价值高达20亿美元的保险是通过网络卖出，越来越多的消费者通过网络来购买商品。蓬勃发展的电子商务，正积极引领着美国经济结构发生根本性的改善。

国际电信联盟（以下简称“ITU”）发布《2014年信息与通信技术》报

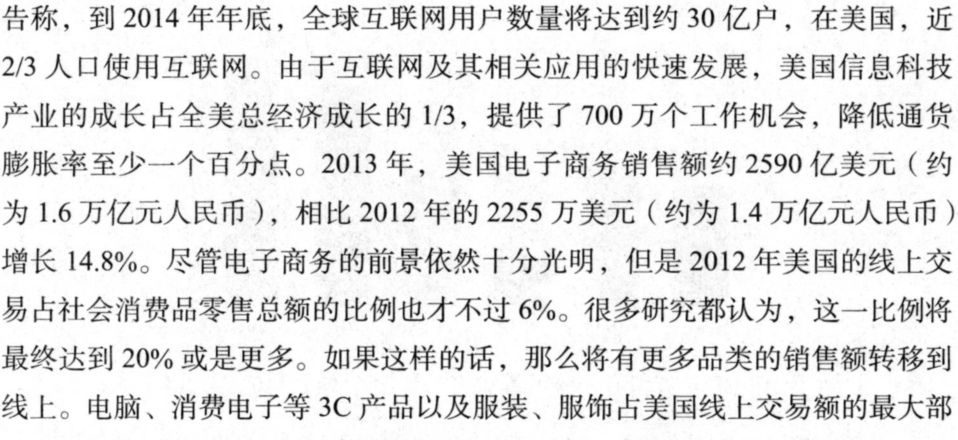

告称，到 2014 年年底，全球互联网用户数量将达到约 30 亿户，在美国，近 2/3 人口使用互联网。由于互联网及其相关应用的快速发展，美国信息科技产业的成长占全美总经济成长的 1/3，提供了 700 万个工作机会，降低通货膨胀率至少一个百分点。2013 年，美国电子商务销售额约 2590 亿美元（约为 1.6 万亿元人民币），相比 2012 年的 2255 万美元（约为 1.4 万亿元人民币）增长 14.8%。尽管电子商务的前景依然十分光明，但是 2012 年美国的线上交易占社会消费品零售总额的比例也才不过 6%。很多研究都认为，这一比例将最终达到 20% 或是更多。如果这样的话，那么将有更多品类的销售额转移到线上。电脑、消费电子等 3C 产品以及服装、服饰占美国线上交易额的最大部分，二者加起来预计 2013 年将占 42.9% 的交易额，预计 2016 年将达到 45.6%。然而大宗产品例如汽车配件以及食物和饮料的线上销售额并不令人十分满意，但是这也预示着电商巨大的成长空间。目前，这些商品的销售大部分还是来自线下。eMarketer 数据显示，预计美国的电子商务交易额在 2012 ～ 2017 年的复合增长率仍将达到 15.0%，这是同类机构中最为迅速的。

电子商务网上销售有巨大的利润。网络经济活动对美国经济已经产生了显著的影响。

五、美国电子商务的发展特点

尽管未来世界形势难以预料，但美国作为世界科技和经济领袖的地位在一定时期内是不会动摇的。那美国的电子商务发展具体情况如何？下面以 2015 年美国电子商务情况为例进行分析：

（一）增速保持平稳

美国电子商务占到整体零售市场的份额逐年提高，2015 年电子商务市场销售规模约为 3417 亿美元，占比达到 7.3%。

（1）近年来美国电商市场平稳发展，2016 年的销售额预计达 3500 亿美元，图 1 是美国 2010 ～ 2015 年的销售额。

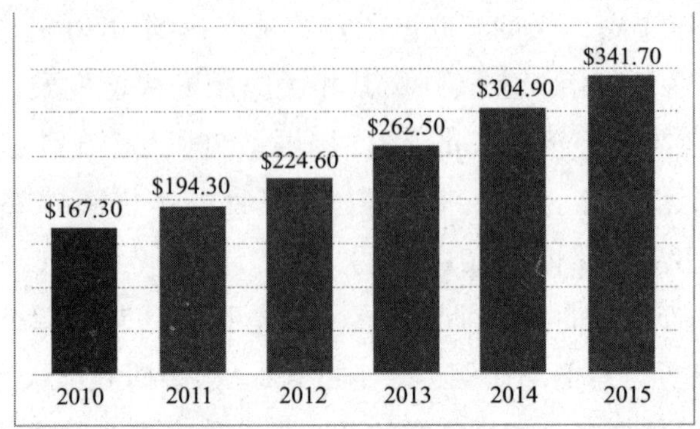

图1　2010～2015年美国电子商务销售额（单位：10亿美元）

（2）美国每年增长速度平均为 15.35%，图 2 是 2010 ～ 2015 年的增长率。

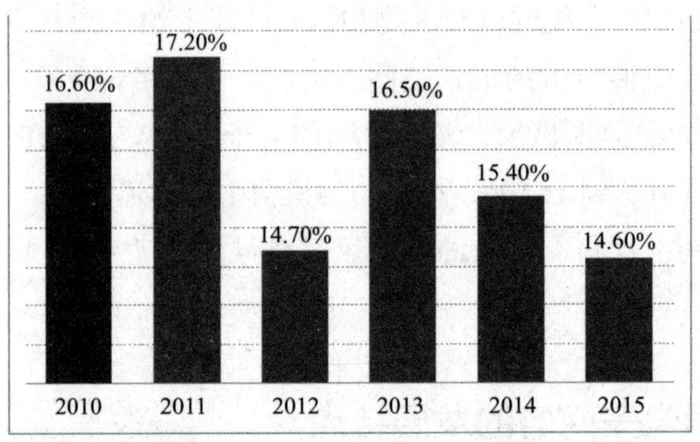

图2　2010～2015年美国电子商务增长率

（3）在线销售占总零售的比例目前已经超过 10%。图 3 是美国 2010 ～ 2015 年在线销售占总零售的比例。

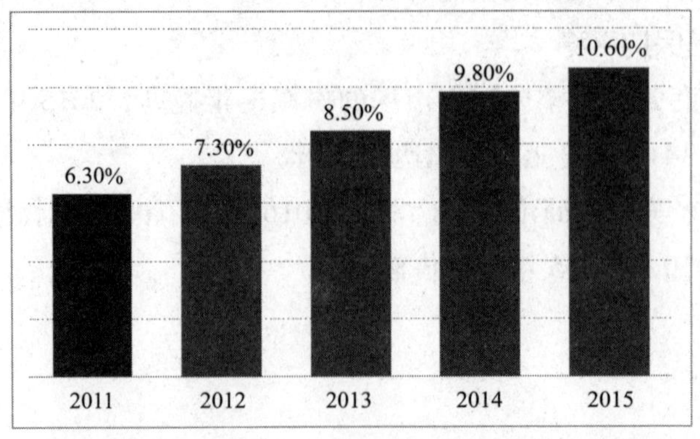

图3　2010～2015年美国在线销售占总零售的比例

（4）消费者在网上买服装的比例已经超过 18%。图 4 是近年来消费者在网上购买服装的比例。

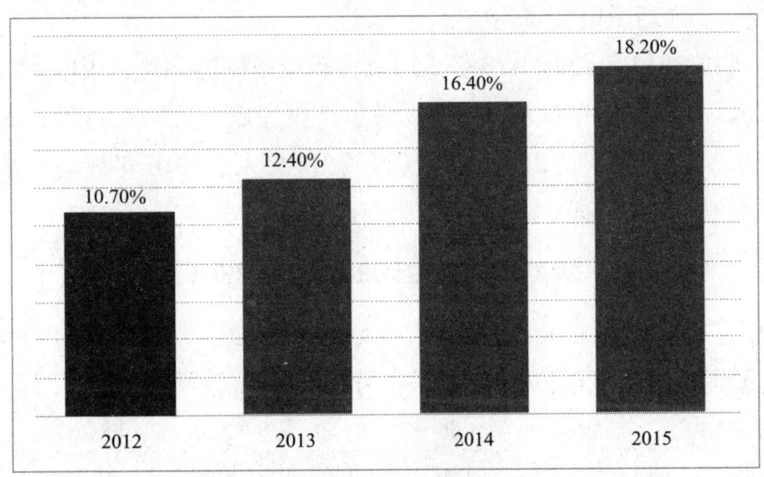

图4　2012～2015年美国消费者在网上买服装的比例

（二）品类有所差异

从电子商务的品类份额来看，电子数码、服装配饰、汽车和配件是电商市场中份额最高的三大品类。以分品类增速来看，图书音像、服装配饰、汽车和配件是增速最快的三个品类。图 5 是美国家居类产品卖得最好的商品。

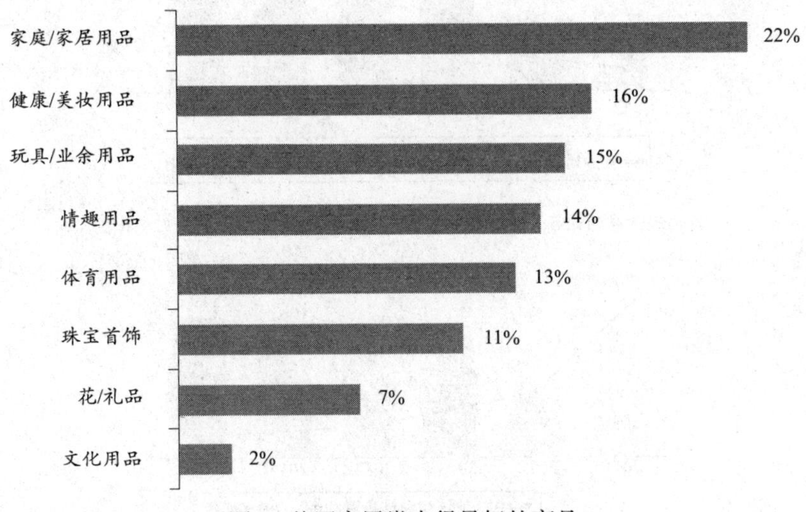

图5　美国家居类卖得最好的商品

（三）移动电商高歌猛进

据 eMarketer 报告，美国 2013 年移动电商零售规模达到 384 亿美元，同比增长 56%，远高于电商整体增速。见表 2。

估算美国 2013 年约有 1.18 亿人通过移动设备浏览商品，占电商购物者数量的 62.2%，其中 7260 万人通过移动设备至少完成一次购买行为，人数同比增长 38.3%，这一数字在 2016 年增长至约 1.2 亿人，2016 年移动设备购物者渗透率预计达到 84.6%。（见图 6）

表2　美国移动电商零售规模，增速和设备占比

（单位：10亿美元）

分类	2011	2012	2013E	2014E	2015E	2016E
移动电商零售	13.63	24.66	38.40	52.17	68.29	86.86
同比增长	—	81%	56%	36%	31%	27%
其中，平板占比	40.0%	56.2%	62.5%	65.8%	68.0%	70.3%
智能手机占比	55.0%	40.0%	35.0%	32.0%	30.0%	28.0%
其他占比	5.0%	3.8%	2.5%	2.2%	2.0%	1.7%

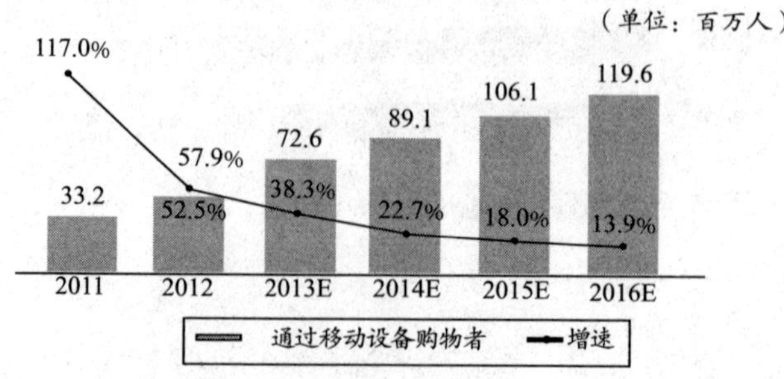

图6　美国移动电商发展情况

（四）全渠道时代来临

2013 年超过 60% 的美国零售商将“全渠道”作为其重要性排名第一的公司战略。渠道变革的四个阶段中，最终的全渠道阶段是以消费者为核心，消费者自然地在各种现实和虚拟的购物环境之间转换，且这种转换越来越是无意识地，渠道之间的界限越来越模糊。（见图 7）

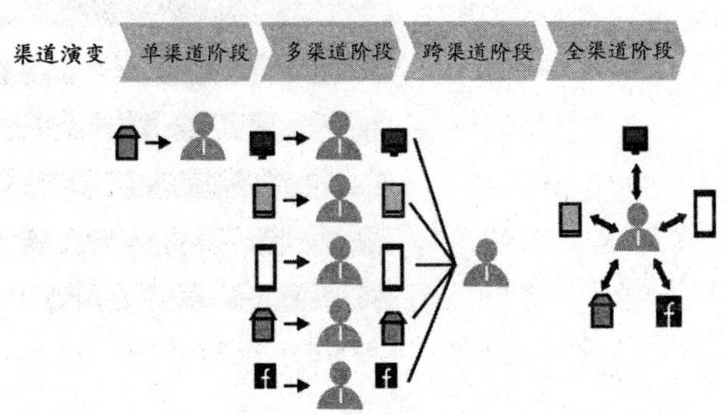

图7　美国全渠道的演变

近两年来，两种渠道的融合在持续进行，实体店运营商在数字领域取得了巨大成功，亚马逊等网络零售商也在进行实体布局，例如开设展示店、临时店以及其他能够与购物者面对面交流的零售方式。

在全渠道时代，消费者购买行为不再是电商时代简单的“线下体验，线上下单”，渠道之间的界限越来越模糊，门店和移动终端的地位将越来越重要。（见图 8）

全渠道下的典型消费场景

	场景1	场景2	场景3
搜索	In store　Online (mobile)	Online (PC)　Online (tablet)　Online (mobile)	In store
下单	Online (PC)　Online (tablet)　Online (mobile)	Online (PC)　Online (tablet)　Online (mobile)	Online In store
提货	Home delivery	In store　pick up point	Home delivery
支付	Via post	In store	Via post

图8　全渠道下的典型消费场景

从影响消费者购买行为的因素来看，朋友在社交网络上的推荐越来越成为影响消费者购买决策的重要因素，而由于社交网络的移动化，这也在一定程度上反映了移动端的重要性。（见图 9）

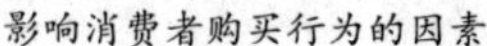

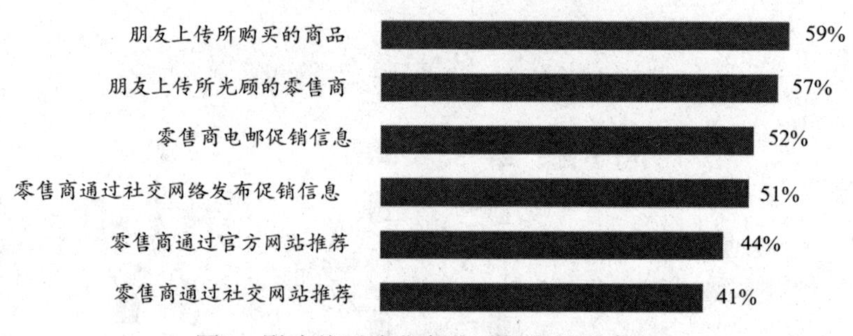

图9　影响美国消费者购买行为的因素

在消费者最关心的五项全渠道能力中，按第 1 条与第 4 条展示了“一致性”的要求，第 1 条要求价格一致，第 4 条要求商品分类一致（意味着线上难以扩充品类），这要求零售商在全渠道的过程中，将原先专注的品类继续深耕，而不是在跨渠道的过程中简单地跨品类。

第 2 条、第 3 条、第 5 条展示了消费者对购物体验的需求，但背后所要求的是零售商对其所经营的不同品牌的每一件单品和背后的供应链有极强的掌控能力。（见表 3）

表3　消费者最关心的五项全渠道能力

1	不同渠道之间价格一致
2	门店能显示缺货商品，并能以其他门店或者仓库快递至指定地址
3	能对各渠道订单的状况进行实时跟踪
4	不同渠道间商品分类一致
5	网上购买的商品能在门店退货

随着移动端消费的扩大，线下零售企业更能发挥其线下门店的优势，迎来全渠道时代，以消费者为中心，线上、线下的界限将逐渐模糊，门店和移动终端的地位将越来越重要，但同时对零售商能否对其所经营的不同品牌的

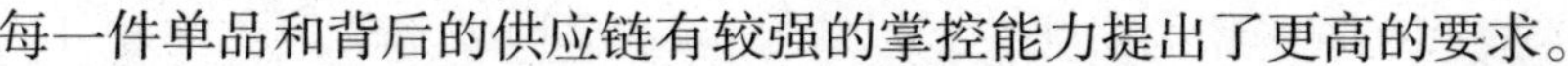

每一件单品和背后的供应链有较强的掌控能力提出了更高的要求。

通过以上分析可以注意到，移动电商将成为推动美国电子商务未来发展的主要动力之一。根据 eMarketer 的统计数据发现，2015 年美国移动端的电子商务交易额达 885.3 亿美元，相较 2014 年的 566.7 亿美元增长 56.2%，2016 年全年移动商务交易额高达 1231.3 亿美元。见图 10。

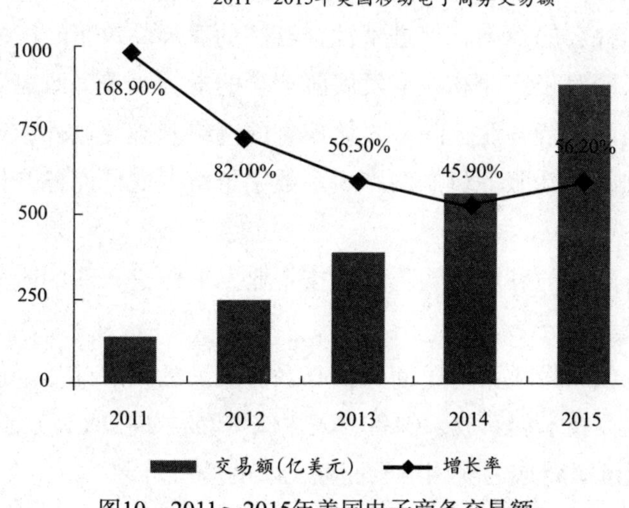

图10　2011～2015年美国电子商务交易额

艾瑞咨询认为，驱动美国移动端电子商务交易额增长的主要原因有以下三点：

第一，移动电子商务交易额的迅速增长得益于智能手机和平板电脑等移动设备的普及。数据显示，2015 年年底美国智能手机用户达 1.84 亿人，智能手机普及率超过 57%，庞大的移动智能终端用户为移动电商提供了巨大的市场潜力。

第二，相较于 PC 端电子商务，移动电子商务具有独特的优势。移动电子商务因为接入方式无线化，使得网络范围延伸更广阔、更开放，消费者可以随时随地购物。

第三，消费者购物习惯已发生转变。移动互联网的产生和发展改变了人们的生活方式，移动网购以便捷和价格低廉的购物体验吸引了越来越多的消费者。此外，电商在移动电子商务上发力，采用打折促销等活动，进一步促使用户逐渐养成移动端购物的习惯。

电子商务带来商务活动“质的跃升”。在电子商务已经推广到全球的形势下，为什么美国突出地享有电子商务的诸多收益？这是因为，电子商务的推广和扩散必须依靠配套条件。相对而言，美国有完善的法令规章、健全的金融体制、弹性的货币与财政政策和积极创新、愿意承担风险的文化与企业。

基于美国全民上网的现状，电子商务提供了更多、更好的产品和服务，提高了企业和社会的效率，促进了社会经济的发展。数字经济的持续进步逐渐证明了互联网对于产业和经济发展所蕴含的潜力，美国政府着力将电子商务推广到美国的各行各业，除了强化现有的网络基础建设外，还鼓励各种以互联网为基础的创新服务机制的产生。数字经济、电子商务开创了美国经济的新时代。

美国电子商务的发展将随着高科技企业发展而进入新的阶段，并会呈现出如下的发展走向：

（1）技术创新将成为电子商务核心经济发展的最终动力。世界上暂时没有任何国家能在技术创新成果储备、人才储备和科研投入等方面与美国匹敌，这些雄厚的资源必将成为美国电子商务飞跃的基石。

（2）美国拥有良好的研发、风险投资、资本市场、职业企业家群体等体系，并且政府积极营造良好的商业环境，建立规范的法律制度，强调市场化原则，主张发挥私营企业在电子商务发展中的主导作用，这些都是电子商务长期良性发展的基本动力。

（3）网络信息全球化的特点，使得国际贸易生活化的实现成为可能，当地域、运输、安全、制度等种种约束被打破，美国电子商务的发展很有可能迎来前所未有的高度。

电子商务的产生是划时代的、革命性的。电子商务现在正从以美国为代表的发达国家向全球范围扩展，从技术和经济的发展趋势来说，若干年后的全球商业信息，将主要通过互联网传递，网络将成为未来商业社会的“神经系统”，电子商务将成为未来社会的主流经济模式。

第二节　欧洲：紧追不舍的“斗牛士”

有人说：“欧洲人在第二次世界大战时，靠战争成为了世界政治的中心，却也丢掉了成为世界经济中心的机会。”但是现在的欧洲人正在积极地行动。根据最新电子商务交易额数据显示，2013 年，欧盟的线上交易额达到 2765 亿欧元，占欧洲线上交易总额的 87.6%。

一、欧洲电子商务的发展概况

（一）欧洲电子商务开始起步

伴随着 1992 年互联网的广泛应用，美国的电子商务就如火如荼地开展了，而欧洲的电子商务发展比美国晚，到 1995 年才真正开始起步，而且不同于北美的发展历程，西欧是在电子行业产业链上以 B2B 形式为主要模式逐步开始的。这时电子商务处于低级状态，只有信息流的处理。利用互联网进行商务信息的传递是上下游商业伙伴之间的，与产业链之外几乎没有任何信息上的交互，甚至很多电子商务活动是在互联网和企业专用网并行下实施的。电子商务的信息处理也就是企业间的信息管理。如 IBM、DELL 等电子行业的龙头企业，开设了自己的电子商务平台，要求上下游厂商登录其平台网站，浏览商务信息，并在线上下达确认订单。这时的电子商务信息管理的特征是行业龙头企业和其商业伙伴间一对一的数据传递，数据格式完全遵循龙头企业信息管理规范。如图 11 所示。

1. 以 EDI 为基础的电子商务信息管理阶段

1998 年，欧盟参照美国 EDI 信息处理规范思想，提出了欧洲 EDI 标准规范，于是电子商务的信息处理上升为以 EDI 为基础的电子商务信息管理阶段。因为有了统一的信息规范，为更广泛的企业间信息交互提供了可能。这时尽管电子商务仍主要是行业内企业间的 B2B 模式，但已从原来的上下游一对一信息传递，发展到一对多（见图 12）。一个企业可以依照统一的 EDI 规范和行业内的多个商业伙伴同时进行交易。

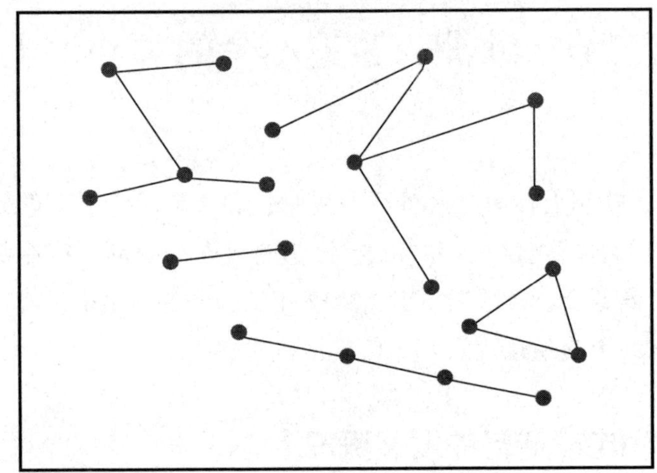

图11　一对一数据传递模式

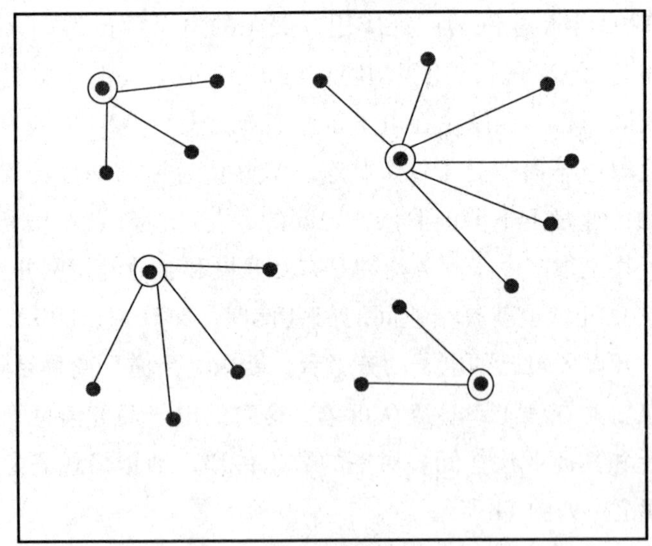

图12　一对多数据传递模式

在德国、法国、英国、西班牙、意大利五个欧洲国家运行的室内装潢行业的大型电子商务平台 Deco-Premier 就是这个时期的一个典型例子。Deco-

Premier 平台的数据库存放了大量有关室内装饰装潢材料及家具的产品信息，并提供了 3D 室内装潢设计的界面。设计师们在线进行设计，可直接把产品信息拖曳到 3D 设计画面中。当设计完成后，设计稿中用到的产品自动生成订单，分发给各生产厂商。因为各参与方遵循了统一的 EDI 数据交互规范，保证了这一 B2B 平台能跨国家顺畅运营。

2. 以仓储数据为主导的信息共享阶段

2002 年，欧洲电子商务发展到了以仓储数据共享为主导的阶段。利用电子商务保证各参与企业的零库存管理，极大地降低了商品的流通成本，也使产业链组织方式发生很大变化。这让 B2B 电子商务的价值得到充分体现，也激发了欧洲企业对 B2B 平台的热爱。这个阶段电子商务信息管理的特征是多个同类企业同时和另外类型的多个企业间的信息交互或数据交换（见图 13）。

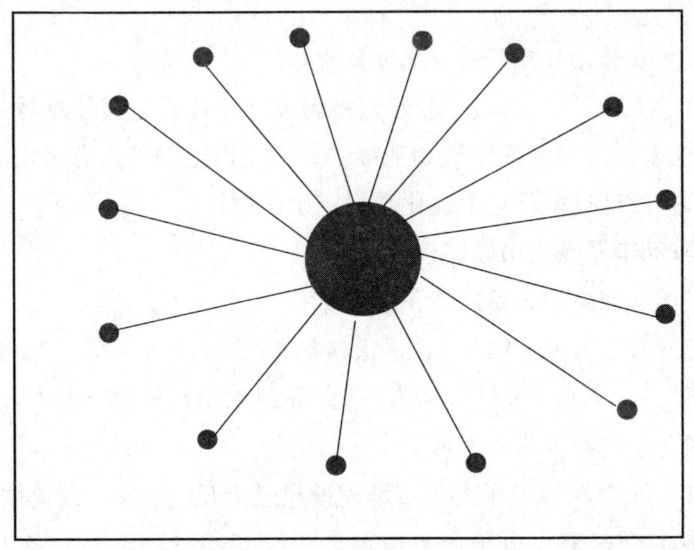

图13　多对多数据传递模式

iCare 是一个医药领域以零库存为目标建立起来的大型 B2B 平台。一边是以医院药房、大药店、私人门诊组成的药品采购方；另一边是以药厂、医药经销商为主的药品供应方。为达到零库存管理，药品采购方把自己的库存信息提供给供应方，供应方可以及早根据库存量安排供货。这个系统最终发展成供应方直接把仓库建在采购方，代管仓储，优化合理地制订生产配送计划，把电子商务的领域延伸了，达到生产、流通、供给的最优化。

3. 欧洲电子商务信息管理规范化

2005 年，在欧盟的积极倡导下，包括欧盟和各成员国都颁布了有关电子商务的包括运营、支付、签约等方面的法律文件和指导性纲要，欧洲电子商务信息管理得到很好的法律保证，运营开始规范化。电子商务的环境有了飞跃性的改变，客户对网上采购的信任度也极大地提高，使欧洲的 B2C 和 C2C 实现了长足发展。电子商务信息特征是 n to 1，即多信息源对一个主体（客户），并且信息共享重用成为特色。

4. 电子商务信息的实现社会化

2008 年以来，欧洲电子商务的信息采集、共享和管理逐步实现社会化。其特征是 n to n to n……电子商务的信息处理成为社会化数据的共享与管理，个体在获取信息的同时也在贡献信息，并由此产生了云计算、生态系统等概念。

5. 个性化的信息处理将得以充分体现

2010 年以后，个性化的信息处理将得以充分体现。其信息特征将为个体（客户）在众多信息源前不是被动地接受，而是以主动的姿态来定制信息。电子商务的信息处理过程将是个性化数据定制的过程。

（二）欧洲电子商务市场现状

1. 欧盟国家经济在世界经济中的地位

经济 13.3 万亿美元（第一），进出口额 3.7 万亿美元（第一），进口额 2 万亿美元（第二），人口 4.8 亿人（第三），面积 433 万平方千米（第七）。

2. 欧洲电子商务市场的发展

2012 年，全球跨境电子商务市场规模超过 1 万亿美元，同比增长约 21%。欧洲地区成为全球最大电子商务市场。2012 年，欧洲电子商务市场规模为 4126 亿美元，占全球电子商务市场的 35.1%；2013 年，欧洲的电子商务交易总额达到 4969 亿美元，同比增长 19%。2015 年，欧洲 B2C 电子商务交易总额达到 4198 亿美元，较 2014 年同比增长 13.5%。

具体到欧洲各个地区来看，根据欧洲电子商务协会的数据统计：2015 年，西欧地区 B2C 的电子商务交易总额为 2099 亿美元，相较于 2014 年同比增长 13.3%；中欧地区为 1066 亿美元，同比增长 12.9%；南欧地区为 473 亿美元，同比增长 15.4%；北欧地区为 315 亿美元，同比增长 11.4%；东欧地区为

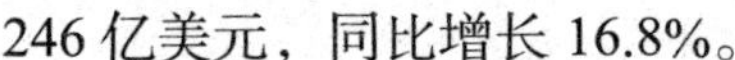

246 亿美元，同比增长 16.8%。

从国家分布上来看，在电子商务发展成熟的国家中，2015 年交易额排名前三的国家分别是英国（1272 亿美元）、德国（712 亿美元）、法国（568 亿美元）。这三个国家的电子商务交易额总和占到了欧洲电子商务交易总额的半数以上。排在第四和第五位的是荷兰（139.6 亿美元）和瑞士（127.2 亿美元）。

而在电子商务新兴发展的国家中，交易额排名靠前的依次是俄罗斯（212.19 亿美元）、西班牙（197.32 亿美元）、意大利（154.25 亿美元）以及波兰（71.53 亿美元）。

从网上零售来看，2013 年欧洲网上零售的交易总额为 50.36 亿美元，同比增长 18.68%，但仅占到了零售业总销售额的 5.7%。值得关注的是，欧洲网上零售已至少连续五年保持着双位数百分比的增长率。据 Internet Retailer 统计的 2015 年欧洲 500 强网络零售商数据显示，欧洲 500 强网络零售商 2014 年的网络销售额达 1237.8 亿欧元，比 2013 年增长了 15.6%，占了欧洲总网络销售额的 29%。其中，销售服装和配饰的土耳其零售商 Morhipo 以 116.7% 的增长率，成为了整个 500 强榜单中销售额增长最快的商家。

从移动电子商务上来看，2015 年为 671 亿美元，仅 5.5% 的交易额是来自移动端。移动端交易占比高于欧洲平均值的国家有英国（12.0%）、斯堪的纳维亚半岛（8.0%）、意大利（7.0%）、西班牙（7.0%）、奥地利（6.0%）和荷兰（6.0%）。见图 14。

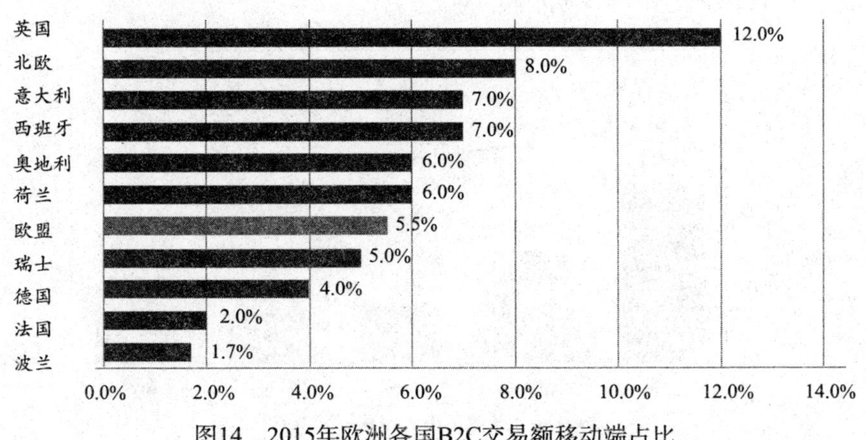

图14 2015年欧洲各国B2C交易额移动端占比

3. 西欧国家消费者网上购物的现状

欧洲国家中英、法、德三国是电子商务的领头羊，三个国家人口共2.04亿人（占欧洲的26%），面积115.22万平方公里（占欧洲的25%），网民1.3亿人（占欧洲的65%），网上购物者1亿人（占欧洲的80%），电子商务市场份额154亿美元（占欧洲的70%）。见图15。

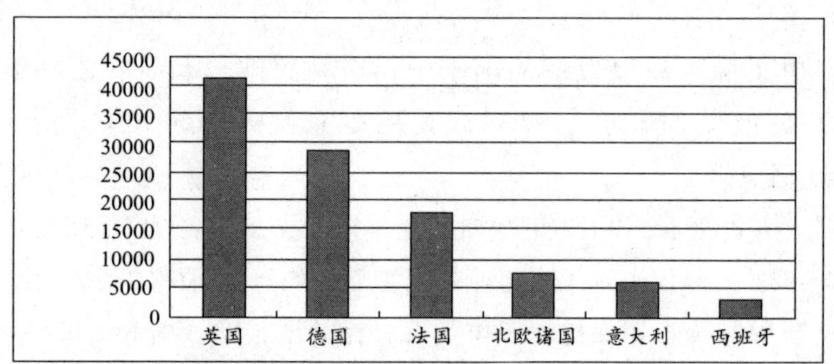

图15　2015年西欧消费者网上购物状况

（1）英国。

人口6100万人，网民数量：截至2015年年底，英国网民总数4500万人，大概占总人口的70%。英国前5家电子商务网站访问量及活跃用户比例见图16。

主要C2C网站：www.ebay.co.uk；

主要B2C网站：www.amazon.co.uk、www.tesco.com、www.yahoo.com、www.argo.com；

主要比价网站：www.shopping.net。

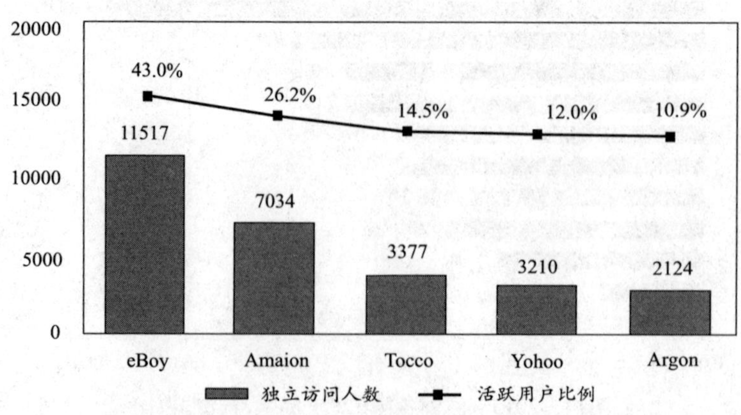

图16　英国前5家电子商务网站访问量及活跃用户比例

（2）德国。

人口 8200 万人，网民 5000 万人（61%），网上消费者 3600 万人（44%），平均网上消费额 85 欧元 / 次。德国前 5 家电子商务网站访问量及活跃用户比例见图 17。

主要 C2C 网站：www.ebay.de；

主要 B2C 网站：www.amazon.de、www.tchibo.de、www.otto.de；

主要比价网站：www.preisvergleich.de。

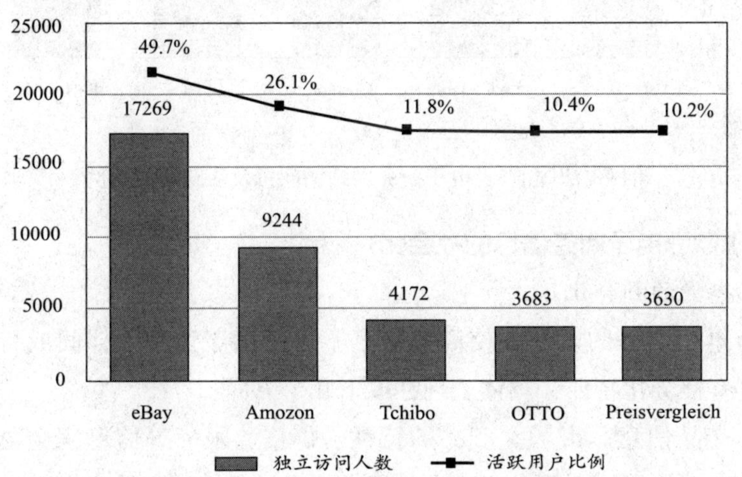

图17　德国前5家电子商务网站访问量及活跃用户比例

（3）法国。

人口 6464 万人，网民 4200 万人（65%），网上消费者 2700 万人（42%），平均网上消费额 82 欧元 / 次。法国前 5 家电子商务网站访问量及活跃用户比例见图 18。

主要 C2C 网站：www.ebay.fr、www.priceminister.com；

主要 B2C 网站：www.amazon.fr、www.laredoute.fr、www.cdiscount.com、www.prixmania.fr；

主要比价网站：www.conceptprice.eu。

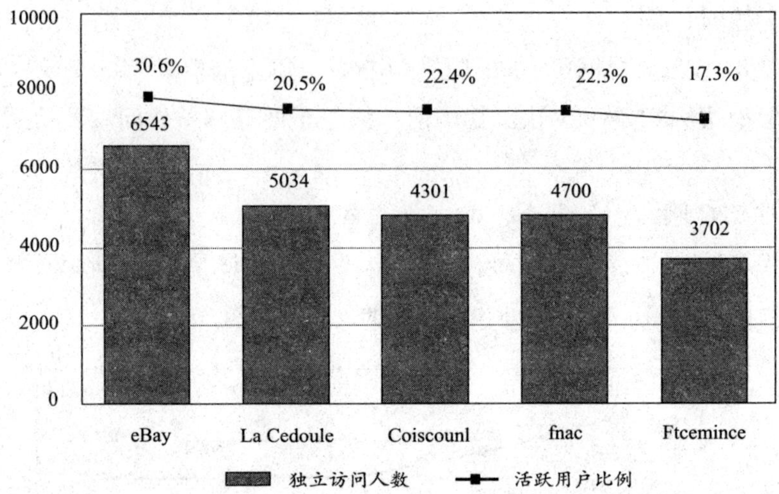

图18　法国前5家电子商务网站访问量及活跃用户比例

（三）欧洲电子商务信息的社会化

1. 信息源的社会化

由于电子商务的发展，使商务信息不再只属于贸易伙伴间或行业内部，而是更具有社会化特征，具体表现在以下几个方面：

（1）产品信息。市场上产品的特性、价格、服务等信息完全公开透明。大部分信息都是由厂家或供应商准备好直接通过经销商向社会提供。

（2）运营信息。通过工商部门的信息平台，各企业的经营信息对外公开。

（3）流通信息。通过海关、税务等政府职能部门，进出口贸易数据公开。

（4）贸易信息。行业协会的市场调查统计报告，使分众消费信息透明。

2. 信息的采集、共享与管理

随着技术手段的提高和电子商务法律制度的逐步健全，电子商务信息的采集、共享和管理也逐步由整个社会来实现，主要在以下几方面体现：

（1）政府行为的信息采集。例如，海关、网上通关、报表的计算机扫描识别和存档。

（2）行业行为的信息采集。例如，德国、法国的地铁，英国的所有公共交通，都可以很好地通过通行卡采集到丰富的商业信息，供有关部门和商家用。

（3）专业协会 / 公司的信息统计。例如，电子商务协会，在线支付专业

公司等每季度都公布各行各业的商业报表，供政府机构制定政策或商家实施贸易活动时借鉴。

3. 个人行为的信息分享

例如，网上社区，或商务网站上朋友间的信息传播，使得每个个人既是信息的接收者也是信息的制造者和传播者。

（四）欧洲电子商务的专业化

欧洲的电子商务在短短的十几年内，就实现了高度和细致的社会化专业分工，涌现出了很多专业化程度很高的咨询、技术公司或专门的研究机构，使电子商务的每一个环节或领域都有相应的技术人才和专家。据法国最大的电子商务论坛 E-Business.Info 的分析，电子商务领域的专业分工已可以细化成以下几大分类：

1. 电子商务服务类

（1）互联网网络服务器运营。

（2）网络软硬件专业集成。

（3）网下信息开发和 CD 光盘制作。

（4）网站流量与稳定性监控。

（5）上网企业运营状况研究咨询。

（6）电子商务事故仲裁咨询。

（7）电子商务风险资金投资。

（8）电子商务技术培训。

（9）电子商务网站代管与运营。

2. 电子商务技术类

（1）提供电子商务解决方案。

（2）专业网上商店开发。

（3）电子产品目录制作。

（4）提供网上付款解决方案。

（5）客户网上购物指南服务。

（6）网上商品性价比咨询。

（7）网上贸易技术论坛。

3. 电子商务市场类

（1）网上广告设计与发放。

（2）广告邮件设计与发放。

（3）网站推广。

（4）域名注册与关键词管理。

（5）网站评估与访客跟踪调查。

4. 网络媒体类

（1）门户类网站信息发布。

（2）信息流与网络传播咨询。

（3）网络电视传播策划。

（4）网络与常规媒体互动制作与咨询。

5. 网上交易类

（1）网上个体交易广场。

（2）客户需求网上招投标服务。

（3）网上拍卖服务。

6. 网站内容管理类

（1）网站内容设计与指导。

（2）网站搜索器设计开发。

（3）网站内容管理与更新软件开发。

7. 应用软件类

（1）一般性应用软件开发。

（2）短信息与工作流技术管理。

（3）协同工作支持软件。

（4）物流与库存管理软件。

（5）客户管理软件。

（6）智能化业务运行软件。

（7）企业综合信息管理软件。

8. 网站认证与管理类

（1）电子商务订单管理。

（2）电子商务合同管理。

（3）电子商务税务与发票管理。

（4）网站可靠性资质审核与证明发放。

（5）电子签名认证。

9. 硬件提供商

（1）电脑设备供应。

（2）网络设备供应。

（3）多媒体设备供应。

（4）企业级网络设备集成。

10. 网站与网络安全

（1）安全性系统集成。

（2）安全防护软件开发。

（3）网站与网络安全服务。

（4）数据安全存储技术。

11. 电子商务物流

（1）电子商务物流咨询与管理。

（2）物流服务。

社会分工的细化一方面说明这个领域的各个环节都积聚了相当数量的专家和技术人员，希望开展电子商务的公司或个人可以得到全面的行业咨询和技术支持；另一方面也说明在欧洲，电子商务已日趋成熟，并预示着这个领域不久将会有更加激烈的竞争。

（五）欧洲电子商务的产业化

欧洲电子商务的专业化也同时伴随着产业化，并且相对于北美地区，西欧的产业化程度更高。美国从电子商务兴起之时，传统行业就起了重要作用，如在圣诞节期间，在美国排名前 15 位的电子商务网站中，有 6 家是生产企业建立的网上销售分支机构。而带动欧洲电子商务发展的领军者以纯粹的网络公司为主，在排名前 20 位的欧洲电子商务网站中有 15 家属于网络公司。欧洲这些纯粹的网络公司在充分利用电子商务专业技术公司资源的基础上，创立了各种模式的产业化程度很高的商业模式。

例如，法国的 NETEVEN 公司，就是一家没有自己的专门网店，而是利用现成电子商务网站（平台），专业从事零售业的公司。公司利用其

NETEVEN引擎，同时在不同平台上出售商品。省去了网站宣传营销的费用（由各网站负责），也不管商品的采购和储存环节（由众多供应商负责），更不管配送和售后服务（由物流公司负责），而只专注于商品信息的广泛发布和接收订单这一最重要的环节。NETEVEN公司的运营模式见图19。

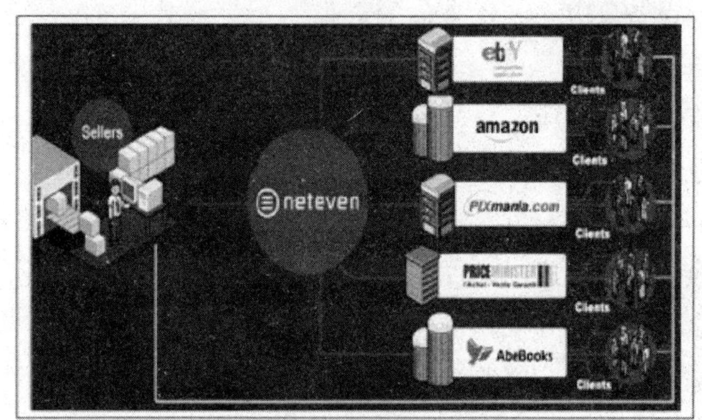

图19　法国NETEVEN公司的运营模式

德国的EMONS集团，从传统物流业务中开辟出专门的电子商务物流机构，满足广大电子商务公司的业务需求，可提供从接货仓储、接收订单、配货发货、接收退换货、售后电话服务、搜集反馈客户信息等一系列服务。

（六）欧洲电子商务的发展

1. 电子商务基本模式难有大的突破

欧洲包括世界大多数地区，电子商务的三个基本元素，信息流、资金流和物流处理方式将继续制约电子商务的发展，尤其是物流处理。

2. 形式上将以网上大卖场、社区（及3D游戏）主导

网上销售竞争将越来越激烈，客户群已经基本被网上大卖场（巨型、超大型电子商务平台）瓜分，小型网店的门槛越来越高，前期投入周期也越来越长。社区网站、3D网络游戏在逐步引入电子商务的元素，使网络销售（电子商务）不再只由专业网店来实现。

3. 个性化电子商务特征将充分体现

随着传播WEB 2.0的迅速发展，带来了电子商务运营方式上的很多变革，个性化网上消费就是突出例子。

（1）虚拟与真实相结合。现实与虚拟有机结合是一个重要特征。随着美

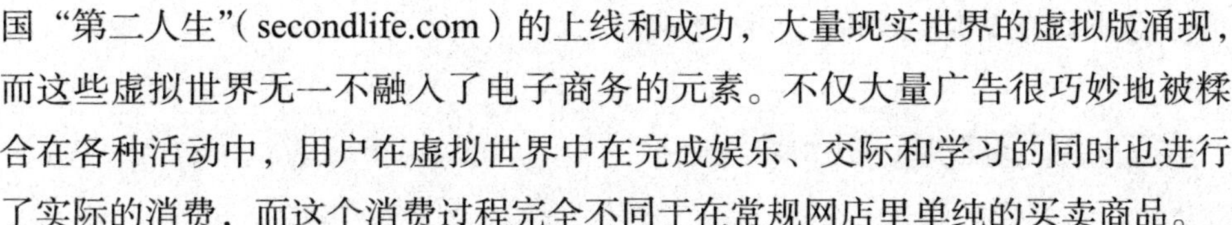

国“第二人生”(secondlife.com)的上线和成功，大量现实世界的虚拟版涌现，而这些虚拟世界无一不融入了电子商务的元素。不仅大量广告很巧妙地被糅合在各种活动中，用户在虚拟世界中在完成娱乐、交际和学习的同时也进行了实际的消费，而这个消费过程完全不同于在常规网店里单纯的买卖商品。

（2）定制与自创相结合。WEB 2.0 的出现，使网上的个性化需求越来越强，要求在电子商务平台上提供“定制”和“自创”功能的呼声日益高涨。“定制”是根据自己的需求向电子商务平台定制专门的商品，如美国的 MVM 平台，可在 3D 环境下自由选择定制合身的衣服。自创是平台提供功能让用户创造作品，并在网络上与他人分享。

（3）个人与群体相结合。人们已经习惯于通过网络“主动”获取并发布信息。个体行为从以往的“被动接收”变为“主动认知”，甚至“积极参与”到一个产品的建立、设计和传播中。网络信息传播也更有“去中心化”特征，即创造者、传播者也是接受者。由一个个独立个体组成的小众、分众和大众群体使传播方式中的“人际传播”的覆盖面越来越广，信息可信度越来越高，电子商务信息传播得越来越快，效能也越来越大。

（4）手机商务将成为前导。m-commerce（Mobile Commerce）的出现使电子商务的应用领域扩大了，尤其是在文化产品的销售上。尽管从世界范围看，m-commerce 才刚刚起步，但其发展前景是不可估量的，而且 m-commerce 的内涵也不仅是购物，它还将成为一种支付手段，很大程度上将替代信用卡在线支付这种单一支付方式，是电子商务服务的一种外延，并将引领电子商务的革命。

据最新调查研究显示，2016 年欧洲 B2C 电商市场营收预计首次突破 5000 亿欧元大关。欧洲较大的电商市场，英国、法国和德国等市场的营收呈两位数增长。专家表示，欧洲国家电商市场尚未饱和，英国电商市场营收将达 1570 亿欧元，成为欧洲电商市场的领头羊。欧洲电子商务在世界范围内处于领先地位，得益于它的网络基础设施的建设、在线支付手段的安全性和大众的信任度、设施完备网络发达的物流体系及欧盟统一协调下的法律保障环境。不足之处是，虽然整个欧洲地域广阔，消费能力强，市场潜力巨大，但各个国家文化背景的不同和生活习惯的差异，使电子商务的开展必须是分众化进行。一个国家成功的模式在另一个相邻国家就可能完全不能实施，增加了市场开发的成本和规模化发展的难度。

二、德国的电子商务

德国电子商务的发展可谓异军突起。据德国“电子商务论坛”发表的报告，2002 年德国电子商务的销售额达到 19.2 亿马克；据统计，2004 年，德国的电子商务销售额达到 2030 亿欧元，占整个西欧电子商务总销售额的 30%；2005 年，电子商务销售额达到 3210 亿欧元，位于欧洲第一位；2002 年的 B2B 销售额达到 783 亿欧元，2003 年为 1227 亿欧元，2004 年为 1803 亿欧元，2005 年为 2890 亿欧元，B2C 销售额在 2004 年达到 106 亿欧元，2005 年为 320 亿欧元。据德国电子商务与远程销售协会（BVH）公布的数据显示，2015 年，德国交互式零售业增长强劲，其中电子商务销售额增长较快，电商规模达 470 亿欧元，同比增长 15%。

根据对 4 万名消费者的调查显示， 2013 年 1 ～ 3 月，涵盖远程销售（邮购）和电子商务公司的交互式零售业总销售额增长 19.4%，达到 107 亿欧元。电子商务销售额猛增 37.3%，达到 87 亿欧元，占德国交互式零售总额的 81.5%。

像往常一样，德国电子商务最畅销的产品类别为服装、纺织品和鞋，销售额达 32.81 亿欧元（增长 2.5%），其次是媒体产品（书籍、音像产品），销售额为 19.89 亿欧元（增长 121%）。第三类最畅销产品涵盖消费性电子产品，销售额下降 7%，是 9.39 亿欧元。而家用电器的销售量增长 47.6%，达到 6.64 亿欧元，第五类最畅销产品是与休闲、兴趣爱好和收集相关的物品。其他类产品在 2013 年第一季度出现强劲增长，包括宠物用品（2 亿欧元）、玩具（3.09 亿欧元）以及药店产品、化妆品和香水（3.05 亿欧元）。由此可见德国的电子商务发展得红红火火。

德国作为大陆法系的代表国家，法律体系完备健全。德国政府从 20 世纪 90 年代开始扶植电子商务发展，连续出台多个促进信息社会建设的纲要性文件，其中均有电子商务的内容。如 2007 年 3 月生效的《电信媒体法》（TMG），该法是准电子商务法，它用来规范电子商务经营者的商业行为。该法共 16 条，主要内容有：法律主体可以不经申请自行开设网站主页，但主页

必须包括经营者的有关详细信息，例如，姓名、地址、联系方式、税务登记号等，经营者需披露所提供产品或服务的详细信息；经营者对于消费者的个人信息有保护义务；属欧盟国内注册的经营者开展欧盟内业务时只需按照该国法律行事，无须符合其他成员国的法律规定。又如民法典（BGB），民法典则主要涉及电子商务合同的订立和电子签名效力等问题。随着民法典债权编的改革，原来的《远程销售法》已经取消，其规定已纳入民法典。电子签名法主要涉及《电子签名框架条件法》和2001年颁布的《电子签名条例》。目前最新的文件是2014年11月出台的《2015年德国数字技术纲要》。此纲要一方面提高了政府采购的透明度，节约了费用；另一方面也调动了企业积极性来建设自己的电子商务平台，以期能够参与到政府采购中去。

除上述主要法律外，在德国，《刑法》《商标法》《反不正当竞争法》《著作权法》《价格标注法》和各州《广播合作法》中也有关于电子商务的规定。

德国电子商务的崛起不仅归功于政府的扶持，同时也得益于网络通信业的发展。

作为世界上网络销售最普及的国家之一，德国有着十分庞大的通信规模。据德国互联网经济协会统计，德国电子商务市场从业企业约有6000家，直接从业者20万～25万人。而德国8100万居民中，互联网用户达83%，其中77%的人在网上至少消费过一次。这些消费者知道如何上网搜索并进行比较，德国人平均每天上网1.5小时，使用比较网站如Idealo和Günstiger相当频繁。根据市场调查机构Global Industry Analysis统计，2008年德国电子商务市场中B2B市场规模为5620亿欧元，占全球份额的10.4%；B2C市场规模为750亿欧元，占据全球份额为9.9%，人均913欧元，占世界第一。

网络销售集团风起云涌，德国占据较大市场的有亚马逊、德国EMONS集团等。15年前亚马逊通过收购德国书商Telebuch进入德国市场。如今亚马逊和德国本地电商Otto各占据一半在线零售市场，但新电商Zalando见图20、传统电商Media Market和Saturn（同属Metro Gruppe集团）都正奋力追赶。2011年Media Market收购竞争对手Redcoon，进一步巩固了其市场地位。未来几年德国在线销售市场竞争将更加激烈。而德国EMONS集团则从传统物流业务中开辟出专门的电子商务物流机构，满足广大电子商务公司的业务需求，可提供从接货仓储、接收订单、配货发货、接收退换货、售后电话服务、搜集反馈客户信息等一系列服务。

根据 eMarketer 的数据，目前欧洲各国电子商务渗透率分别为：德国占 18%、法国占 14%、英国占 31%。预计到 2017 年德国占比为 16%，这主要是由于南欧电商崛起，尤其是西班牙和意大利。德国是世界第五大跨境电商市场，排在美国、中国、日本和英国之后。到 2017 年人均将达 700 美元，增长 40%，届时将超过日本。

图20 德国电商Zalando网页

照此发展前景，德国的电子商务增长空间仍然很大。随着网民数量和上网时间的不断增加，电子商务的市场机会也将持续增长。以互联网为基础的电子商务在德国已经历了高速发展期，最近几年兴起的手机电子商务（如通过 iPhone）将在德国的电子商务领域中高速发展。

德国这只领头羊为整个欧洲的电子商务业发展带来了巨大的利润和发展空间，使得欧洲电子商务的发展前景空前理想。

三、英国的电子商务

英国前首相布莱尔曾经指出，英国经济应建立在“知识、创造力和技能”之上。早在 1984 年开始，英国就取消了英国电信公司（BT）的垄断地位，成立了水星公司与之竞争。到 20 世纪 90 年代初，英国宣布全面开放电信市场，允许本国和外国投资者经营电信业务，同时政府规定通信网之间必须互相联通。政府还通过制定收费的上限和补贴政策，鼓励全民上网。1997 年

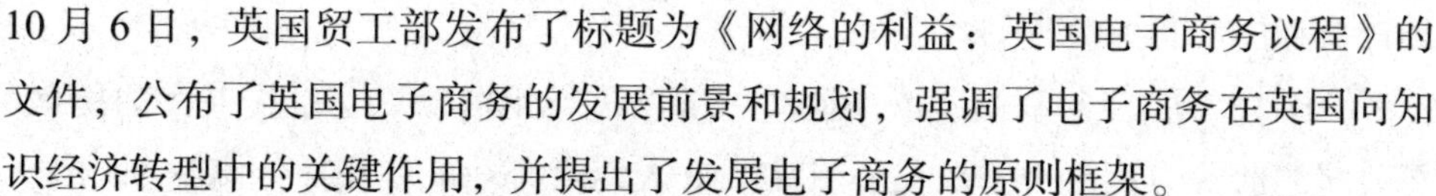

10月6日，英国贸工部发布了标题为《网络的利益：英国电子商务议程》的文件，公布了英国电子商务的发展前景和规划，强调了电子商务在英国向知识经济转型中的关键作用，并提出了发展电子商务的原则框架。

为了进一步促进电子商务的发展，英国政府制定了一些具体目标。

1998年12月初，英国贸工部别出心裁地在其官方网址中推出招聘“数字经济特使”的特殊广告，以推进数字经济的发展。英国政府雄心勃勃地提出，要在21世纪初建成世界上最适合电子商务发展的环境。

针对中小企业在从事电子商务上有较大困难的实际情况，英国贸工部专门制定了“英国商业在线”方案，向中小企业提供免费专家咨询、信息和技术支持等方面的服务，帮助中小企业利用互联网等现代技术手段充分挖掘商机。目前，全英约有400多名“商业在线顾问”活跃于电子商务发展领域。

在英国政府的大力推动下，电子商务在英国得以快速发展，英国企业使用信息及通信技术（ICT）进行网络交易的比例逐年递增。据统计，目前大约有6%的英国商业零售通过网络进行，英国消费者的网上月度交易金额超过了10亿英镑。从国际排名来看，英国在网络综合运用方面排名第四，排在瑞典、德国和日本之后。

综合而言，英国电子商务发展主要情况如下：

（1）经营规模越大的企业，使用ICT的比例越高。通常情况下，拥有1000名以上员工的企业，使用互联网的比例高达99%，而10人以下的企业只有56%。

（2）66%的英国企业拥有个人电脑、工作站或者终端。其中，29%的英国企业拥有自己的网站；14%的英国企业主要使用宽带网络进行商务联络，其中千人以上企业的使用比例达到了78%。

（3）分别有13%及4%的英国企业通过互联网进行买进和卖出业务。调查结果显示：企业规模越大，网上交易的比率越高。千人以上的企业中，分别有39%及26%的企业通过互联网从事买进和卖出业务。

（4）分别有8%及12%的英国企业利用互联网等ICT手段进行收账、付款等业务，其中千人以上企业的使用比例分别达到了56%和64%。

（5）3%的英国企业拥有电子订购系统，千人以上企业的比例达到了51%。与此同时，企业往往采用电子商务集合程序，其中使用率最高的是货品计价程序和付款程序。

（6）18%的企业利用互联网同政府部门进行索取信息、申报或交纳税款、新公司注册等方面的业务联络，其中250人以上企业的使用比例高达52%。

电子商务的迅猛发展，对英国建立知识经济体系和增强国际竞争力起到了非常重要的作用。现在，随着越来越多的企业用电子手段改造传统商务。“宽带英国”的目标越来越近，英国电子商务仍在蓬勃发展，英国政府希望一直在电子商务领域位于前列的设想正在不断变为现实。

四、法国的电子商务

法国的电子商务在1999年得到迅猛发展，网上交易额成倍增加。2000年以来，法国的电子商务更为红火。业内人士认为，法国的电子商务终于“起飞”了，电子商务时代已经开始。

1998年，法国的电子商务交易额尚不足5亿法郎（1美元约合6.8672法国法郎），而到1999年则已超过10亿法郎，在网上交易的客户中，50%是个人用户，其余为企业用户。后者的交易则集中于企业与企业之间的产品与服务往来。若按具体产品及服务类别统计，目前旅游业相关产品与服务的网上销售位居首位，占全部网上销售额的38%；其次是信息产品，占22%。服装、书籍、音像产品、食品饮料、化妆品和家用电器等也都已进入网上市场。

法国政府认为，提高网民对电子商务的信任是发展电子商务的重要因素。为此，2001年年底政府制定了一项法律草案，对电子合同的效力、网上中介商的责任以及保护数据的部分责任做出了规定，以确保电子交易的安全。同时加大发展宽带上网，逐步降低上网资费。财经部据此规定，从事电子商务的人的身份、登记号码以及通讯地址必须告诉消费者；将电子交易合同与纸张合同同等对待，发展电子签名；更好地管理电子广告等。电子商务服务协会也完善了行规，统一标签，增加透明度，强化网上安全。

法国电子商务的成功与电子物流的掌控密切相关。初始电子物流发展的还很薄弱，但随着软件技术的开发和更新换代，电子物流已完全融入了电子商务的飞跃发展，企业不断通过网络对业务进行外包和重组，并能够实现系统之间、企业之间以及资金流、物流、信息流之间的无缝链接，而且这种链接还具备预见功能，可在上下游企业间提供一种透明的可视化功能，帮助企业最大限度地控制和管理库存。同时，由于全面应用了客户关系管理、商业智能、计算机电话集成、地理信息系统、全球定位系统和互联网等先进的信息技术手段以及配送优化调度、动态监控、智能交通、仓储优化配置等物流管理技术和物流模式，为电子物流提供了一套先进的、集成化的信息技术手段，从而为企业建立敏捷的供应链系统提供了强大的技术支持。

法国电子商务与电子物流发展迅速。随着经济全球化的发展，尤其是在21世纪，以信息技术为基础的电子商务的崛起，给全球经济一体化带来了电子商务发展的新模式。

法国人推崇浪漫时尚，因此，在电子商务领域，法国的时尚类电商也成了一道独特的风景线，他们除了开展法国本土业务，大多都走上了国际化路线，在欧洲甚至全球的时尚界都扮演着举足轻重的角色。如著名的Venteprvée电子商务网站，Venteprvée采用了一种“会员制限时特价抢购”的电子商务运营模式，堪称闪购鼻祖，也是法国最大的时尚电商。除此以外，还有主营产品为时尚服饰的法国第二大时尚电商Showroomprive见图21）等。

图21　法国第二大时尚电商Showroomprive的网页

据中国电子商务研究中心（100EC.CN）监测数据显示，2015年，法国电子商务的销售额达到了649亿欧元，同比增长14.3%。就前景而言，法国的电子商务具有十分巨大的发展潜力。

五、俄罗斯的电子商务

（一）俄罗斯电子商务的发展概况

俄罗斯电子商务发展起步较晚，但近年来，俄罗斯电子商务水平和规模有了很大提升。据统计，2010 年俄罗斯网民人数为 4650 万人，网络商店 8000 家，电子商务交易总额为 2600 亿美元，其中 B2C 交易额为 70 亿美元，宽带服务覆盖率达到 32%。在 B2B 市场中，俄罗斯现有 B2B 平台约 80 个，从各行业使用 B2B 电子交易平台的数量看，燃料动力部门占据半壁江山；在 B2G 市场中，由于 2006 年 1 月《为国家及市政需要进行商品供应、实施工程及提供服务采购法》的生效，大大促进了 B2G 市场发展；在 B2C 市场中，网民主要是购买服装和鞋类，最流行的网购商品是电子产品、书籍（杂志、DVD、CD 和电脑游戏）、飞机票和火车票、网上报名旅游及付款，日用小家电、戏票和大型家电、化妆品、居家用品等。

据 2010 年有关统计显示，俄罗斯前四大网络商城为 Ozon.ru、Dostavka.ru（见图 22）、Borero.ru 和 Books.ru。

图22　俄罗斯四大网络商城之一的Dostavka.ru

由于俄罗斯企业对电子商务的重要性认识不足，在电子支付上存在的困难，如信息基础设施不完备、支付程序不规范、电子支付市场不发达等，以及俄罗斯居民电子支付的意愿较低，对网上支付的安全性持怀疑态度，目前俄罗斯尚未形成可支持完全网上支付的电子商务环境。

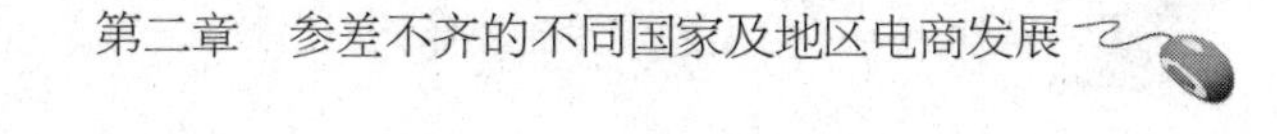

2013 年俄罗斯电子商务交易额达到 170 亿美元，比上年增长 41.7%。据预测，2018 年俄罗斯电子商务交易额占零售贸易额的比重将增长至 12%。

（二）俄罗斯电子商务立法情况

俄罗斯是世界上最早进行电子商务立法的国家之一，颁布了一系列法律法规，包括一般性信息化法律法规和专项的电子商务法律法规以及电子商务发展计划，包括《俄罗斯信息、信息化和信息保护法》《电子商务法》《电子合同法》《电子文件法》《俄联邦互联网商务领域主体活动组织的建议》《电子商务组织和法律标准》《提供电子金融服务法》《利用全球一卡通法》及跟电子商务税收有关的法律等。

其中，对于电子商务发展至关重要的有以下几个：

（1）《电子商务法》，2001 年出台，明确了电子商务领域的法律调整关系，电子商务中电子信息通讯的使用规则，规定了电子商务主体的权利和义务，订立电子合同的规则，并确认了电子文件的法律凭证。

（2）《2001 ～ 2006 年俄联邦电子商务发展目标规划》，于 2001 年颁布。该规划拟采取一系列措施鼓励电子商务的发展，其中包括开展电子商务试点；开发具有示范作用的电子商务系统；在俄罗斯联邦各地区建立电子商务系统；通过网络进行国家采购，以带动电子商务的发展；修改民法法典中与《信息、信息化和信息保护法》相抵触的条款；建立电子商务教学、咨询中心等。

（3）《2002 ～ 2010 年俄罗斯信息化建设目标纲要》，于 2002 年颁布。其主要目的一是为了适应世界信息技术发展的潮流；二是为满足发展国内电子通信、电子政务、电子商务并尽快与国际接轨的需要。

（4）《国家支付系统法》，于 2011 年出台，确定了支付系统的概念，规定了对电子货币汇兑业务的要求，包括电子货币运营商、货币支付和接收系统运营商以及电子货币支付基础设施服务商（业务中心、清算和结算中心）的行为进行监管，俄罗斯央行为主管部门。

（5）《电子签名法》，于 2011 年出台，规定了电子签名的使用目的、原则、类型、确认、安全等。

（6）《关于建立 2011 ～ 2020 年俄罗斯信息发展纲要》，政府将每年拨款 1231 亿卢布用于实施建立信息社会项目。

（三）俄罗斯电子商务管理情况

1. 主要政府管理部门及其作用

俄罗斯电子商务由多部门共同管理。俄罗斯经济发展部联邦合同体系发展司主要对 B2G 和 B2B 市场进行协调管理，俄罗斯通信和信息部国家建立和发展电子政府政策司主要对 B2C 市场进行协调管理。

俄罗斯政府的作用主要体现在建立法律基础、创造透明便利的法律环境、促进公平竞争，确保所有参与者都有机会平等参与电子商务活动等方面。例如，建立了政府采购网、所有信息都公布在国家采购网上。同时，政府不仅是相关政策的制定者，也是国家电子商务活动的监控者，主要监控职能由俄罗斯经济发展部、反垄断局、通信和信息部等机构负责。

2. 主要行业协会

全国电子商务协会是非商业性组织，成立于 2003 年。成员为有关部门和私人企业，包括网络商店。现阶段该协会主要从事对完善电子商务领域现行法律法规提出修改建议，制定信息安全的统一标准，公布年度分析报告，举行由商业和政府机构参加的研讨会和圆桌会议等。

六、意大利的电子商务

意大利和法国繁华的商业街头，随处可见装潢精致的名品专卖店，奢侈品行业已成为欧洲经济的重要推动力。如今，线上销售形式逐渐被奢侈品品牌商和消费者接受，成为奢侈品销售的重要渠道。

Yoox 集团就是其中的一家奢侈品电商，旗下运营着多个子品牌电商网站。

2011 年，Yoox 集团净营收 2.9 亿欧元，同比增长 35.9%；毛利润同比增长 40.9%，达 1.08 亿欧元，毛利率 37.1%；净利润同比增长 9.7%，达 1000 万欧元，净利润率 3.4%。

（一）产品及服务概况

1. 业务构成

Yoox 集团（见图 23）运营着 3 个“多品牌”电商网站及 34 个“单一品牌”网络旗舰店。

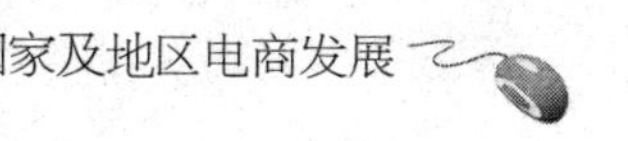

图23　Yoox集团电商网页

（1）多品牌电商。

① yoox.com。2000 年上线，主要运营时尚品牌往季服饰及配饰的线上折扣销售业务，该平台主要面向价格敏感人群。

② thecorner.com。2008 年上线，最开始在欧洲和美国地区运营，之后扩展至日本、中国等地，该平台汇集了多家顶尖品牌设计师的当季新款及限量发行服饰，并以品牌“精品店”的形式呈现，主要面向追赶潮流、品牌敏感度较高的人群，价格同线下商店基本一致。

③ shoescribe.com。2012 年上线，主要销售超过一百多个品牌的当季鞋履及周边产品，价格同实体店趋同。集团之所以将鞋履销售单独拆分出来运营，原因在于鞋履销售为集团贡献的订单量及营收规模足够庞大，2011 年鞋履订单量达 100 万，总计为 Yoox 集团贡献 25%的净营收。

（2）单一品牌电商。

2006 年开始，Yoox 集团推出单一品牌业务，为各大时尚品牌搭建并运营在线销售旗舰店，提供当季最新产品的官方网络购买渠道，目前合作品牌数量已达 34 家。2014 年净收入为 5.243 亿欧元，同 2013 年净收入 4.556 亿欧元相比，增长 15.1%；2015 年，集团运营的单一品牌旗舰店数量达 50 家。

2. 运营思路：从商业伙伴到战略合作

Yoox 集团的多品牌和单一品牌业务目前已形成互补。品牌商家首先通过 yoox.com 建立起普通合作关系，打通线上销售渠道；之后，一些商家将合作范围逐渐扩展到线上“精品店”，入驻 thecorner.com，一定程度上起到品牌推广作用；认知度相对较高的品牌，则选择由 Yoox 集团代理搭建单一品牌旗舰店，并代理运营该品牌的官方电商网站，由此建立战略合作关系。

3. 单品牌业务增速迅猛

2006 年开始，Yoox 集团客单量、用户数快速增长，推动营收增速加快，2006 ～ 2011 年集团净营收年均复合增长率为 42.6%。

2011 年，Yoox 净营收 2.91 亿欧元，同比增长 35.9%；运营利润 4703 万欧元，同比增长 23.2%。其中，多品牌业务营收 2.12 亿欧元，同比增长 30%；贡献运营利润 3221 万欧元，同比增长 10.6%，运营利润率 15.1%。单一品牌业务营收 7839 万欧元，同比增长 54.8%，占总营收比重上升至 26.9%；运营利润 1482 万欧元，同比增长 63.6%，运营利润率 18.9%。单一品牌业务增速迅猛，利润率相对较高，成为集团新增长点。

4. 海外市场增速迅猛

欧洲是全球最大的奢侈品市场。第三方调研公司 Altagamma 数据显示，2015 年欧洲地区奢侈品市场需求达 880 亿欧元，占有全球需求约 38% 的份额，其中意大利和法国奢侈品市场需求分别占据整个欧洲地区需求的 27% 和 19%。奢侈品行业对拉动欧洲经济产生重要作用。

不仅欧洲本土需求旺盛，欧洲出口及海外游客的奢侈品消费市场也十分广阔。据欧洲文化与创意产业联盟的报告，“2010 年（欧洲奢侈品行业）产出 4400 亿欧元，相当于欧洲 GDP 的 3%；出口产品占 60%，超过欧洲出口总量的 10%；欧洲本土销售额 50% 来自游客。”

虽然网络渠道正逐渐被奢侈品品牌商认可，但仍有大量的品牌商坚持专卖店形式，没有使用线上销售及推广渠道，据 Forrester 2008 年报道，通过调查 178 家奢侈品生产厂，发现其中仅有 30% 的品牌厂商使用网络途径销售，电商网站寻求与更多奢侈品商家建立合作关系，依然有很大挖掘空间。

Yoox 集团近期海外市场快速增长，贡献了 80% 的营收，美国成为第一大海外市场，意大利本土收入占比下降至 19.8%。中国等新兴市场将给奢侈品行

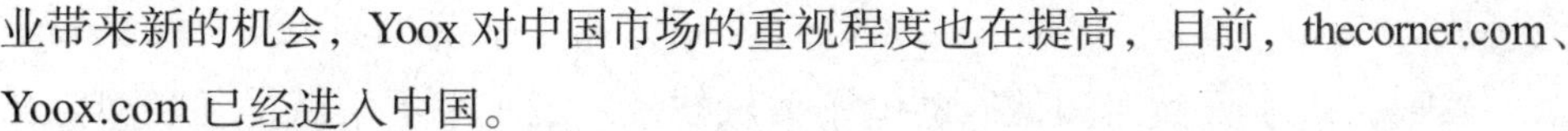

业带来新的机会，Yoox 对中国市场的重视程度也在提高，目前，thecorner.com、Yoox.com 已经进入中国。

（二）赢利状况

2015 年 3 月，Yoox 宣布以换股形式收购了 Net-A-Porter（下文简称 NAP），合并最终于 10 月 5 日生效。该交易也使 NAP 的所有人——瑞士奢侈品巨头历峰集团成为这家全球最大奢侈品电商企业的头号大股东。欧洲两大时尚和奢侈品电商 Yoox 与合并为 Yoox Net-A-Porter 后，2015 年 11 月首度公布了新公司的业绩数据。据路透社报道，同时公布的，还有意大利时尚电商 Yoox 作为独立上市公司的最后一次财务报告，由此也可以推断出非上市公司 Net-A-Porter 的一些关键数据：

新公司合并销售额为 12 亿欧元，同比增长 32%，按不变汇率计同比增长 22%。其中，Yoox 销售额同比增长 20% 达 4.39 亿欧元，NAP 约占新公司总销售额的 60%，新公司 EBITDA（息税折旧及摊销前利润）同比增长 75% 达 7600 万欧元，净利润 2600 万欧元。新公司活跃用户增长 15% 达 230 万人，订单数 500 万个，平均每订单价值 354 欧元。去年同期订单数为 400 万个，平均每订单价值 327 欧元。其中，Yoox 产生的订单数为 300 万个，平均每订单价值 201 欧元。这意味着 NAP 的订单数 200 万个，少于 Yoox，但平均每订单价值要大大超过 Yoox，其用户的购买力更强。

Yoox-NAP 目前运营 6 个自有的线上购物网站，同时还帮助 Armani 和 Dolce & Gabbana 等奢侈品牌运营网店。

第三节　亚洲：后来居上的第三梯队

亚洲的电子商务发展不容小觑。从技术方面来看，从 1995 年起亚洲就已经开始了互联网的基本网络建设工作，电子通信基础设施建设越来越完善，互联网的使用者通常是介于 20 ～ 30 岁的年轻人，现在已经准备好电子商务的挑战。

然而，由于目前亚洲地区的电子信息技术发展水平不均衡，互联网普及率仍落后于欧美国家，因此需要进一步加强信息及通信基础建设，以支持电子商务的发展。

2012 年，全球跨境电子商务市场规模超过 1 万亿美元，亚太地区是全球增长最快的第三大电子商务市场，总交易额达到 3016 亿美元，占全球的 25.7%。2015 年亚太地区电商交易额增速超过欧洲，达到 35.7%，至 8776 亿美元。

一、亚洲电子商务发展概况

亚洲电子商务发展主要集中于东亚诸国，尽管东亚各国的经济及科技水平参差不齐，发展网络经济的基础与环境也大不相同。但从整体来看，东亚网络经济的发展势头非常好。按互联网用户的平均增长率计算，2001 年东亚地区为 157%，高于欧洲的 140% 和北美的 51%，网络经济正在成为推动亚洲经济发展的新动力。东亚地区的电子商务发展较好的国家主要是日本和韩国。总体来说，亚洲电子商务发展状态是：日本和韩国领先，新加坡紧随其后，其他国家跟进的状态。

亚洲国家积极采取措施，推动电子商务的发展。目前，亚洲国家已有印度、马来西亚、韩国、新加坡和菲律宾 5 个国家制定了规范的电子商务法律。

1996 年，日本成立了电子商务促进委员会（ECOM），意在加强同美国在电子商务方面的磋商与合作；2000 年 5 月，日美发表联合声明，对关税、税收、隐私权、身份认识等问题提出一些原则性看法。

1997 年，新加坡政府实施“新加坡一号”计划，建立、完善国家互联网。1998 年 5 月，新加坡提出了电子商务基础设施框架，新加坡国会于 1998 年 6 月 29 日通过了《电子交易法》。生产力与标准局推出电子商务行动计划，希望在 2003 年能协助 32000 个或相当于本地 1/3 的中小企业进行电子商务交易。

1998 年 10 月 27 日，台湾地区提出了《电子商务法》草案，促进了电子化政府与电子商务的应用。

2000 年 6 月 14 日，菲律宾总统签署了《电子商务法》，对网上交易的内容、方式等做出了规范。

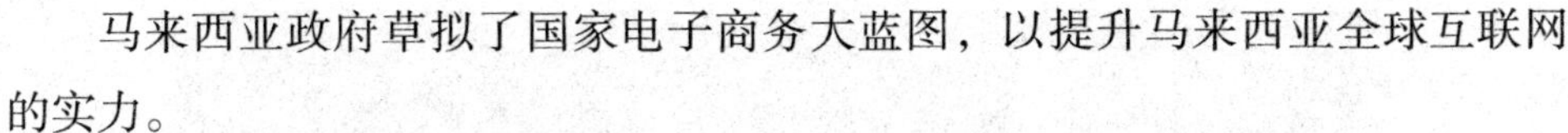

马来西亚政府草拟了国家电子商务大蓝图，以提升马来西亚全球互联网的实力。

目前，亚洲地区新兴的电子商务市场主要集中在日本、韩国、印度、中国等国家和地区。

二、日本的电子商务

日本电子商务发展比中国早，但规模没有中国大。下表是 1998 ～ 2004 年日本电子商务市场规模情况。

据中国电子商务研究中心（100EC.CN）监测数据显示，2012 年，日本电子商务在线销售额达到 640 亿美元。

日本电子商务起步于 1995 年，日本政府将 1996 ～ 2004 年期间的日本电子商务发展划分为四个阶段。其中，1996 ～ 1997 年为黎明期，这一时期主要进行电子商务方面的研究以及实证；1998 ～ 1999 年为初级发展期，这一时期主要进行电子商务的基础设施建设，并开展电子商务方面的实验；2000 ～ 2001 年为成长期，这一时期随着电子商务环境的改善，电子商务得到了飞速发展；2002 ～ 2016 年为电子商务的普及和新发展时期。

日本 B2B 电子商务是在美国的影响下发展起来的，当美国的电子商务热潮由 B2C 转向 B2B 时，这股浪潮也同样波及了大洋彼岸的日本。在日本电子商务发展的初期，尽管电子商务表现出几何式的增长态势，但是与美国相比，电子商务化比率仍然很低，规模也仍有限。

在日本，大企业之间的电子商务和非跨境电子商务一直是主流。由于受信用、语言等难题的限制，对外贸易的电子商务比重很小。企业主要是通过电子商务联络国外客户、讯价、查询等，包括物流、结算在内的 B2B 电子商务很少。

在 B2C 电子商务方面，日本以便利店形式的电子商务为主流。在 B2C 领域内，日本也同样受到美国的影响，如日本第二大连锁便利店 Lawson（见图 24）便利用 IBM 电脑公司提供的 EC 解决方案，开设了名为 Loppi 的网上购物中心。此外，还有很多美国公司参与到日本政府开展的电子商务实验项目。

不过，在电子商务方面，日本并没有模仿美国的模式，而是根据日本的国情和实际情况建立了独具日本特色的模式。具体如下：

图24　日本第二大连锁便利店Lawson

（一）移动上网成为特色

在日本，联入互联网终端的大部分并不是 PC 机，而是形式多样的移动无线通信设备，如个人手提电话系统 PHS、PDA 和呼叫机等，其中主要以手机为主。这种情况始于 1999 年年初。当时，日本率先开通移动上网服务，此后移动互联网用户数量急剧增加，在 1999 ～ 2003 年的 5 年间增至约 7000 万人。通过移动上网服务，移动互联网用户可以随时随地、随心所欲地完成 B2C 交易，这对于日本那些经常奔波于交通、旅途的商人、妇女和学生来说格外方便。日本在移动互联网及移动电子商务方面的迅速进展，很快引起了以美国为首的国际社会的关注，世界各国纷纷开展移动电子商务，并将其作为未来的一个重要发展方向。日本手机上网在世界居于领先地位。目前，日本拥有世界上最多的与互联网联结的移动上网用户群体，至 2004 年 3 月末，移动电话用户为 8152 万人，其中移动电话上网用户数达到 6973 万人，移动电话上网比率高达 89.5%。2015 年日本智能手机广告市场规模达到 3717 亿日元，年增长率 23.6%；2015 年社交媒体广告和视频广告占据日本智能手机广告市场主要份额。展示广告市场规模为 2225 亿日元，年增长率达到 35%，占智能手机广告市场总体的 60%。预计 2016 年日本双向互动广告支出将达到 69 亿日元，到 2017 年则将达到 350 亿日元。2016 年日本智能手机市场规模预计将达到 4542 亿日元，年增长率为 22.2%。见图 25。

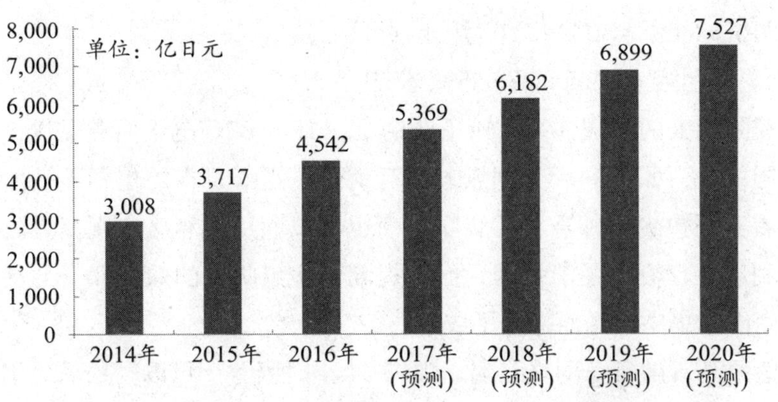

图25　2014～2020年日本本智能手机市场规模

2015 年日本智能手机广告市场规模达到 3717 亿日元，年增长率 23.6%。2015 年日本各年龄层用户的智能手机的使用都有大幅增长，智能手机成了人们日常不可或缺的获取信息和相互交流的终端设备。

游戏 APP 等从智能手机上衍生出来的各类新兴业务，近年来市场规模均呈现稳定增长趋势。很多广告主也开始把目光转向智能手机，意图通过智能手机广告推广自己的产品和服务，2015 年日本智能手机广告市场规模达到 3717亿日元，年增长率23.6%，预计到2020年市场规模将达到2015年的2倍，为 7527 亿日元。

2015 年社交媒体广告和视频广告占据日本智能手机广告市场主要份额。展示广告市场规模为 2225 亿日元，年增长率达到 35%，占智能手机广告市场总体份额的 60%。2015 年日本智能手机广告市场中，关键字搜索广告市场规模为 1380 亿日元（年增长率 15%），展示广告市场规模为 2225 亿日元（年增长率 35%），成果报酬型广告市场规模为 112 亿日元，较前年减少 30%。

在日本，提供移动上网服务的公司分别是 NTTDoCoMo、LDD 和 DDL。其中，以 NTT DoCoMo 的 I-Model 移动互联网服务最为普及，2001 年年末其用户已经超过 3000 万人。NTTDoCoMo 能够取得这样的成绩，主要与其在日本电信市场上的垄断地位以及与日本制造业传统的企业之间的关系密切相关，这使其能够吸引大量有实力的企业参与到 I-Model 移动互联网技术的开发和网络的建设中。此外，NTT 成功地选用了当时最先进的包交换技术和独特的 compact HTML 语言，这也是其成功的关键之一。使用这种语言可以轻松地浏览国际网络标准语言 HTML 编写的网页。

（二）便利店（Combines）方兴未艾

与美国庞大的配送体系有所不同的是，日本 B2C 电子商务配送体系是以遍布全国的几万家便利店为据点，实行就近配送。日本的包裹服务商可以借助便利店实现包裹的邮寄，在线零售商也可以利用便利店实现就近配送。这样，便利店不仅方便了消费者，而且提高了包裹邮寄的效率和安全性，使在线零售商因为集中配送而降低了成本。

这些便利店配备了网络终端，提供 24 小时服务，可以轻松满足消费者网上购物的需求。以 7-11 和 Lawson 这两家日本最大的便利店为例，它们分别在自己的几万家分店内设置了在线多媒体终端。消费者可以通过网络或便利店订货，选择取货付款店并确认订单，核心本部网站和合作网站收到订货信息之后会及时传送给配送中心，再通过配送中心与企业之间建立的在线管理系统进行信息处理。最后，配送中心将商品送至消费者指定的便利店，消费者取货付款，完成整个网上购物全过程。

（三）多种支付方式

日本 B2C 电子商务的支付方式不是单一地采用信用卡支付，而是根据大众的消费心理采取现金支付、信用卡支付、互联网银行转账及会员制、记账式等多种支付方式，这与美国的情况截然不同，主要是因为信用卡在日本并不流行。日本人在网上购物时对于“在线支付方式”的使用相当谨慎，他们往往根据购买商品的形态（有形商品或无形商品）而采取不同的支付方式。当购买有形商品时，日本消费者倾向于采用现金支付，而购买无形商品时多采用信用卡支付及消费者会员式支付（将钱存入销售网站或零售商所指定的银行）。此外，还有许多日本电子商务网站允许消费者按每月的账单到指定的地方交纳现金。

通常情况下，消费者大多采用“货到付款”的方式，这也就形成了极具日本特色的“网上预定＋网下支付”的购物方式。会员记账式支付也是大多数日本网站选用的支付方式。由于日本人担心信用卡的安全性，因此更多的日本网站向消费者提供直接用银行存款支付货款的服务。为了使这个存款支付系统顺利运营，消费者需要提供银行存款账户，以便进行转账。

日本政府将发展电子商务作为新经济时代的一项重要国策，试图借助电子商务提升日本企业的国际竞争力，振兴日本经济。从提高效率、降低成本的方面来看，许多日本企业通过电子商务，切实提高了企业生产、企业经营、库存管理、客户管理和网上采购等环节的效率，效果十分明显，一般降低成本 10% ～ 30%。2003 年 ECOM 的一项调查也表明：电子商务有效地提高了企业的生产效率，节约了从产品设计到生产之间的时间间隔；企业通过电子商务提高了知名度，增加了销售额，还实现了公共效应。大部分被调查的公司都表示实现了减少运营成本、提高运作效率的目标。例如，夏普公司开展电子商务之后，提前制订生产计划时间由 3 个月缩短为 2 周，确认库存到发货的时间从 2 个月降至 0.9 个月；7-11 公司也成为传统零售业电子商务化的典范，该公司在过去的 10 年内从“无纸化”办公中每年节约 300 万日元。在经济结构调整方面，电子商务不仅带动了一系列相关产业的发展，同时还优化出一批全新的电子商务企业和新产品、新服务。贸易商社和制造企业在利用传统方式吸引众多消费者的同时，也纷纷开始利用网络资源，如东芝公司开发电视机网络商务功能，日产汽车与 IBM 达成合作协议，进行网络化经营等。

由于信息技术日益体现出对日本经济的支配作用，日本各界普遍认识到了电子商务和互联网的重要意义，企业更是关注方法和技术开发，奋力开展电子商务。

（四）双向互动广告市场发展稳定

双向互动广告主要面向游戏 APP 和电商广告主，以唤起用户再次参与为目的，预计到 2017 年则将达到 350 亿日元。见图 26。

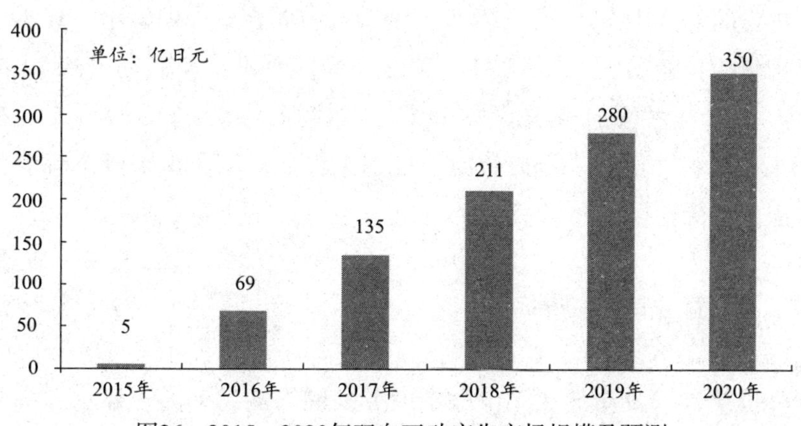

图26　2015～2020年双向互动广告市场规模及预测

游戏 APP 和电商领域等的广告主，通常会通过智能手机广告为自己的产品获取新用户，同时，越来越多的广告主也开始为了巩固现有用户、减少客户流失而对广告产品产生新的诉求。

随着智能手机广告技术的不断发展，广告主和目标用户之间能够进行交流的广告手法开始出现，很多大公司开始面向广告主提供双向互动展示广告的产品和服务。在此背景下，双向互动展示广告市场在 2016 年将实现急速增长，预计会达到 69 亿日元，相信未来几年随着广告主对于 APP 推广需求的不断扩大，双向互动广告将会作为一个备受瞩目的 APP 推广手法被越来越多的广告主所采用，预计到 2020 年，双向互动广告市场规模将达到 350 亿日元。

（五）2016 年智能手机广告市场前景良好

2016 年日本智能手机市场规模预计将达到 4542 亿日元，年增长率为 22.2%。结合 2015 年日本智能手机用户的内容消费形态，随着具有亲和力的广告产品的不断推出以及广告主对于各种广告产品的认知积累，2016 年日本数字广告支出大幅增长。

2016 年日本关键字搜索广告市场规模预计达到 1559 亿日元（年增长率 13%），展示广告市场达到 2893 亿日元（年增长率 30%），成果报酬型广告市场达到 90 亿日元（年增长率 80.4%）。

未来几年，日本关键字搜索广告市场和展示广告市场规模都将稳定增长，而成果报酬型广告市场规模将会因单价的降低和广告出稿件数减少等因素而出现下降趋势。

日本内阁府 2016 年 3 月末发布的消费动向调查报告中显示，日本手机的普及率（包括智能手机）为 95.3%，其中，智能手机普及率为 67.4%，同期增长 6.8%，而功能性手机普及率为 64.3%，同期下降 5.5 个百分点，日本手机用户现正处于由功能性手机向智能手机的大转变时期，未来日本智能手机广告市场潜力仍待挖掘。

三、韩国的电子商务

据韩国统计厅发布的《年份电子商务及网络购物动向》显示，韩国电子商务交易总额，2007 年为 516.5 亿韩元，2008 年为 630.1 万亿韩元，2009 年为672.5万亿韩元，2010年为824.4万亿韩元，2011年为999.6万亿韩元，交易总额近5年来翻了一番。2012年韩国的电子商务总额达1144.7万亿韩元（约合人民币6.5万亿元），同比增加14.5%；超过了2011年实际国内生产总值（1103.5万亿韩元）。eMarketer的数据显示，韩国2015年电商销售额达370亿美元，是全球第七大电商市场。64%的韩国消费者使用手机上网，所以移动电商呈爆炸性增长，2016年韩国电商销售额超过400亿美元，手机交易额对比去年增长50%，超过240亿美元。Coupan称平台70%的销售额来自手机端。几乎韩国主要的电商企业都有APP和手机网页。

近年来，韩国电子商务呈现迅猛发展的势头。如按时间顺序划分韩国电子商务的发展历程，可分为萌芽期（1989～1993）、成长期（1994～2000）、飞跃期（2001～2007）和繁荣期（2008年以后）。

在萌芽期的1989年，根据《综合贸易自动化基本计划》，确定了构建政府主导型的EDI服务体系，并在促进过程中确立了通过设立民间企业提高效率的方针。1991年6月，韩国贸易协会全额出资的韩国贸易信息通信公司（KTNET）成立。之后，1992年，KTNET被韩国政府指定为“贸易自动化专职企业”；与此同时，关税厅于1991年制定了《EDI型关税程序法案》。同年，KTNET签署了《EDI型通关自动化系统构建及运营协定》，这也从根本上为促进电子商务的发展打下了基础。成长期期间，韩国依照部门的不同，建成了实质性的贸易业务自动化系统，以1994年进出口通关为起点，截至1997年12月，依靠EDI方式，进出口申报及进出口货物业务均实现了通过自动化处理。除通关以外，依靠KTNET与商务部、知识经济部、外汇部门、韩国银行及金融结算院、物流及运动部门、国土海洋部、保险部门的有机联系，实现了VAN/EDI方式下的贸易自动化。飞跃期期间，韩国电子商务发展的焦点集中在电子商务全球化网络事业上。为确保电子文件的安全，2002年，KTNET相继被信息通信部和产业资源部指定为电子文书的认证机关和“公认电子文书保管所1号企事业单位”。2005年韩国在世界范围内最先开通了电子信用证业务，自2008年起，综合电子贸易系统“U-Trade Hub”也投入使用，同时他们也积极向墨西哥等国输出韩国的电子商务系统，向世界各国宣传并普及韩国电子贸易系统的应用，由此迎来了电子商务发展的繁荣期。

韩国电子商务的飞速发展归功于韩国政府的积极扶持政策。20世纪末，韩国政府提出了将电子商务打造成为提高韩国产业竞争力新典范的产业政策。2001年，韩国政府正式提出了“韩国电子贸易动议”，以促进电子商务的普及；2002年，韩国政府进一步对“韩国电子贸易动议”进行了修改，使之系统化，作为长期促进电子商务的战略。此后，韩国政府相继制定了多项电子商务促进政策。韩国政府对电子商务的扶持政策主要可分为四个方面：

（1）完善法制，推动电子商务发展。韩国政府1999年制定了《电子商务框架法》，并于2002年进行了第一次修订，同时，为避免电子商务的透明交易给中小企业带来过重的税金负担，激励中小企业参与电子商务，韩国政府还采取了一些临时性的补偿措施，即在5年之内，免除中小企业0.2%的电子交易增值税。

（2）扩大电子商务的推动要素。韩国政府认为，技术、人力资源和行业标准是推动电子商务发展的三大要素。据此，韩国政府于2000年制订了“电子商务人力资源发展计划”，并实施了多个项目，其中包括建立和运作电子商务人力资源发展中心，制订金卡计划以吸引海外电子商务人才，引进电子商务管理人员认证项目，对私营培训机构的电子商务培训课程进行认证，建立电子商务成功案例库等。

（3）推动电子商务应用和产业数字化。为扩大电子商务的应用，韩国政府先后制订了B2B网络支持计划、亚洲网络市场计划、中小企业信息化计划。韩国政府依托较强的制造业和世界级的IT基础设施，建立了制造业电子化中心，发展制造业数字化的核心技术和数字化协作标准。

（4）电子商务全球化。为应对全球范围的电子商务并与此保持同步，韩政府积极参与多边组织关于电子商务的讨论，并加强与电子商务较发达国家（如芬兰、日本、英国）的双边合作。目前来看，韩国电子商务的发展体现出三大趋势，即引入新平台、催生新技术、带动新产业。

电子商务是大势所趋，韩国正在采取一系列措施积极推进本国电子商务的发展。韩国电子商务的主要做法有：

首先，建立全国电子商务信用体系，以确保网上交易的可靠性。

其次，为保护网上隐私权、知识产权等制定相应的措施。

再次，大力发展信息基础设施的建设，更新全国通信网络，建立和完善网上商店的供货共享系统。

最后，加强电子商务技术的研究，推动电子商务的标准化。

由于韩国政府在政策、资金、人力方面的支持，韩国电子商务技术研发也取得了巨大成绩。其中最值得韩国人骄傲的是无线宽带技术 WiBro。该技术是三星电子（其标识见图 27）与韩国电子通信研究院、韩国电信与 SK 电讯等共同开发的 4G 移动通信技术。通过该技术，在时速 100 千米的车内，可用 0.7 秒下载一份 36 页的报纸，用 24 秒下载 10 首 MP3 歌曲，其速度已超过目前的超高速有线互联网。WiBro 技术在 2005 年 12 月被接纳为国际标准，这意味着韩国终于拥有了无线互通领域的自主基础技术。此后，韩国政府扶持电子商务的决心进一步增强。2005 年年底，韩国政府制定了《2010 年电子商务技术发展路线图》，对未来 5 年电子商务技术开发作出了规划，并选定实时企业、资产管理模块等 15 项技术作为电子商务发展的核心战略技术重点开发，其最终目标是使 2010 年在国际电子商务技术市场的占有率达到 60%，电子商务水平进入世界前 10 强。

图27　三星电子标识

现在韩国依靠先进的 IT 技术已经拥有了非常发达的电子商务系统。位列世界 10 大贸易中心国家，并在国际信息通信领域被认为是技术强国的韩国，通过构建 Single Window 系统，已得到了世界的广泛赞誉。电子商务服务的扩大既能缩减贸易过程中的附加费用，简化业务流程，给贸易企业带来积极的影响，也能扩大对外贸易规模，为韩国经济的发展作出更大的贡献。

韩国统计厅 2016 年 1 月 4 日发布的数据显示，2015 年 11 月韩国网络购物交易额达 4.9720 万亿韩元（约合人民币 277 亿元），同比增长 19.5%，创下开始相关统计（2001 年）以来的最大值。

在整体零售销售额中，网络购物交易额所占的比重为 15.4%，创下去年

7月（15.7%）以来的新高。化妆品和食品的网络购物交易额分别增长 38.2% 和 35.4%，服装（20.5%）和家电、电脑、通信器材（18.5%）的增幅也较大。书籍和文具网络购物额较去年同期减少 25.4%，但在整体零售销售额中所占的比重最大，为 30.9%。

网络购物中，利用智能终端购买商品的移动购物也呈增长势头。移动购物的交易额达 2.4440 万亿韩元，同比增长 52.3%。网络购物交易额中，移动购物交易额占比高达 49.2%。其中增长势头最快的购买对象为鲜花类产品，同比增长 138.0%，音像制品和乐器类商品增长 132.7%，宠物类用品的移动购物额也增长 107.4%。包括网络购物在内的整体零售销售额为 32.2680 万亿韩元，同比增长 4.2%。其中，便利商店的销售额增长 33.8%，超市和百货商店分别增长 3.6% 和 3.5%。

四、印度的电子商务

印度属于南亚次大陆，天然良好的地理位置成了古代兵家必争之地，但唯独在电子商务产业却无人问津。

在前些年，投资公司对印度电商公司的融资请求避之唯恐不及，因为这些电商企业不仅非常烧钱，而且销售增长和回报不尽如人意。

即使这个国家拥有 12 亿的人口，但真正的消费者数量却远远不及这个数。截至 2015 年年底，印度互联网注册用户超过 4 亿人，成为仅次于中国的全球第二大互联网市场。

根据 Com Score 的报告称：电子商务类网站的点击量在 2011 ～ 2012 年期间，从 2610 万增长至 3750 万，同比增长 47%。从容量的角度看，市场已经开始膨胀了，从 2009 年 25 亿美元的交易额到 2015 年约 130 亿美元（增加 32%），预计到 2022 年达到 700 亿～ 900 亿美元。全印度有约 2500 万网络消费者。超过 71% 的电子商务与旅游相关（机票、预订酒店等，其中电子零售业务超过 16%）。手机 / 卫星直播电视充值每天超过 100 亿笔交易。印度电子商务的独特卖点是“货到付款”。电子产品和服装是最经常交易的物品。印度顶尖的电子商务公司—— Flipkart（见图 28）、Snapdeal、Myntra 等 Flipkart 销售额在 2014 年 3 月达到 10 亿美元。

印度如今拥有数亿网民，是继中国、美国之后的全球第三大电商市场。随着印度的经济发展，网民数量增多，印度电子商务的前景将非常光明。

图28　印度最大的电商平台Flipkart

不过印度电商还面临政策问题。包括 Flipkart 在内的电商平台渐渐从销售自有商品的模式转移到销售他人商品的集市化模式。这在一定程度上是因为印度目前禁止外国直接投资（FDI）在网上直接销售自有商品。然而，印度本土电商公司的股权关系错综复杂，很多是在外国投资者的支持下成立起来的。复合的股权关系必然引起印度政府官员的注意。

从 2012 ～ 2013 年年初，Indiaplaza.com 和 Urban Touch 之类的大大小小上百个电商网站从投资者手中融到 100 万～ 1000 万美元不等的资本，但大部分网站已经“关门大吉”，因为这些电商网站烧钱烧得太快，然而其销售增长和回报都低于预期。当这些网站再次要钱时，投资公司纷纷捂住了自己的钱袋，这些电商网站终究因为资金链断裂而关门大吉。

从市场总量来看，印度将成为继美国和中国之后的世界第三大电商市场。电子商务是一个资本密集型的业务，如果要打造一个大的电商平台，就需要很多资金。

而近年来，投资情况有所改善。是什么改变着投资者的观念呢？因为综合性电商平台 Flipkart 和 Snapdeal 近年来的销售额呈现爆炸式增长，从而证实了印度消费者是愿意到网上购买各类商品的，这给了投资者巨大的信心。与此同时，电商的发展还将使物流企业和供应链公司受益。亚马逊在印度设立了电商平台，并成为印度最大的产品分类平台之一。

经纪公司CLSA于2013年披露的报告称，在线零售市场的价值已达31亿美元，预计在未来五年这一数字将增长到220亿美元，相当于有组织零售市场总额的15%。然而如今，情况发生了变化，全球投资大鳄如摩根斯坦利、新加坡淡马锡控股集团、美国黑石基金等纷纷排着队要来印度给电商企业投钱。由此可见，印度电子商务将有很大的发展。

五、台湾地区的电子商务

（一）发展概况

我国台湾地区电商市场在20世纪90年代末起步，较以淘宝为代表的大陆电商市场早至少3年。2010年，台湾地区线上购物市场规模超越3000亿台币。2012年台湾地区网络零售额占比社零总额约3%；2013年，台湾地区网络购物市场规模7600亿新台币（约合1500亿元人民币），约占大陆市场（1.85万亿元人民币）的8.3%；台湾地区网络零售市场2007～2012年复合年均增长率为30%，约占中国大陆市场的1/3；台湾地区B2C（含B2B2C）与C2C比值约为6∶4。有调研显示，2014年12月底，台湾地区12岁以上的民众中，拥有移动设备的用户已经达到1432万人，普及率接近70%，在台北这个数字高于70%。

为了推动经济一体化、贸易全球化，台湾地区正积极建设跨境电商。

台湾地区地域面积小，于是本土电商做到一定规模后会开始积极向海外插旗。在台湾地区，线下实体店的缺点就是能接触到的顾客有限，但做电商的企业，由于贸易金等相关法规及语言支持问题，也是有极大的地域性的。

目前，在台湾地区的跨境电商操作模式主要有海外代购、跨境电商的全球物流、跨境电商本地架站的海外直购。

（二）台湾地区推行“明星”电商

台湾地区为数众多的娱乐和演艺明星资源是其最大的品牌资产，不管是对于台湾地区的明星，还是对于大陆的粉丝而言，电子商务部分实现了他们

的梦想。

其中，2006 年施凯文和一位技术主管开始筹划“我是二丫”社区，做得有声有色；2008 年 3 月，“我是二丫”社区改名二丫网；2008 年 9 月，上海乐丽网络科技有限公司正式在中国大陆成立，专注于美妆分享社区。今天，在这个人人皆谈社区化电子商务的时代里，似乎这个决定显得更有先见之明。

2009 年，有“新一代美容教父”之称的牛尔开始考虑进入中国大陆市场，而二丫网既拥有台资背景，又在大陆的美容点评社区拥有一定话语权，施凯文成为了他第一考虑的合作伙伴。双方一拍即合，二丫网帮助牛尔运营个人的官方网站，专注于提供美容保养和美妆资讯。

2009 年 9 月 7 日，牛尔官方旗舰店正式在淘宝商城上线，2009 年 10 月，Herbuy 好买购物商城在台湾地区上线，2010 年 3 月，该网站在中国大陆上线。同年 4 月，牛尔品牌商城上线。2011 年 11 月，xxdd.com（星星的店）网购商城上线。同月，GreenDays 绿碟子婴童品牌网购商城上线。

对于台湾地区的企业而言，他们认为品牌才是产品灵魂价值的延伸，所以做企业品牌对他们举足轻重。

2009 年 9 月，网劲科技推出“台湾淘 1 站”项目，引起了台湾地区网民的关注。“台湾淘 1 站”的上线，使得台湾地区的网络消费者可以方便地充值其支付宝账户，网劲科技会通过货币的转换自动设置为人民币支付，台湾地区消费者可以轻松实现在网上支付购买淘宝网上的产品。“台湾淘 1 站”打开了两岸双向互通的模式。有数据显示，“台湾淘 1 站”推出之后，淘宝网在台湾地区的知名度非常高，目前淘宝网在台湾地区的网络购物的影响力已经排名前三。

除此以外，2011 年 10 月 30 日，乐丽科技在上海正大广场正式宣布，蔡康永将作为“星星的店”首位明星设计师推出其“黑鸟系列”服装。这对台湾地区电子商务的交流与商机开了一个好兆头。此前推出过自有品牌女鞋的蔡康永对《天下网商》表示，鞋子和衣服不同，他需要考虑女鞋的用户穿着是否合脚，因此不敢在线上销售，而衣服的体验要求不那么高，也不需要有试穿的过程。“因为衣服和鞋子不一样，所以也让我有勇气在线上先卖。”蔡康永希望他在大陆的粉丝也能和台湾地区的粉丝一起分享他的设计。

“星星的店”是乐丽和明星合作的第二步，未来，其他的台湾地区明星设

计品牌也会陆陆续续加入店铺中来。

（三）中国台湾地区与大陆电子商务的比较

1. 交易环境

台湾地区网商主要是以平台开店为主，如台湾雅虎、PCHOME，包含B2C以及B2B2C的方式，拍卖集市C2C的比例反而低。目前C2C店商平台主要有雅虎拍卖、台湾乐天跟飞翔骆驼等，与大陆淘宝网占有大部分市场份额明显不同，台湾地区的C2C网店营业一样必须要开发票，网店在税务方面缺少优惠政策可能是原因之一；另一个原因是C2C的支付，一直到最近才开放第三方支付的模式，至于是否会因而促进个人网店的快速增长则还有待观察。

在网店经营形态上，从下图中我们可以看出，超过一半的台湾地区电商是有实体店铺的，虚跨实在一方面可以拓展顾客，开发非上网的族群；另一方面也增加了消费者的信任，同时也增加了品牌的知名度。例如，淘宝台湾馆的三金冠店PG美人网在台湾地区就开了数十家的实体连锁店，实跨虚则目的同样也是透过新渠道开发新客源，过去大陆网商在虚实结合方面也做了很多尝试与探索，而最近比较明显的是传统品牌以及线下渠道的触网，也都会改变经营形态的版图，未来虚实之间应不再有明显区别。台湾地区网络商店主要经营类型和经营形态见图29和图30。

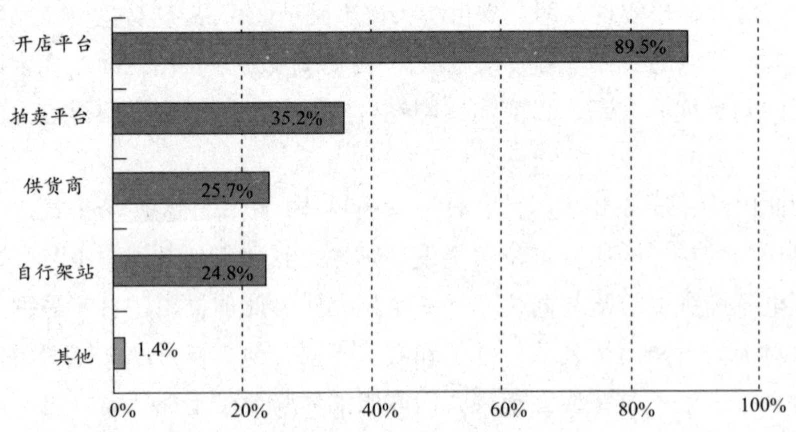

图29　台湾地区网络商店主要经营类型

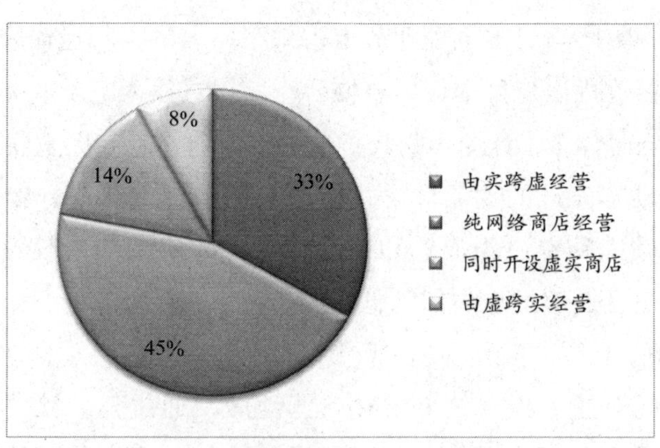

图30　台湾地区网络商店经营形态

2. 物流快递

台湾地区在物流快递方面与大陆相比，由于本岛南北差距并不远，在配送过程的管控上问题较少；另一方面台湾配合便利店衍生出来的店配模式，也解决了很多快递最后一千米的问题，这种便利店取货付款的模式也引起不少大陆电商的关注，但由于便利店取货付款的方式对卖家成本较高以及大陆便利店的密度远远不及台湾地区，因此在大陆并没有普及，此外，大陆电商关注的是冷链物流的完整配套，也成就了对保值保鲜条件要求较高的特色美食团购。

或许是因为地域小，台湾地区的电子商务物流配送显得相对清晰，并且复杂度不高。对于台湾地区而言，从北到南，从阿里山到日月潭，都可以在24小时内实现，更不用自建仓库，或者设立分仓。

同时，无论是网络购物或者网络拍卖，顾客可以接受送货的天数一般集中在三天以内。

和大陆相比，台湾地区的物流精细化操作程度更深，同时具备“宅配”和“店配”两种模式，形成相互协调、相得益彰的局面。

（1）宅配。

日本是世界上物流业最为发达的国家之一，对台湾地区的物流业，尤其是宅配的发展影响巨大。近年来，由于日本的物流更注重精细化理念，台湾地区的物流企业纷纷寻求与日本运输企业进行战略结盟，试图更好地开发宅配市场。

例如，统一集团与日本宅配业务市占率第一名的大和运输公司合作成立统一速达公司；新竹货运与日本佐川急便合作，正式投入宅配业务；大荣货运与日本西汉运输公司合作，让原本颇具竞争的物流业，趋向更激烈的竞争阶段。

除了引进日本先进的物流理念，由于台湾地区面积小，物流行业的发展较为容易，相较大陆也更为成熟和完善。在台湾地区，一般的网上购物都能实现半日达，而且能够配送生鲜、低温类产品。

（2）门店配送。

除了“宅配”这一模式之外，在台湾地区，通过整合社会资源，充分发挥便利店信息平台、门店网络、物流配送的优势，建立基于便利店社区网络化的物流配送体系，被称为“店配”，这也已经成为台湾地区重要的物流配送方式之一。

2010 年，大陆流行的“O2O”模式，即 Online To Offline，实现线上下单，线下提货。其实，这与台湾地区的“店配”模式有着异曲同工之妙，统一集团旗下的 7-11 便利店就是店配最为典型的案例。

由于 7-11 便利店覆盖面广，在台湾地区拥有上万家连锁门店，都为 24 小时营业，这些便利店贴近居民区，其中 70% 以上的客户，都只需要步行不足十分钟便能到连锁店。这就为消费者提供了取货的方便。

事实上，7-11 便利店的网络配送系统由来已久，最早引入的是书籍和光碟的配送。2000 年 6 月，台湾网站博客来与统一旗下 7-11 便利店合作，开展“博客来订书，7-11 付款取货”服务，依靠 7-11 强大的物流配送体系，由消费者自行选择最方便的门店付现取货方式。2001 年年初，统一集团通过 7-11 便利店对博客来进行投资，获得博客来 50.025% 的股权。

此后，7-11 便利店在配送时间和配送种类上都进行了细分，将配送商品分为出版物、常温食品、低温食品和生鲜食品 4 个类别，各区域的配送中心需要根据不同商品的特征和需求量每天作出不同频率的配送。一般实行一日三次的配送制度，分为 3 点、8 点、15 点三个时间段循环配送。

如此一来，7-11 便利店逐渐建立了完善的配送体系，成为电子商务物流配送体系的重要环节。随后，这种利用便利店渠道打造电子商务物流体系的做法，在台湾地区电子商务圈内得到普遍认同。

另外，台湾地区一些电商是不自建物流仓储的，仓库管理、拣货发货，

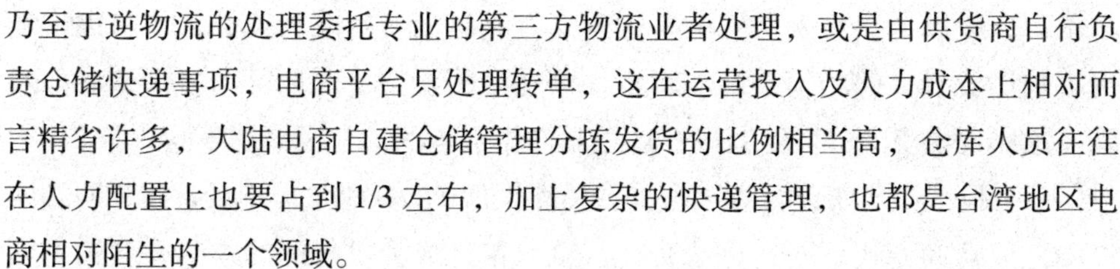

乃至于逆物流的处理委托专业的第三方物流业者处理，或是由供货商自行负责仓储快递事项，电商平台只处理转单，这在运营投入及人力成本上相对而言精省许多，大陆电商自建仓储管理分拣发货的比例相当高，仓库人员往往在人力配置上也要占到1/3左右，加上复杂的快递管理，也都是台湾地区电商相对陌生的一个领域。

与台湾地区相比，近年来，大陆对这一物流的配送模式，也开始进入一个尝试期。曾在上海风靡一时的“大货栈”，便试图通过便利店实现线上销售线下取货，最终由于网点分布不够多，无法产生规模效应，以失败告终。

此外，以冷冻食品起家的祐康集团，也开始试水电子商务。不仅推出独立B2C平台——祐乐网，还在杭州集中布局“祐驿站”便利店，并希望通过这一动作，尝试7-11便利店模式，实现真正意义上的“O2O”。

但显然，大陆的制约因素不可忽视。目前，大陆连锁便利店集中在北京、上海、广州等大中城市，对于无门店支持的跨区域配送，仍然需要第三方物流的支持。

而且，大陆市场过于庞大，在短时期内，要想将便利店覆盖全国并非易事。在未来，大陆电子商务的发展，当产品差异化不再明显，就会进入服务阶段，或许仓储和物流会成为网站服务的新亮点。

在台湾地区，电子商务的步骤只是下单、付款、出单、收货，并没有售前、售中、售后的区别，也不会出现杀价、改运费等环节，台湾地区的售后多是用电子邮件的方式解决。虽然淘宝网为台湾馆的店铺带来了流量，但是客服需要的巨大人力成本却是超负荷的。时至今日，台湾地区电子商务中仍然没有客服。

3. 经营策略

2013年，台湾地区网络购物市场规模7600亿新台币（约1500亿元人民币），约占大陆市场（1.85万亿元人民币）的8.3%；2015年达到10000亿新台币。这样的规模自然与大陆有一定的差距，但也使得在经营策略上“小而美”成为许多台湾电商的主旋律，因此不管是人才聘用或是市场的扩展，都使得台湾地区电商相对比较采取稳扎稳打的方式。

台湾地区上网人口普及率已达到一个成长趋缓的水平，并没有太多的新增网购人口红利，电商要获利必须深耕客户，增加回购率，依赖的还是产品本身，所以产品质量及安全等因素能否满足消费者成为关键，价格因素虽也影响消费者，但却不是第一因素，因此很少看到台湾地区网店平台有如双十一这样大规模的价格促销战，这也是两岸网购的一个很大的不同。

台湾地区由于主流开店平台如台湾雅虎及 PCHOME 本身具备门户网站的资源，但营销方式单一，有些企业甚至只单纯成为供货商的角色，营销方面则依赖平台的资源，主要营销方式如社会化媒体方面两岸使用博客的都不少，比较大的差异体现在台湾地区电商活跃于脸书，大陆现在红火的则在于微博和微信平台，新浪微博在 2012 年 12 月正式在台湾地区设站，加速了台湾地区网民对微博的熟悉度，至于搜索引擎方面台湾地区情有独钟于台湾雅虎，其次则为 google。至于大陆市场占有率最高的百度虽然正式的广告代理商都还远在中国香港，但使用百度的台湾地区网民其实也不少。

4. 交流与商机

台湾地区经济属于海岛型经济，与大陆相比，两岸电商的差异不是比较优劣高下的问题，而是环境上的不同，所以模式无法照搬照套，大部分到大陆发展的台湾地区电商都会发觉，实际上所谓的台湾经验到大陆基本是没用。

早在 2011 年就已有高达八成的台湾网商评估或已经实施跨境销售，其中已经经营的占比最高的是大陆市场，但受限于各种因素，如 ICP 证的取得，使得包含 PCHOME 在内的许多电商在进入大陆市场前都有诸多考虑，而部分企业则采取与大陆电商平台合作的方式来提供电子商务服务；另一方面，淘宝也从 2012 年就已开始加大对台湾地区市场的拓展，同时针对台湾地区的买家与卖家进行配套优化措施，所以不管是网络营销、电子支付、仓储快递乃至于人才培养，相信未来两岸电商有很多合作的商机。

5. 支付方式

在未来，当产品差异化不再明显，就会进入服务阶段，或许仓储和物流会成为网站服务的新亮点。

在大陆，随着电子商务的蓬勃发展，在线支付已经成为电子商务的重要组成之一。所谓的第三方支付平台，是采用规范的连接器，在网上商家和银行之间进行无缝连接，进而解决从消费者、金融机构、商家的在线货币支付、现金流转、资金清算等问题。

对比台湾地区和大陆的电子商务发展，如果说台湾地区的物流配送服务略胜一筹，那么大陆的支付方式则更有特点，这里说的是第三方支付。根据易观国际发布的报告显示，2010 年，大陆第三方支付市场交易额已经突破 1.1 万亿元，支付宝以 49% 的份额占据半壁江山。在 2010 年 7 月，支付宝的注册用户超过 2 亿人，占据国内互联网用户近半人数。根据 iResearch 艾瑞咨询统计数据显示，2015 年大陆第三方互联网支付市场交易规模达 118674.5 亿，同比增速 46.9%。2013 年与金融的深度合作，使第三方互联网支付公司找到了新的业务增长点，目前这种助力还没有完全爆发，艾瑞咨询预计未来两年互联网金融对于第三方互联网支付的推动作用将会更强，或进一步提高交易规模增速。见图 31。

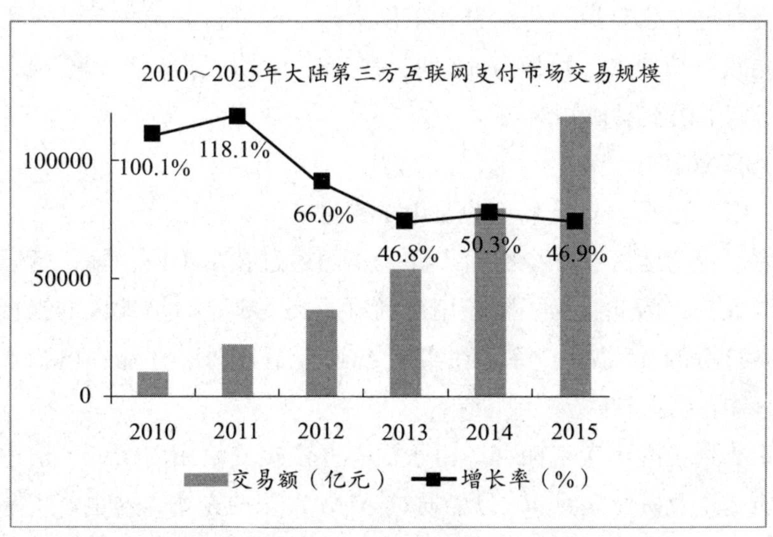

图31　2010～2015年大陆第三方互联网支付市场交易规模

可见，第三方支付平台已经在大陆拥有强大的基础性用户。与大陆不同，在台湾地区因为法律的限定，第三方支付平台属于金融项目，只能由银行运营，但是银行更愿意用户使用信用卡，而不是第三方支付平台。因此，就形成了想做第三方支付的公司没资质、有资质的银行不想做的局面。台湾地区网商为第三方支付平台争取过多次，但都被台湾地区的立法机关拒绝了。如此一来，台湾地区甚至连 PayPal 都不能使用，因为这同样不是由金融机构运营，同样属于非法。

通过第三方支付平台，可以有效避免交易构成中的退换货、诚信等方面的风险。第三方支付厂商与各大银行签订代理网关的合同，通过银行提供的接口与本地企业的系统进行无缝连接，然后将集合了众多银行支付网关的支付系统平台提供给商户使用。

除了缺少第三方支付平台带来的不便利，在台湾地区电子支付还是相当方便的，其电子商务的付款方式主要分成三大类：信用卡、ATM 转账、便利店付款。

（1）信用卡。

在台湾地区，使用信用卡线上刷卡，是电子支付的主要方式之一。

台湾地区总人口大约 2300 万人，但是信用卡却发放了 4500 万张，平均每个人拥有近 2 张信用卡。而且，信用卡还可以进行分期付款，对于线上年轻“月光族”消费者，可以分 12 期、24 期、36 期还款，非常便利，这也使得信用卡刷卡的交易额相对较大。

（2）ATM 转账。

除信用卡之外，ATM 转账也是电子支付的重要途径。

此前，台湾地区有不少银行卡诈骗集团通过技术手段，骗得密码之后复制银行卡提款，因此，为了防止用户利益受到侵害，台湾地区的银行卡大部分都装有特有的 IC 芯片。除了在实体 ATM 上转账外，还能在电脑上插入读卡器，直接在网上转账。

对于非企业的小卖家而言，由于没有办法接受信用卡刷卡（信用卡的收费方只能是企业资质卖家），只能通过 ATM 转账的方式，这也产生了新的风险。买家下完订单后，会根据卖家提供的账号转账，但如果购物网站或者交易本身就是为了诈骗而设，买家并没有办法判断账号的真伪，也让诈骗集团有机可乘。这也是台湾企业者强烈呼吁第三方支付平台的原因。

（3）便利店付款。

在台湾地区，便利店体系除了在物流配送上的特殊地位外，还承担着重要的支付功能。在便利店，一般可以通过 3 种方式完成网上订单的付款：第一，取货付款。买家在线下单，确定取货门店后，在门店取货时将钱交付。第二，便利店付款。每家便利店都有 Ibon 机，主要针对购票、充值用户，可以在 Ibon 机上获取条形码，在柜台处付钱完成订单。第三，条码付款。买家在网上下单后，网页上会产生一组条码，通过条码打印机打印之后，买

家就可以到便利店刷条码付钱，但由于需要条码打印机，这一方式已经慢慢淡出支付市场。

六、新加坡的电子商务

（一）新加坡电子商务发展状况

新加坡是世界上信息化程度较高的国家，也是世界上最早发展电子商务的国家之一。根据 2009 年 4 月欧洲商学院和世界经济论坛联合发布的《2008 ～ 2009 年全球信息技术报告》，新加坡在全球信息与通信技术发展和使用程度排名中位列第四。新加坡还曾在 2004 ～ 2005 年度的这项排名中名列世界第一。新加坡高度开放的外向型经济、狭小的国内市场的自然条件限制，以及全球经济一体化的趋势，是新加坡大力发展电子商务的推动力，而规划先行、立法保障和政府推动，则可归纳为新加坡电子商务发展的主要特点。

1. 规划先行

（1）信息化方面的规划。

新加坡电子商务的发展与其信息产业的快速发展密切相关。新加坡非常注重信息化的长远规划，从 1980 年开始连续制定了一系列国家战略以发展信息产业。1980 年，新加坡成立国家计算机委员会，制订了第一个五年发展计划“国家计算机化计划”，通过实施该计划，实现新加坡政府部门办公的自动化和无纸化，从而提高政府部门在处理公共行政事务上的办事效率和服务水平。1986 年制订了第二个五年计划“国家 IT 计划”，在第一个五年计划的基础上，着重利用 20 世纪 80 年代中期的融合运算和交流功能的网络技术，进一步深化公共行政事务的计算机化，同时鼓励私人企业参与。1992 年，新加坡进一步实施了国家信息基础设施计划“IT2000”，力图用 10 年时间建设覆盖全国的高速宽带多媒体网络，普及信息技术，在地区和全球范围内建立联系更为密切的电子社会，将新加坡建成智慧岛和全球性 IT 中心。2000 年，新加坡又通过了“信息通讯 21 世纪计划”，计划到 2005 年成为网络时代的“一流经济体”。2006 年 6 月，新加坡公布了最新的“智慧国 2015 计划（iN2015）”，旨在通过一系列有益于公众、企业和全球社会的行动，到 2015 年把新加坡建设成为一个信息技术支撑的智能化国家和全球化城市，确保未来 10 年的全球经济竞争力。

经过上述一系列规划，新加坡的信息产业得到迅猛发展。根据新加坡信息通信管理局（IDA）的信息产业统计调查，新加坡的信息产业收入在2005年、2006年和2007年分别增长8.9%、19.9%和13.8%；2008年达到581亿新元，比2007年增长12.4%。在家庭信息化方面，2008年新加坡家庭拥有电脑的比例达80%，在家上网的比例达76%，网上购物者的比例为36%；在企业信息化方面，新加坡企业整体使用电脑的比例为76%，拥有员工50～200人的企业使用电脑比例达到99%，200人以上员工的企业使用电脑的比例达到100%。新加坡企业拥有自己网站的整体比例为36%，员工在50～200人的企业拥有网站的比例为78%，员工人数为200人以上企业拥有网站的比例为90%。

（2）电子商务方面的规划。

早在1986年，新加坡就宣布国家贸易网络开发计划，大力开发EDI（Electronic Data Interchange）电子数据交换系统，并于1989年推出全国性EDI贸易网Trade Net，这是世界上第一个用于贸易文件综合处理的全国性EDI网络。它连接了新加坡海关、税务等35个政府部门，与进口、出口（包括转口）贸易有关的申请、申报、审核、许可、管制等全部手续均通过贸易网进行。该网24小时运行，自动接收、处理、批准和返还电子申报。商家通过电脑终端，10秒钟即可完成全部申报手续。目前，新加坡进出口报送手续的EDI处理普及率已达到95%。Trade Net可以说是新加坡以互联网为基础的电子商务的开始。之后，新加坡推出了“医疗网络”（Medi Net）处理医疗方面的事务，“法律网络”（Law Net）处理法律方面的事务。这些网络建设，为新加坡电子商务的高速化、安全化发展作出了重要贡献。

1996年8月，新加坡政府推出了“电子商务温床计划”（The Electronic Commerce Hotbed Program），目的是发展电子商务法律和技术基础设施以及电子商务服务。之后，新加坡推行了一系列措施，如成立了东南亚第一个认证机构Netrust。Netrust是一套网上安全系统，旨在为供应商和政府机关提供身份认证及信号传输安全保密服务。此外，新加坡于1997年专门成立“电子商务政策委员会”（Electronic Commerce Policy Committee），负责讨论与规划所有跟电子商务有关的法律与政策。

1998年新加坡推出了更加综合的“电子商务总规划”（Electronic Commerce

Master Plan），目标是在新加坡国际贸易、国际金融服务、通信及资讯等传统优势的基础上，进一步将新加坡打造成一个国际性的电子商务中心，计划在2003年把电子商务运用比例提高至50%，以电子商务形式交易的产品和服务达到40亿新元。主要发展战略是：发展与国际一致的电子商务基础设施；迅速将新加坡发展成为一个电子商务中心；战略上对企业采用电子商务给予鼓励和支持；促进公共和商业领域的电子商务活动；制定适宜跨国交易的电子商务法律和政策。考虑到跨国企业有自己的电子商务发展规划，政府促进电子商务发展的政策主要针对的是新加坡企业，特别是新加坡中小企业，同时在电子商务的信用、安全和立法方面下功夫。

2. 立法保障

新加坡政府非常重视电子商务方面的立法，在联合国贸易法委员会于1996年颁布《电子商务示范法》之后，新加坡即开始相关电子商务的立法研究与立法起草工作。自1998年开始，新加坡推出了一系列关于规范网络信息和电子商务的法律法规，主要包括《电子交易法》（Electronic Transactions Act）及配套法规、《滥用计算机法修正案》（Computer Misuse Act），修订了知识产权法，明确了网络内容规范和电子商务税务处理等方面的法律法规。

（1）《电子交易法》。新加坡《电子交易法》由新加坡电子商务政策委员会制定，于1998年6月29日经国会通过，1998年7月10日正式实施。《电子商务法》的颁布使新加坡成为世界上率先在电子商务领域进行立法的国家之一。《电子交易法》是一部有关电子商务的综合性法律文件，该法旨在解决电子交易中的法律问题，建立一个促进和保障电子交易发展的法律环境。该法主要涉及与电子商务有关的三个核心法律问题，即电子签名、电子合同的效力和网络服务提供者的责任问题。其中，有关电子签名的法律规定占据了大量的篇幅，是该法最核心的内容。该法共分为12个部分，包括序言、电子记录和签名、网络服务提供商的责任、电子合同、安全电子记录和签名、数字签名的效力、有关数字签名的一般责任、认证机构及证书申请者的责任、认证机构的认证规则、电子记录和签名的政府使用（尤其是政府部门和法定机构对电子填单的认可）等。之后，新加坡又相继出台了《电子交易执法指南》《电子证书指南》《新加坡电子交易（认证机构）规则》等《电子交易法》的配套法律法规。

（2）修订知识产权法。为了不妨碍文化传播，保护版权人在新技术环境下的利益，同时提高公众对知识产权的使用率，1998 年 9 月新加坡同意加入《伯尔尼合约》，保持与全球知识产权法原则上的协调。新加坡又于 1999 年 8 月对《版权法》进行了修订，修订《版权法》是为了使其知识产权法与《1996 世界知识产权组织版权条约》和《1996 世界知识产权组织表演和录音制品公约》基本原则一致。世界知识产权组织的这两个条约是基于互联网时代新的知识产权问题提出的，故又称为互联网公约。修订《版权法》进一步强化了新加坡在数字领域的版权保护和强制措施，通过界定版权所有者、网络服务提供者等互联网各方的权利和义务，促进了互联网的使用和电子商务的发展。

（3）《滥用计算机法修正案》。为了对付新的、潜在的计算机信息系统滥用事件，1998 年 6 月 30 日新加坡通过了《滥用计算机法修正案》，该法案是为了应付日益严重的计算机犯罪及其造成的严重后果，并促进电子商务的发展。修正法案列明三项有关非法进入计算机系统的新犯罪行为：干预或阻碍合法使用的行为；在授权和未经授权的情况下，进入计算机系统作案；将进入网络的密码泄露以非法获利和使别人受损失。该法案从 1998 年 8 月 1 日起生效。新加坡政府又制定了《信息安全指南》和《电子认证安全指南》与该法配套。

（4）互联网内容管理规定。新加坡对互联网内容的管理采取了轻度干预、鼓励行业自我管理和公众教育相结合的方式。1996 年 7 月 15 日新加坡政府颁布了《互联网管理法规》，也称“分类许可证制度”（Class License Scheme）。1997 年 11 月 1 日颁布了《互联网操作规则》（Internet Codeof Practice），该规则是分类许可证制度的补充。这两个法律条例都是为了鼓励人们正当使用互联网，保护网络用户特别是年轻人免受非法和不健康信息的传播之害。这两部条例对网络传播内容方面的规定，形成了新加坡网络“自我调节式管理”的基础。此外，2001 年 2 月，经过政府管理部门、互联网业界的协商和对用户意见的调查，一套自愿性质的行业自律规范——《行业内容操作守则》制定完成。《行业内容操作守则》主要由三方面内容组成：公平竞争、自我监管和用户服务。《行为内容操作守则》规定：对于任何采纳《行业内容操作守则》的网络服务提供商或内容提供商，必须履行以下核心义务：不得故意在网上放置不恰当的、让人反感的或是法律明确禁止的内容；采用恰当的内容分级系统，将不同的信息加以区分，标明其所属的网站；不得使用错误或误导性

的描述；尊重用户个人资料的隐私；未经对方请求不得发出电子邮件；遵守新加坡现行的广告管理标准。《行业内容操作守则》虽不具备法律的强制性，但互联网服务提供商或内容提供商一旦签署，就必须全盘接受，不得删改。

（5）电子商务税务指引。新加坡没有针对电子商务制定专门的法律文件，而是明确规定电子商务交易行为适用现行税法的基本原则。新加坡实行的是属地税制。应税所得的确定以收入是否发生或来源于新加坡，或是在新加坡收到为原则来判断。在新加坡，电子商务交易涉及的税种主要是所得税和货物和服务税。为便于从事电子商务的企业和个人更好地理解和运用相关税收规定，新加坡税务机关发布了《电子商务所得税指引》和《电子商务货物和服务税指引》。《电子商务所得税指引》中针对电子商务以下三种基本商业模式涉及的税务问题进行了明确规定：

①公司业务在新加坡，通过设在新加坡的网站从事电子商务活动，产生所得。

②公司业务在新加坡，通过设在新加坡境外的网站和分支机构从事电子商务活动，产生所得。

③公司业务在新加坡境外，通过设在新加坡的网站和分支从事电子商务活动，产生所得。

此外，《电子商务所得税指引》中还对双重征税、常设机构和预提所得税等问题进行了明确。新加坡税务局还将根据税收政策的变化，对相关规定适时进行更新，以便于纳税人掌握最新政策。

3. 政府推动

新加坡政府在电子商务的规划、立法和推广中始终起着主导和推动作用。新加坡政府认为，没有一定程度上的管理，电子商务不可能发展这么快；没有规则的贸易是危险的，但政府的职能应从垄断式管理转向提供服务。新加坡的所有电子商务活动都由政府控制，商业机构签约开展电子商务活动，可得到研究和发展应用的资金支持。政府还设立了 20 亿美元的基金用于系统建设和计算机应用的普及。新加坡政府认为，在未来的世界，政府不再是一个固定实体，而是竞争中的服务提供实体，各国政府之间是竞争关系，谁能以最好的价格提供服务，将能吸引更多投资促进当地的发展。

（1）电子政府的示范和引导作用。

新加坡被公认为电子政府建设全球领先的国家之一。新加坡电子政府的宏愿和理念是实现“多个部门，一个政府”，把公民当客户对待，以公民为本，通过轻松、便捷、整合的电子服务，提升整个社会的效率和便捷性。自2003年3月起，凡新加坡居民都可以申请一个“电子交易密码”，这是公民获得不同政府部门网上服务的通用密码，用户通过网络办理各项业务，只要记住这一个密码，就可以从不同部门得到不同服务。新加坡公民或企业在上网办理业务时，不必分别登陆各个政府站点，可通过政府的门户网站（Singapore Government Online Portal），即可实现“一站式”网上办公。新加坡的电子政府服务主要包括三个方面：

一是政府对企业的电子政务（G2B）。主要是为企业提供各种网上申请服务，搭建电子采购和招投标平台等。

二是政府对公民的电子政务（G2C）。新加坡建立了电子公民门户网站（e-Citizen Portal），为公民提供娱乐，安全、体育运动、交通运输、旅行、医疗保健、住房、就业等众多在线政府服务。

三是政府对公务员的电子政务（G2E）。主要是通过政府人力资源管理系统（People Matters Management System），为公务员提供一站式人力资源管理服务，涵盖人力资源策划、员工调查、申请休假、薪酬福利等多项服务，也为政府各部门提供了一个统一、安全、整合的信息平台，便于他们进行人力资源数据分析和人力资源策划等。

新加坡开展电子政务的原则，是始终以满足广大公众的意愿、需要和使用便利为中心，在历次国家信息化战略中电子政务都是一个重要组成部分。新加坡政府推出的个人电子税务网（my Tax Portal）、电子商务网（GeBIZ）、网上商业执照服务（Online Business Licensing Service）、贸易平台“商贸讯通”（Trade Xchange）等为民众和企业带来了极大便利，也极大地促进了电子商务和电子社区的发展。新加坡国务资政吴作栋在介绍新加坡推行电子政务经验时指出，一个国家要成功地推行电子政府服务，首先必须拥有形成良好治理的三大要素，一是保持透明度、实行问责制及确保公共服务清廉；二是持续对计划进行监管与审查；三是有意识地打破政府部门各自为政的藩篱，以一个全面政府的形式面对民众。他说“成功的电子政府服务不是单靠硬件和软件的部署就能形成的，电脑本身不能提高效率，推广宽带网络本身也不会提高生产力。只有当这些投资加上良好的治理，才能提升行政效率，并对

国民的生活产生积极影响。”

（2）强有力的组织领导和管理体制。

新加坡负责信息通讯和电子商务发展的政府机构是新加坡资讯通信发展管理局（IDA）。该局是新加坡新闻、通信及艺术部下的一个法定机构，成立于1999年12月，由原国家电脑局与电信管理局合并而成。IDA的主要职能是负责政府资讯通信相关课题及部署政府资讯通信系统的技术顾问，制定国家资讯通信发展总蓝图和政策，管制电信业，促进及发展资讯通信业及其人力资源，促进资讯通信科技在商界及社会的使用。

除资讯通信管理局（IDA）外，新加坡政府还设有政府首席资讯办公室（GCIO），通常由IDA的高级官员全权负责。GCIO的作用相当于新加坡政府的首席信息及技术官，主要行使以下职能：为政府信息化的总体规划提供技术领导，并为政府信息技术开发提供指导；为政府制定信息产业的标准、政策、指导方针及程序；开发、实施和管理整个政府的信息基础设施并将之理念化；开发、实施和管理整个政府的信息应用系统并将之理念化。GCIO还为政府各部及其他政府机构提供信息技术专业人力资源，GCIO官员被派往这些部门担任各种职务：首席信息官（CIO）、信息系统经理（ISM）、技术经理、项目经理及信息技术顾问等。

此外，为尽快实现电子经济、电子政府和电子社会的目标，2001年2月，新加坡政府成立“国家电子商务行动委员会”，由8个政府部门组成，负责协调和推动主要行业（包括制造、贸易、金融与银行、企业、传统行业、旅游、商业、运输和信贷等）的电子商务活动。

（3）加强基础设施建设提供便利条件。

新加坡一向非常重视基础设施建设。新加坡作为亚太乃至世界金融贸易中心和交通枢纽，其发达的通信、贸易、金融、航空、船运等传统产业为电子商务的发展奠定了必要的和良好的基础。随着国家信息化规划的不断实施，新加坡信息通信基础设施也在不断发展和完善。继《智慧国2015计划（iN2015）》推出之后，新加坡又实施了“下一代全国宽带网络计划”（Next Generation National Broadband Network），它是一种全国性的超高速光纤到户（FTTH）网络，最高连接速度可达1Gbps。

此外，在2006年，新加坡又推出了“无线新加坡计划”（Wireless@

SG）。目前，新加坡全国拥有超过7500个无线网络热点，覆盖机场、中心商务区及购物区。该网络现有130万用户，其中有超过42万客户每月平均用网时间超过3小时。

（4）务实措施推动企业应用电子商务。

为推动企业应用电子商务，新加坡采取了多方面的措施，包括通过各机构为企业提供便捷的、形式多样的财务援助计划，如本地企业融资计划、商务开发计划、本地企业技术援助计划、培训补助计划、公司研究奖励计划等；运用教育宣导方式协助企业了解电子商务在提高生产力与竞争力方面的效力；提供易于使用的交易方式或平台鼓励中小企业的参与；以补助等方式鼓励企业在管理与技术性专业人力培养上的投资。

以针对中小企业的资讯通信计划为例。该计划旨在帮助中小企业全面应用资讯通信技术，以降低成本、提高效率。该计划为企业提供轻松易得、安全可靠的资讯通信服务，使企业可享受一站式客户服务体验。中小企业开发的第一个网站可以享受高达2000新元的补贴。该计划自推出以来，已有超过1500家中小企业从中获益。

（5）大力培养信息技术人才。

新加坡政府认识到，要建立一个全面的电子化社会，培养人才是关键。为此，在“信息通信21世纪计划”和“智慧国2015计划（iN2015）”的指导下，新加坡大力发展世界级的学院，改进课程，吸引和留住国际人才，培养网络精英、信息化技术人才，提倡终身学习，提高人力资源的数量和质量。新加坡教育支出从以前占国内生产总值的3.6%增加到4.5%，每年增加15亿新元的教育投入。

由上面几点可以看出，新加坡这个国家的电子商务的发展良好，现在已经进入一个高度繁华的状态，并且还有很大的发展空间。这些都是因为政府的推动与人文文化的原因。

（二）新加坡的主要电子商务网站

根据淡马锡与谷歌发布的报告，到2015年，新加坡的电商市场达54亿美元（合355亿元人民币，基本相当于中国唯品会2015年的总营收），占总零售额的6.7%，这一市场估值比新加坡赌场业2015年40亿美元的估值更庞大。

下面介绍新加坡电商市场十大电商平台。

1. 奢侈品闪购平台 Reebonz

经营模式：B2C

创立时间：2009 年

平台介绍：Reebonz 为新加坡奢侈品闪购网站，该平台主要销售高端手包和奢侈品旅行包等打折奢侈品，业务涉及东南亚国家、韩国、中国、澳大利亚等地，目前 Reebonz 估值约为 2 亿美元，网站共获得融资近 8000 万美元。Reebonz 订单均免费配送，对于海外消费者，平台还承担所有海关关税和其他税费。

2. 海淘代购平台 ezbuy

经营模式：B2C

创立时间：2010 年

平台介绍：ezbuy 的前身是新加坡电商网站 65daigou，模仿中国电商网站的海淘模式，用户可以通过 ezbuy 平台购买海外电商网站的商品。目前，ezbuy 主要对接中国和美国的电商网站，扮演一个在海外电商和顾客之间的中间商的角色，负责处理商品的购买、发货以及进口等环节的各项事宜。2016 年 3 月，ezbuy 完成 2000 万美元的 B 轮融资。

3. Gmarket 新加坡分站 Qoo10

经营模式：B2C

创立时间：2010 年

平台介绍：Qoo10 为韩国购物网站 Gmarket 在新加坡的分站，是新加坡的第一大电商平台，2015 年 Qoo10 就已有 420 万浏览量。Qoo10 销售范围几乎涵盖从生活用品到电子产品所有类别。现阶段，Qoo10 支持多种支付方式，包括信用卡支付、PayPal、ENETS（新加坡的在线转账服务）和 AXS（新加坡的支付终端）。

4. 化妆品电商 Luxola

经营模式：B2C

创立时间：2011 年

平台介绍：Luxola 主要销售品牌化妆品，对于首次购买的消费者，该平台提供品牌介绍和产品讲解。除新加坡外，Luxola 还覆盖了马来西亚、泰国、文莱和印度尼西亚市场。2012 年 8 月，Luxola 获 59 万美元投资。2016 年年初，其又获得来自日本战略投资商 Transcosmos 的 1 亿美元投资。

5. 线上杂货店 Redmart

经营模式：O2O

创立时间：2011 年

平台介绍：Redmart 在新加坡提供生鲜及其他杂货网购服务，平台覆盖了 8000 余种商品。Redmart 最大的特色是自建仓储和物流，因为杂货配送相对其他商品而言更复杂，随着新业务的推进，他们重新规划物流体系，并加入第三方跑腿人。2016 年 1 月，Redmart 获得 C 轮融资，此前其还完成了 540 万美元的 B 轮融资以及 350 万美元的 A 轮融资。

6. 阿里巴巴宠儿 Lazada

经营模式：B2C

创立时间：2012 年

平台介绍：Lazada 为东南亚最大的网上销售及购物平台，业务遍及马来西亚、印度尼西亚、菲律宾、新加坡、泰国和越南。2015 年交易总额达到 13 亿美元，日均访问量达 400 万人次，入驻商家数超过 1.5 万家。2016 年 4 月，阿里巴巴以 10 亿美元入股 Lazada，2015 年 6 月，其与国内跨境电商 ERP 马帮全面对接开拓中国市场。

7. 时尚电商 Zalora

经营模式：B2C 和 C2C

创立时间：2012 年

平台介绍：Zalora 主要销售时装及美容产品，目前该平台业务已拓展至中国香港、新加坡、印尼、菲律宾、泰国、越南、马来西亚及文莱。2015 年，Zalora 获得 2.38 亿美元投资；今年年初，其宣布已签约售出平台越南和泰国业务。Zalora 的网站页面见图 32。

图32　新加坡时尚电商Zalora页面

8. 二手货拍卖商城 Carousell

经营模式：C2C

创立时间：2012 年

平台介绍：Carousell 为二手物品拍卖平台，被誉为新加坡的小 eBay。作为移动购物 APP，Carousell 已上传 50 万件商品。2014 年 11 月，该平台登陆中国台湾，经过一年的发展，2015 年年底，Carousell 社群人口数已呈现 100 倍的成长，目前，中国台湾成为仅次于新加坡的第二大交易市场。2014 年年底，Carousell 曾获得红杉资本领投的 600 万美元 A 轮融资，此前，其还获得日本乐天公司领投的 80 万美元种子融资。

9. 家居电商 HipVan

经营模式：B2C

创立时间：2013 年

平台介绍：HipVan 是一个主要卖设计的网站，产品覆盖时尚家具、配饰、艺术品、收藏品等类别。目前，HipVan 月独立访客达 15 万人，网站销售的商品超过 2 万种，订单年增长率为 370%。据悉，HipVan 成立后仅 3 个月，便获得 130 万美元的天使轮融资，继而扩张至马来西亚。2015 年，其获得来自 Skype 联合创办人等投资方的 330 万美元的 A 轮融资。

10. 东南亚第一家返现网 Shopback

经营模式：B2C

创立时间：2014 年

平台介绍：与其他电商网站不同，该网站的经营理念为：帮助电商网站达成交易并收取佣金，然后再将部分佣金回馈给消费者，主要盈利模式为佣金。在不到十个月的时间里，ShopBack 的客户已在新加坡国内外的电商门户网站上完成了 10 万多笔交易。其商品涵盖范围从时尚到餐饮、旅游和电子产品。目前，团队已经成功与诸如 Zalora、ASOS 及 Groupon 等知名零售商展开合作。

第四节　非洲：不是蜗牛也不是乌龟

当世界经济在互联网的空间里飞速发展时，非洲大陆却还是一块未开垦的处女地，处在被遗忘的角落。据统计，世界上人均电话占有率最低、计算机数量最少、通信话费最昂贵的地区，都在非洲大陆国家。

但非洲商场不足，人们购物不便，使电子商务有了很大的发展空间。迅猛发展的电子商务大大解决了实体商店不足带来的问题。非洲各国政府非常重视基础设施建设。南非、尼日利亚、埃及、肯尼亚等国交通、通信等基础设施已能够满足跨境电商快速发展的需求。

一、非洲电子商务发展概况

20 世纪 90 年代后期以来，随着互联网络的迅猛发展，以信息技术为代表的新技术革命使全球经贸活动方式发生了翻天覆地的变化。作为世界的一部分，非洲不可避免地也受到了互联网和电子商务发展的冲击，同时也希望借这个机会带动非洲经济的发展。1996 年《非洲信息社会计划》曾提出："我们已经错过了工业革命，但我们不能再错过信息技术革命。"

非洲大多数国家因贫穷落后而造成信息产业基础薄弱，但互联网在非洲的发展之快，令人不可忽视。1992 年，非洲只有南非、埃及和突尼斯 3 国可以接通互联网，但目前，非洲已有 5 个国家可以提供互联网的相关服务。非洲正以每年近 4% 的增长速度发展电信和信息技术，这一速度是世界平均增长速度的 2 倍多。随着互联网在非洲的逐步普及，电子商务的发展也有了明显起色。

2013 年非洲地区的电子商务销售额增幅甚至高于亚太地区，销售额增长近 30%，达到 270 亿美元。2015 年，非洲撒哈拉以南地区 16% 的民众有上网条件，互联网在非洲潜力巨大，预计 2025 年，非洲在线销售总额将超过

750亿美元。虽然目前这一地区总体规模相对较小，是全球最小的电子商务市场，但是前景可观，值得期待。电子商务无疑将会给非洲国家带来新机遇。

（1）电子商务与信息网络结合，形成一种无国界、无疆域的世界性商业活动，在任何国家和地区，电子商务的商业活动方式都是一样的，这就为非洲国家参与全球经济提供了新的手段，有助于减少非洲国家开展国际贸易的壁垒。

（2）互联网通信技术与其他技术相比，投资较少，正外溢性大，有利于非洲国家在试行中逐步学习和适应。尤其是通信技术的某些要素，如软件，很容易通过调整以适应非洲国家的特殊环境，这就为非洲国家经营和贸易转型提供了基础。

（3）非洲国家要获得持续经济增长，其根本驱动在于提高生产率，而先进信息技术的发展及其在经贸活动中的应用有助于非洲国家提高劳动生产率。由于生产力提高的主要动力来自技术进步，而最先进的网络技术及有关商务应用软件可在国际市场上向发达国家购买，并容易被移植，因此，非洲国家在这方面具有后发优势，有助于非洲国家在技术上缩小与发达国家之间的差距，而信息技术发展又为非洲国家的电子商务应用提供了强有力的基础。

（4）全球网络为非洲国家企业进入国际市场提供了便利，能够减少企业谈判签约、实施交易的成本，有助于改善非洲国家在全球价值链中的地位。

尽管电子商务在非洲的快速发展是显而易见的，但由于非洲国家经济基础较差，硬件设备缺乏，使用互联网的规模不大，而且网络的使用费用高于世界其他地区，使得电子商务在非洲的发展依然面临一定的制约条件。

根据联合国贸易与发展会议2006年公布的数据，若在非洲地区拨号上网5小时，平均费用约为30美元（该费用仅为网络使用费，不包括电话费），相比之下，同样地拨号上网，美国的资费却是每月10美元，法国的为30欧元（不到该国法定月最低工资的2.5%），德国为31欧元。费用问题反过来又阻碍了网络使用规模的进一步扩大，形成恶性循环。因此，非洲互联网使用程度总体仍比较低。

除了电子商务应用必须有一定上网人数外，在企业实施电子商务策略所需要的物理环境方面（如相关互联网服务、电信和电子支付系统）、在与从事电子商务的技能基础和发展能力有关的教育机构资源和人力资源方面等都存在一定缺失，这些方面的条件共同制约了非洲电子商务的发展。统计结果显示，2002 年加纳有 85% 的企业具备互联网接入条件，35% 的企业拥有自己的网站，但只有 16% 的企业使用电子商务开展业务。根据联合国非洲经济委员会提供的数据，全非洲 2002 年在线交易总额仅为 40 万美元，电子商务交易额约为 5 亿美元（南非占 8% 的份额）。

非洲国家发展电子商务所面临的挑战不容忽视，我们可以从外部和内部两方面来评析。

从外部条件看，数字网络的正向效应需要时间积累，到目前为止，美国是唯一一个网络技术投资与经济增长具有强劲正向关系的国家，这意味着非洲国家要经过相当长的时间，才能得到网络技术及电子商务投资的有益成果。而且，虽然互联网增大了企业相互间作用的范围与规模，但发达国家企业为保护自己在电子商务上的既得利益，仍可在某些条件下选择封闭性专用网，非洲国家生产商依然有可能被锁定于封闭的贸易网络。另外，尽管基于互联网的开放性贸易使交易成本降低，生产率提高，但非洲国家企业其他方面的成本可能会提高，比如非洲国家生产企业要满足发达国家购买者提出的新的质量、交货时间标准而提高的费用，以及企业维护网络、人员培训、组织变迁新增的成本。

从内部环境看，非洲国家发展电子商务也存在以下几方面的问题：

（1）在政策环境方面，根据联合国相关调查显示，大多数非洲国家正处于电子商务策略和信息技术政策建立的初级阶段。迄今为止，除了南非，其他非洲国家均未建立电子商务相关法律（涉及数字签名的合法化、数据库网络犯罪、隐私保护、版权问题、安全等）。

（2）在基础设施方面，虽然互联网接入在非洲大多数国家都是可利用的，但它仍依赖于特小口径 VSAT，这种状况直接影响了非洲互联网国际性宽带成本，并可能承受随时中断的风险。而且互联网接入的质量（数目、可靠性、性能、网络技术服务商服务的范围和成本）存在着很大的地区差异，如坦桑尼亚首都达累斯萨拉姆，能提供无线上网服务，而埃塞俄比亚首都亚的斯亚贝巴则存在限制接入、排长队等候、宽带接入率低和高费用等问题。在电信服务和通信质量方面，虽然大多数位于城市地区的企业目前已具备某种形式的电信服务——固定电话或无线电话，但质量和稳定性在不同地区以及城乡之间也有很大差异。

（3）在金融服务方面，实施电子商务需要支付与结算，这就需有高质、高效的金融服务及其电子化的配合。但大多数非洲国家的银行基础设施并不适于电子商务，银行没有电子化的相互接入，甚至同一银行的分支机构间也没有联网。联合国进行的一项《最不发达国家电子商务》调查显示，在非洲，只有莫桑比克的一家银行有网上银行服务；乌干达的一家银行使用灵通卡，其他没有任何一家银行具有国内电子化支付清算系统。此外，所有受调查的最不发达国家都有不同程度的外汇交易和银行管制，如限制接入外国电子商务服务、没有传统支付担保——如信用证就不能开展货运业务、禁用加密技术等，这些都影响了这些非洲国家针对国际市场的电子商务的应用和发展。

（4）在信息网络安全方面，一个安全的电子商务系统，首先，必须具有一个安全、可靠的通信网络，以保证交易信息安全、迅速地传递；其次，必须保证数据库服务器安全，防止黑客闯入网络盗取信息。对于非洲国家来说，网络产品几乎都是“舶来品”，本身就隐藏着安全隐患，加之受技术、人为等因素的影响，不安全因素更显突出。

（5）在教育机构资源和人力资源方面，非洲一些国家的大学设立了计算机科学系，并在一定程度上关注互联网、信息技术和电子商务问题，如在坦桑尼亚、乌干达、埃塞俄比亚等国的大学中，政府均设立了有关信息技术和电子商务的课程。但从总体看，非洲国家这方面的教育和培训远未达到电子商务发展所需要的普及程度。

面对这些机遇与挑战，非洲政府正为其努力做出改善，分别结合上网人数、企业实施电商策略、经济资源和人力资源等方面解决这些问题。2009 年，加纳等 10 个非洲国家共同签署协定，成立“泛非电子商务联盟”，这是由联合国非洲经济委员会（UNECA）发起的一个新的 ICT 项目。该联盟的成立在非洲大陆尚属首次。已签约加入的 11 个非洲国家分别是：喀麦隆、塞内加尔、科特迪瓦、刚果（金）、加纳、摩洛哥、加蓬、利比亚、多哥和肯尼亚。未来数月内，还将有更多的非洲国家加入。该联盟的宗旨是深化成员国和次地区国家的合作，在非洲大陆建立“同一窗口”，鼓励非洲的贸易商们使用同一电子平台进行在线交易，减少纸张的浪费。此前，塞内加尔、突尼斯和毛里求斯等国已经开始使用类似的电子平台，大大缩减了这些国家的货物清关时间。该联盟希望通过把非洲国家各自的电子贸易窗口整合起来，构建一个支持非洲各国电子窗口间实现信息交换的平台，促进非洲国家的电子商务发展，同时也帮助各国进一步完善本国的电子贸易窗口。

除了政府方面，企业层面也为开展电子商务努力作出贡献，主要分为下列几类：

（1）通过建立一个用户群开展服务，如“生活在非洲”网站。

（2）提供相关产品和国家的信息。

（3）沟通建立一个代理网络系统，如埃塞俄比亚一家饭店的网络系统，帮助销售或者推动销售和营销。联合国非洲经济委员会在题为《后非洲的发展论坛：非洲的电子商务》的报告中，介绍了多哥名为“咖啡信息技术”的呼叫中心。该中心雇用了 5 位当地人员，在互联网上为它在美国的客户提供呼叫中心服务。来自非洲当地的即时服务是该中心明显的优势，该中心已从一家美国的大型电话公司获得了一份试验性合同。另据肯尼亚《旗帜报》报道，非洲最大的咖啡生产国埃塞俄比亚拟建立一家电子商品交易所，并将很快投入试运营，以促进其主要农产品贸易，交易商品将包括咖啡、芝麻、玉米等 6 种农产品。

整个非洲电子商务的发展具有基础薄弱、势头迅猛、区域失衡的特点。在 2003 年年底，非洲国家使用互联网水平居前四位的依次是南非、毛里求斯、塞舌尔和阿尔及利亚，约占非洲互联网用户的 8% 以上。从非洲大陆整体看，又存在南北强、中间弱的现象，仅以互联网用户人数为例，南非与埃及两国的用户总数就超过了全非洲大陆用户总数的一半以上。非洲国家在发展电子商务方面，需要根据非洲本地发展的特色，将其合为整体来处理工业化与信息化的互动关系，并增强自主发展的能力。

联合国曾在《2003 电子商务与发展报告》中研讨了发展中国家在农产品出口方面应用电子商务的程度。该报告认为，农产品在包括非洲国家在内的发展中国家经济中起到关键作用，既能带来收入，又能创造就业机会。但这些商品的价格往往不稳定，而且销售所得被许多贸易商和加工商分享。利用电子商务不仅能使生产者获取更多的市场信息，避开众多的中间商直接销售，还可以使生产者以较低的交易成本进入全球市场。该报告还以肯尼亚企业组织的“咖啡在线”拍卖为例，认为使用互联网销售咖啡、茶叶等农产品是一种比较新的经营模式，是信息技术与传统销售方式的成功结合。

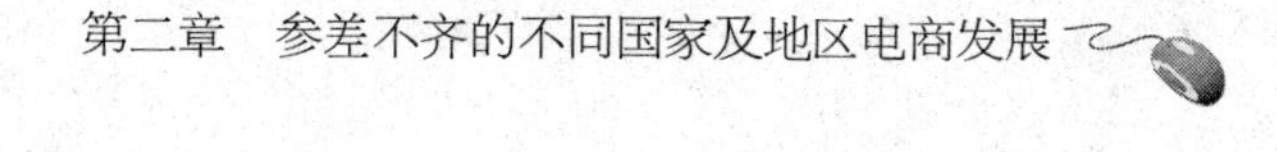

由此可见，非洲国家发展电子商务必须要有自己的思路，寻找适合自己发展的道路。不同国家需要制定和实施适合本国国情的可持续发展战略，针对本国的特点，积极开拓具有特色的电子商务模式，包括旅游电子商务、手机电子商务、网上博览会、矿业投资信息平台等。

二、南非的电子商务

自 2009 年以来，南非电子商务市场保持着 30% 的增长速度。面对着蓬勃发展的线上市场，南非各大零售商纷纷试水电子商务，或做内贸电商，或涉足外贸电商。

目前，南非电子商务在整个零售业中的份额仍然有限，而南非经济总量庞大，人口规模较大，因此其电子商务领域具有巨大的潜力。

2013 年圣诞节、新年等节日来临之前，南非著名零售集团 Mr Price Home 正致力于升级其电子商务网站。就市场价值而言，Mr. Price Home 是南非第三大服装零售公司集团。2012 年，集团初次试水电子商务，启动了网上交易平台 “Mr Price Apparel’s”。接着，又运行了面对国际市场的电子商务平台 mrp.com。

Mr Price Home 集团国际电商网站的主要顾客来自新西兰、英国、澳大利亚和美国等国家，网站将货物卖到全球 71 个国家。同时，南非本土市场的销售额也增长得很快。目前，Mr Price Home 集团所有的国际订单发货都由位于比勒陀利亚市的电子商务配送中心完成。

Mr Price Home 公司表示，其网上订单的送货服务分两种：经济型和特快型。

所谓经济型送货服务，即通过顾客所在地的当地快递服务公司送货。根据顾客所在国家的不同情况，或者由快递公司送货上门，或者由顾客到就近的快递服务点自提货物，这是目前顾客最容易负担的送货方式。

所谓特快型送货服务，即直接送到顾客选定的地址，家里、工作场所，或者其他任意指定的地点。

Mr Price Home 集团电子商务平台的良好销售情况，是全球电子商务蓬勃发展的一个缩影。对许多非洲国家来说更是如此，它们的房屋建设和基础设施建停滞不前，物业租金太高，导致零售行业发展速度缓慢，电子商务是解决这一问题的良好出路。

另一零售集团 Woolworths 的在线顾客数量在 2012 年翻了一番，2013 年 6 月，集团大规模整顿和修改了其电子商务网站，如今其网站看起来令人耳目一新，并且具备了许多新的功能。

Woolworths 集团的电子商务加强网站建设，使顾客在网站的购物过程变得更加简单，同时线上和线下商店实现无缝对接，并可以在任何时间、地点，通过各类设备登录网站快捷地购物。

按照国际标准，南非的电子商务规模目前相对较小。南非有大量忙碌而无时间逛街购物、同时又热衷于互联网的消费者，因而电子商务的便利性赢得了大众的支持。

如今，越来越多的南非零售商摩拳擦掌，纷纷投资电子商务，以图赢得更多的市场份额。

研究机构 World Wide Worx 披露的报告表示，南非零售行业的电子商务市场自 2009 年开始，年增长率持续保持在 30% 左右。

业内人士表示，随着消费者的鉴赏能力越来越高，同时做电子商务的商家也越来越多，竞争不可避免地将会增加，因此零售商们应制定行之有效的电子商务发展战略，才能在竞争中立于不败之地。

南非人很擅长对比价格，网购趋势越来越明显。越来越多的南非人在谈论宽带费用，但是按照现在的趋势来看，选择智能手机和平板电脑进行网购的人将会越来越多。

业内专家表示，随着南非电子商务日益发达，有些国际品牌将更容易进入南非市场。在历史上，南非是一个较为保守的市场，如果一个海外零售商不通过收购一个本地零售公司而单枪匹马地进入南非，想要站稳脚跟那是异常艰难的。

但如今，电子商务的发展帮助外国零售品牌可以顺畅地打入南非市场。比如，Zara 已经在南非开了四家店，但是陷于相对孤立的状态，故而业绩平平，但是随着电子商务的发展，它具有在南非再开张 10 家旗舰店的潜力，同时这些店又将反过来推动其网上业务的发展。

越来越多南非人开始网上购物，而且购物种类不断丰富，从最初的书籍、DVD 等扩大到后来的高价值商品，如电子产品，这些商品都是送货上门。

南非经济总量大，人口规模较大，零售市场庞大，而目前南非电子商务

在零售总额中所占份额仍然比较有限，因此电子商务的发展空间仍然很大。

三、科特迪瓦的电子商务

eBay 和阿里巴巴虽然是全球首屈一指的电子商务平台之一，但很多非洲居民对其并不太了解，甚至有人从来没听说过。然而，非洲很多国家已拥有在自己国内较大的电商平台，以科特迪瓦为例，当地不少人都知道 kaymu 电商网站。

kaymu 是非洲互联网控股公司在德国 samwer 兄弟以及火箭互联网（rocket internet）支持下所推出的电商平台。kaymu 成立时间只有两年，虽然比不上阿里巴巴和 eBay 网的名气，但现在已经在全球 25 个国家都开展了电商业务，其中有 15 个是非洲国家。目前，科特迪瓦的电商市场上还有其他电商平台，如 jumia、wasiri、sigata、非洲亚马逊等。kaymu 于 2014 年年初在科特迪瓦开展业务模式，科特迪瓦的很多用户意识到电商平台将给其带来好处，kaymu 发展迅速，成为在科特迪瓦的领军式电商平台。

据英国 BBC 新闻消息，kaymu 首先在一个位于科特迪瓦首都阿比让最大的批发市场——adjame 里招募在网上的卖家。adjame 市场琳琅满目，服装、水果、珠宝、洗衣机等种类繁多，但商品挤压在一个个小小的摊位里，水泄不通。商贩都是做批发生意的，奉行着薄利多销的经营策略，市场上的利润空间很薄。批发商们从迪拜、中国等地用一个个集装箱进口了大量商品，然后运到这个批发市场销售。

kaymu 平台将帮助他们在网上直接将商品销售给终端消费者，免除了中间流通环节，因此利润大大提高。在搜索引擎内输入“kaymu”时，页面弹出的是 kaymu 尼日利亚网站。由于此类电商在非洲起步不久，与国内的淘宝等网站不同的是，kaymu 对于买家的吸引和卖家的推广似乎更加直接和抢眼。首先，kaymu 尼日利亚网站页面的左右两侧，分别用显眼的蓝色条框标注，现在，在 kaymu 销售 / 购买只需三步：第一步，单击；第二步，注册；第三步，销售 / 购买。这对于部分不熟练互联网零售的非洲用户来说，提示简单，操作便利，不会让消费者因技术困难而放弃操作，无疑形成了一种销售或购买的吸引力。其次，页面的最上方，醒目地标注出与 kaymu 网站的合作用户，直接对该平台的卖家进行推广。最后，在介绍了诸如服装、珠宝等产品的下方，kaymu 网站还特意占用部分界面用文字来进行阐述：在尼日利亚 kaymu 网站购买，让你淘到物美价廉的商品；在尼日利亚 kaymu 网站销售，现在就开始赢利了。

目前，adjame 批发市场现在约有 200 家卖家在 kaymu 平台上进行销售，kaymu 会帮助卖家在网站发布产品图片、安排商品以及协助送货，每售出一单，将抽取 10% ～ 20% 的佣金。科特迪瓦的中等收入人群不断壮大，他们熟悉电脑并喜欢网购，希望以实惠的价格在网上购买到新产品。此外，科特迪瓦的传统私营经济很活跃，同时手机和互联网的渗透率较高，这大大推动了电子商务在当地的发展。

而且，与非洲相关的互联网服务商几乎都在同步传送当地媒体和政府发布的信息，这为外界了解非洲以及非洲国家之间互通信息创造了条件，推动着非洲经济的一体化进程。联合国工业发展组织在其召开的一次会议上宣布，该机构将实施专项计划，帮助非洲的中小企业更好地利用信息通信技术，提出非洲 10 年内将出现巨大飞跃，成为推动地区经济的技术创新能力和竞争力。专家预计，互联网在 21 世纪将成为非洲经济发展的新引擎，并将为非洲最不发达国家摆脱“信息贫困的恶性循环”提供助力。

四、肯尼亚的电子商务

2010 年，沃达丰与肯尼亚本土运营商 Safaricom 已经在肯尼亚成功开通了移动电话支付业务，有近 100 万居民办理了该业务。

根据研究报告指出，在肯尼亚或南非这样的国家，用户更倾向于使用电子商务和移动电子商务进行交易，46% 的肯尼亚用户和 43% 的南非用户分别通过移动网络、固定网络和电话进行远程购物。这可能是因为用户对在线交易的信任程度和接受程度在提高，而且已经做好准备并且愿意进行交易。据调查，远程购物中最受欢迎的商品就是下载商品和虚拟商品，25.99% 的南非人和 30.13% 的肯尼亚人购买过这些商品。

许多肯尼亚用户要求享受更多的移动电子商务服务。鉴于肯尼亚拥有一个成功的手机银行平台，这可看作消费者接受推广教育的成效，也说明消费

者对手机银行更多的认识能带来更广阔的需求。

在肯尼亚和南非的用户需求列表中，其他移动电子商务服务还包括购票（电影、交通），购买杂货和支付餐馆账单。这为银行提供了许多机会，可以和影院、连锁超市，甚至是快餐店或餐饮设施等商家进行业务合作。

M-Pesa（一种移动支付系统）于 2007 年在肯尼亚推出，全国各地包括农村地区的用户，共有 600 万人使用这个系统。通过这个系统转账资金达 1353.8 亿肯尼亚先令，相当于 18 亿美元（约为国内生产总值的 5%）。

M-Pesa 一经推出，迅速超越了传统银行，在肯尼亚的 3700 万市民中赢得了 1000 万的用户。现在 M-Pesa 又进入了南非，它将面对来自同类服务的激烈竞争。非洲人喜爱和手机相关的事情，是 M-Pesa 在肯尼亚和越来越多国家成功的关键。

2007 年 3 月 6 日，Safaricom 公司在非洲推出了第一个移动支付计划。四年前，这家移动运营商在肯尼亚推出了 M-Pesa。此后包括其在肯尼亚的竞争对手在内的其他移动运营商在几个非洲国家相继推出了这项服务。手机支付服务已经在南非、马达加斯加、乌干达、科特迪瓦、塞内加尔和坦桑尼亚等国陆续推出，比如，Orange（法国电信公司）在科特迪瓦、Telma（马达加斯加电信公司）在马达加斯加及 MTN（南非电信公司）在乌干达相继推出该服务。

看起来，M-Money（移动支付）服务带来了相当大的需求和强劲的市场。在 M-pesa 开始运营的前四个月，Safricom 公司在肯尼亚设立了手机支付系统，赢得了超过 1600 万的客户。

非洲电商巨头 Jumia 表示，2014 年，Jumia 在肯尼亚的销售额增长了 900%，其在肯尼亚的主要竞争对手是当地的实体超市。与此同时，公司的业务扩张到纳库鲁（Nakuru，肯尼亚城市）和蒙巴萨岛（Mombasa，肯尼亚第二大城市），并签署了一系列主要合作协议。

五、加纳的电子商务

加纳位于非洲西部、几内亚湾北岸，西邻科特迪瓦，北接布基纳法索，东毗多哥，南濒大西洋。从信息和通信技术发展的角度看，加纳的电子商务市场具备充分的部署条件。

据加纳《时报》报道，国际电信联盟（ITU）最新数据显示，目前非洲大陆无线通信技术发展迅猛，移动电话用户量增至1亿人，即每11个非洲居民中就有1人使用移动电话。非洲大陆已经成为全球移动通信发展最为迅速的地区。因此，通过移动电话获取信息、开展在线交易、转账和娱乐消费等业务在非洲将逐渐成为一种趋势。

全球搜索引擎巨头谷歌于2010年在加纳开设了第一个办事处，标志着谷歌正式落户加纳，这是谷歌在南非、肯尼亚、坦桑尼亚、卢旺达、尼日利亚、埃及之后落户的第七个非洲国家。

作为谷歌在加纳的业务组成部分，谷歌目前已与除沃达丰以外的移动电话运营商合作，在其聊天视窗平台中免费为加纳用户提供短信息发送业务，从而建立起了移动电话与电脑网络之间免费沟通的桥梁。谷歌加纳办事处负责人伊斯特莉·苏娃称，该业务为非洲人民量身定做，而加纳是第一个享受该项服务的非洲国家。这为加纳的电子商务发展带来巨大的推动力。

加纳不断鼓励采用电子商务。为了达到这一目标，在面对资源限制，考虑到自身发展水平以及信息通信技术渗透的状况下，加纳目前正试图总结和建立一套关键的立法程序——专注于电子合同与电子签章的应用体系。在加纳，两个飞速发展的电子商务类别是B2B和B2C电子商务交易。第一类，是B2B电子商务交易，适合那些相互之间有经常性交易的贸易伙伴以及没有任何信用证明并且不希望合同中出现消极条款的交易对象。第二类，B2C电子商务交易，其目标对象是消费者大众。同时，加纳在B2C电子商务交易中也提出了一些重要的政策，在实践中提供了一些解决办法。

在加纳，有一个成功弥补该国电子商务支付机制缺陷的例子：2008年该国全球电子支付体系eTranzact系统的使用。因此，加纳人有足够的能力参与到电子商务中，并且能够通过移动手机和网络进行转账业务和账单支付业务。综上所述，在ICT和电子商务方面，加纳的发展远远领先于大多数其他非洲国家。加纳的经济将通过电子商务被迅速拉动，不断追赶那些在ICT领域具有领先水平的国家。

从全球市场来看，非洲的发展潜力不错，问题是成为先驱还是先烈是开拓非洲电子商务市场值得考虑的事情。这个市场的培育周期有多长、投入成本有多大，更关键的是，创业者所投入的会不会轻易被本土企业复制，然后被打倒。

第三章 中国：一只在电商路上奔跑的兔子

电子商务起源于美国，发展在中国。数据显示，中国 1997 年互联网的国际出口带宽为 25.4Mbps，截至 2013 年 12 月，中国网络国际出口带宽达到 3406824Mbps，17 年增长了 134127 倍，年均增速 78.9%。1997 年 10 月，中国网民 620 万人，截至 2015 年 12 月，我国网民规模达 6.88 亿人，18 年增长了 110 倍。与此对应的是 1997 年中国电子商务从零起步，截至 2015 年年底，中国电子商务交易总额达 20.8 万亿元。中国电子商务的发展速度无论如何形容都不过分。

第一节　中国电子商务快速发展的精彩历程

十年磨一剑。从试探、磨砺、萧索、蓬勃，再到遍地开花，曾经在人们眼中“虚无缥缈”的电子商务，已深刻颠覆了人们的生产、生活方式，蜕变出8000多万的“网商”与多达半数的网民消费群体。

我国电子商务的发展始于20世纪90年代初，1999年年初，数字化的布道者尼葛洛庞帝来到了中国，不失时机地指出了席卷全球的电子商务浪潮：“我预计到2000年，电子商务市场是个1万亿美元的市场，这个数目比人们估计的数目多5倍。”此时，在中国互联网肥沃的土地上，这一领域刚刚开垦。

数据显示，1997年中国互联网的国际出口带宽为25.4Mbps，截至2013年12月，中国网络国际出口带宽达到3406824Mbps，17年增加134127倍，年均增速78.9%。

1997年10月统计数据，中国网民620万人，截至2015年12月，我国网民规模达6.88亿（见图1）。与此对应的是1997年中国电子商务从零起步，截至2015年年底，中国电子商务交易总额达18万亿。这就是中国电子商务的精彩和神奇。下面我们来看看中国电子商务是如何“聚变”的。

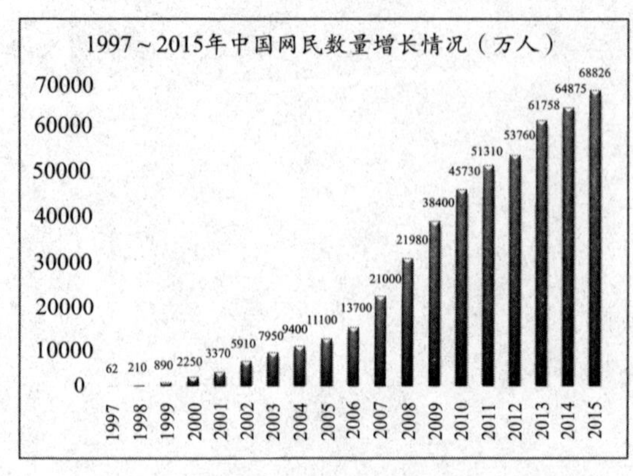

图1　1997～2015年中国网民数量增长情况

一、萌芽与酝酿期（1997～1999年）

1997 年，中国化工信息网正式在互联网上提供服务，开拓了网络化工的先河，是全国第一个介入行业网站服务的国有机构。

1997 年，“易贸通”推出“Tradeeasy.com”B2B 贸易入门网站。作为专业从事国际贸易推广的先驱——易贸通，一直在努力地搭建中国出口商和海外买家的桥梁，从欧洲到美洲，从亚洲到中东，易贸通一直不遗余力，为全球超过 35 万买家会员以及超过 1 万家出口商会员提供贸易促成服务。见图 2。

图2　易贸通网页

1997 年 12 月，中国化工网（英文版）上线，成为国内第一家垂直 B2B 电子商务商业网站。所谓的垂直 B2B 就是指上游和下游，如 Cisco 与其分销商之间进行的交易就是生产商与下游的经销商形成的买卖关系。

1998 年 10 月，美商网（又名“相逢中国”）获多家美国知名风投的千万美元投资，成为最早进入中国 B2B 电子商务市场的海外网站，首开全球 B2B 电子商务先河。

1999 年 8 月，邵亦波和来自哈佛的校友创办国内首家 C2C 电子商务平台“易趣网”，是主打海外代购的电子商务网站。

1999 年 5 月，“中国电子商务第一人”王峻涛创办“8848”涉水电子商务，并在当年融资 260 万美元，标志着国内第一家在线销售的 B2C 电子商务网站诞生。

8848与移动、电信、银行、跨国公司等大量企业有深厚的合作伙伴关系，开发、外包或协助运营了多个电子商务平台。在1999～2000年的两年多时间里，8848飞速成长，公司在对企业客户、消费者及经销商的网上销售及渠道销售方面取得了显著的成就、积累了丰富的经验。

1999年，马云在杭州城郊湖畔花园建立了阿里巴巴电子商务网站。其寓意来源于阿拉伯的一则故事：强盗们把抢来的财宝放在一个山洞里，并上了锁。阿里巴巴知道了这个开锁秘密，带领大家来到宝藏的大门前，念句“芝麻开门”，结果门就大开了。阿里巴巴，意指通向财富的大道。

在一间用报纸糊墙的简陋房子里，马云对全体员工开始了一番创业演讲：“第一，我们要建立一家生存80年的公司；第二，我们要建立一家为中国中小企业服务的电子商务公司；第三，我们要建成世界上最大的电子商务公司，要进入全球网站排名前十位。”

这种为商人与商人之间实现电子商务的服务很快引起美国硅谷和互联网风险投资者的关注。“东方的智慧，西方的运作，全球的大市场”使阿里巴巴获得了高盛等著名风险投资机构的500万美元投资，创造了一个网站一分收入没有而每日品牌增值100万元的奇迹。

1999年6月，《数字化经济》一书在8848首发，成为中国网上首发图书第一例。

1999年9月6日，中国国际电子商务应用博览会在北京举行，是中国第一次全面推出的电子商务技术与应用成果大型汇报会。

1999年12月，建设银行在京宣布推出网上支付业务，成为国内首家开通网银的国有银行。

1999年，中国网库推出“中国网络黄页”，并在全国各地开通了地方114网，并以各地114网为基础为企业提供网络信息化应用等全套服务。

1997～1999年，中国的电子商务从一个概念变成一支新兴的商业力量，对传统商业带来了巨大的冲击，改变了个人创业的模式。带动了物流、支付等诸多相关行业的变化和发展，对国内整个商业格局产生了重大影响。

中国电子商务经过两年的发展，截至1999年电子商务交易总额达到了200亿元。对于从零开始的中国电子商务，这是一个了不起的成绩。

二、冰冻与调整期（2000～2002年）

2000 年新年春节前后的旺季，中国 B2C 电子商务迎来了第一个节日网购销售高峰。

2000 年 4 月，于 1992 年成立的慧聪国际推出了慧聪商务网，即现在的慧聪网。慧聪网是国内领先的 B2B 电子商务服务提供商，依托其核心互联网产品买卖通以及雄厚的传统营销渠道——慧聪商情广告与中国资讯大全、研究院行业分析报告，为客户提供线上、线下的全方位服务。

2000 年 5 月，由联想和金山共同投资组建的卓越网成立，其主营音像、图书、软件、游戏、礼品等流行时尚文化产品，是我国早期 B2C 网站之一。

2000 年 12 月，软银投资 2000 万美元与阿里巴巴结盟。

电子商务是个需要激情的行业，同时，更需要理性。急速膨胀的互联网企业体会到了什么是冰火两重天——你可能明天醒来发现自己坐在财富的巅峰，也可能今夜睡去就永远被市场抛弃。这也许就是资本的力量，或者从更本质上说是互联网的力量。

2000 年下半年，打算进行全球扩张的阿里巴巴遇到了其发展过程中最艰难的时期之一，马云决定收缩，“回到中国”。他说：“我熬也要熬过这个冬天，我爬也要爬过去，跪着也要活下来。”

2001 年 7 月 9 日，中国人民银行颁布《网上银行业务管理暂行办法》，该办法的颁布是为了规范和引导中国网上银行业健康发展，有效防范银行业务经营风险，保护银行客户的合法权益。

2001 年 11 月，中国电子政务应用示范工程通过论证，这标志着中国向“电子政府”迈出了重要一步。

2002 年 3 月，全球最大网络交易平台 eBay 以 3000 万美元的价格，购入易趣网 33% 股份，及时的融资，让邵亦波度过了最艰难的泡沫破裂时刻。

2002 年 9 月，王峻涛创办 6688 电子商务网站，6688 与 8848 相似，都是与移动、电信、银行、跨国公司等大量企业有深厚的合作伙伴关系，开发、外包或协助运营了多个电子商务平台。

2002 年 10 月，阿里巴巴实现了全年收支平衡，年底实现全年盈利。与此同时，当当、卓越、贝塔斯曼的网上书店之争日趋激烈，同属旅游电子商务领域的青旅在线、亿龙网、携程网之间也展开激烈竞争，掀起了不小的波澜。一场又一场缘起于低价之争的厮杀，吸引着网民们的眼球。

2000 年，中国电子商务交易总额为 700 亿元，较上年增长 250%。

2001 年，中国电子商务交易总额为 1200 亿元，较上年增长 71%。

2002 年，中国电子商务交易总额为 1900 亿元，较上年增长 58%。

三、复苏与回暖期（2003～2005年）

2003 年 5 月，一个叫“SARS”的幽灵悄悄潜入我国，瘟疫造成的恐慌在人们心中蔓延，也打乱了正常的生活与商业活动。但是，电子商务却在这场灾难的特殊时期得到了长足发展。由于人们足不出户，很多正常的交易和商务活动被打断，网络交易成为最受青睐的交易手段。

这一年，各 B2B、B2C 电子商务网站会员数量迅速增加，并且部分实现赢利，C2C 也由此酝酿变局。电子商务当年达成交易的企业占总数的 42%，业绩逆势上升的企业达 52%。

2003 年 5 月，看准了历史机遇的阿里巴巴集团投资 1 亿元成立淘宝网，进军 C2C。随后几年内，淘宝网逐渐改变国内 C2C 市场格局，而网购理念与网民网购消费习惯也进一步得到普及。

2003 年 6 月，美国在线交易网站 eBay 宣布向易趣网追加投资，支付 1.5 亿美元现金购买易趣美国公司剩余股份，国内最大 C2C 企业由此被外资全盘并购。

2003 年 10 月，当时国内最大的 B2C 电子商务网站卓越网宣布以两成的股份，从美国老虎基金融到了 5200 万元。

一个细节也许可以印证当时资本对电子商务的宠爱：在与老虎基金就投资价格展开谈判时，卓越网有关负责人开出了 5000 多万元的价格，没想到老虎基金的人一口应允，毫不还价。事后，境外投资家给出的评价令卓越网高层大跌眼镜——即便开价 2 亿元，老虎基金也很可能接受。

与此同时，阿里巴巴推出“支付宝”，致力于为网络交易用户提供基于第三方担保的在线支付服务，正式进军电子支付领域。

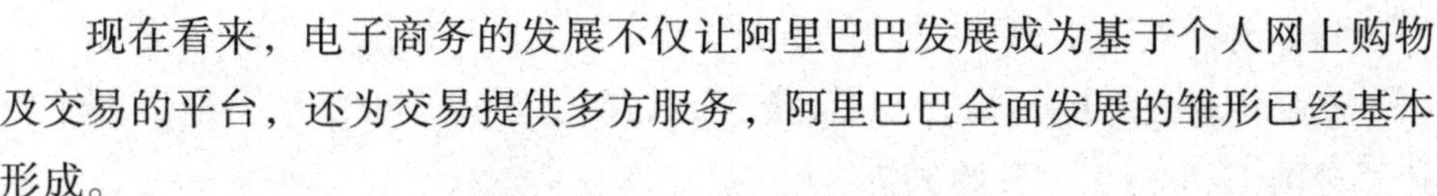

现在看来，电子商务的发展不仅让阿里巴巴发展成为基于个人网上购物及交易的平台，还为交易提供多方服务，阿里巴巴全面发展的雏形已经基本形成。

2003 年 12 月，慧聪网（08292-HK）在香港创业板上市，为国内 B2B 电子商务首家在香港创业板上市的公司。

同时，携程旅行网在美国纽约纳斯达克股票交易所正式挂牌交易，成为自新浪、网易、搜狐之后又一个在纳斯达克成功上市的中国公司。

2004 年，阿里巴巴集团与英特尔合作建设中国首个手机电子商务平台。

2004 年 4 月 14 日，eBay 总裁梅格·惠特曼来到中国，表示“eBay 将继续投资培育中国电子商务的未来”，同时发布新标识“eBay 易趣”。eBay 之所以在中国投入了在美国本土之外最多的资金和精力，很大程度上缘于惠特曼的预测：2007 年中国电子商务的发展速度将是全球平均速度的四倍，随着本地贸易以及海外贸易的不断增大，未来的 10 ～ 15 年，中国将成为 eBay 全球最大的市场。

2004 年 6 月，“第一届网商大会”在杭州举办。

2004 年 8 月，亚马逊以 7500 万美元协议收购卓越网，收购后经营的产品并无改动，都是以图书、音像、软件、影视为主。

2004 年 8 月 28 日，十届全国人大常委会第十一次会议表决通过了《中华人民共和国电子签名法》，于 2005 年 4 月 1 日起施行。

电子签名是指数据电文中以电子形式所含、所附用于识别签名人身份并表明签名人认可其中内容的数据。通俗点说，电子签名就是通过密码技术对电子文档的电子形式的签名，并非书面签名的数字图像化，它类似于手写签名或印章，也可以说它就是电子印章。其法规颁布的直接目的是为了规范电子签名行为，确立电子签名的法律效力，维护各方合法权益；立法的最终目的是为了促进电子商务和电子政务的发展，增强交易的安全性。

2004 年，由温家宝总理主持的信息化领导小组第四次会议，通过了《关于加快电子商务发展的若干意见》。

同年年底，刚刚涉足电子商务不到一年的刘强东也面临着新的抉择——继续原有策略做线下连锁店，还是放弃线下专心做网上销售？当时京东 90% 以上的利润来自连锁店，网上业务几乎不赚钱，但订单的月复合增长率达到26%，以每年16倍的速度增长。

刘强东决定“赌一把”：放弃连锁，做网上零售。2005年上半年，他关掉了全国12个门店，开始了新的战斗。

2005年2月，支付宝推出保障用户利益的“全额赔付”制度，开国内电子支付的先河；对于使用“支付宝”而受骗遭受损失的用户，支付宝将全部赔偿其损失。“你敢用，我就敢赔”，主动全额赔付以保障用户利益，是国内电子商务网站的首例。这一制度显示了阿里巴巴解决电子商务支付问题的决心以及对“支付宝”产品的绝对信心。

2005年4月1日，《电子签名法》正式施行，奠定了电子商务市场良好发展态势的基础，也是中国信息化领域的第一部法律。

2005年4月18日，中国电子商务协会政策法律委员会组织有关企业起草的《网上交易平台服务自律规范》正式对外发布。

2005年8月，阿里巴巴收购包括雅虎中国的门户网站、搜索技术、通信、广告业务、3721网络实名服务以及一拍在线拍卖所有资产，雅虎出资10亿美元换取阿里巴巴40%股份，整合后的雅虎中国公司将全部交由阿里巴巴公司经营和接管。事实上，雅虎和阿里巴巴谁收购了谁，对于用户并不重要，重要的是搜索和电子商务平台、支付平台结合起来了。

2005年10月26日，中国人民银行出台《电子支付指引（第一号）》，全面针对电子支付中的规范、安全、技术措施、责任承担等进行了规定。

同年10月，以国内轻公司先锋形象出现的PPG格外引人注目。通过互联网售卖衬衫，PPG以轻资产、减少流通环节的概念，加上狂轰滥炸的电视、户外广告，迅速建立起市场地位，并在一年之后获得了来自TDF和集富亚洲、凯鹏华盈等多轮风投。

曾经求救无方的风险投资，随着国内电子商务的整体回暖争相涌来。中国电子商务发展的历史离不开与国外电子商务公司的合作与竞争。在复苏与回暖期，中国的电子商务以大好形势促使资本进入的同时，还加快了中国电子商务网站上市的步伐。互联网重新焕发生机。

2003年，中国电子商务交易总额为2700亿元，较上年增长42%。

2004年，中国电子商务交易总额为4800亿元，较上年增长78%。

2005年，中国电子商务交易总额为7400亿元，较上年增长54%。

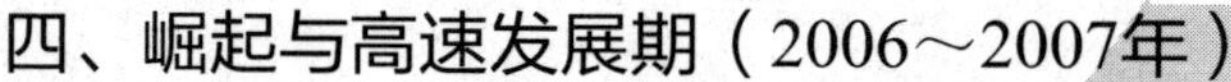

四、崛起与高速发展期（2006～2007年）

2006 年 3 月 13 日，腾讯在京宣布拍拍网正式运营。

2006 年 3 月，“第一届中小企业电子商务应用发展大会”在北京举行。

2006 年 5 月，环球资源购入慧聪国际 10% 已发行股本，结成“中国最大 B2B 战略联盟”，直至 2007 年 12 月撤资。

同年 5 月，阿里巴巴正式对外宣布，在淘宝上推出 B2C 业务淘宝商城，成为中国线上购物的地标网站，亚洲最大的综合性购物平台，取名“天猫”。而早在 2004 年，马云就曾表示：“未来的电子商务，将没有 B2B 与 B2C 的界线，最大的好处就是电子商务将像身边的自来水一样方便。”

实际上，这一论调在 2006 年颇为流行。这一年，当当网引入 5000 万美元风险投资大举进军 C2C 市场。然而，李国庆夫妇很快遭遇重创。3 月后，运行不久的当当网就遇到了大量因卖家欺诈而引起的用户投诉，当当网被迫紧急叫停。而这一挫折，也让李国庆夫妇看清了当当网未来的发展方向。

2006 年 6 月，商务部公布了《中华人民共和国商务部关于网上交易的指导意见》（征求意见稿）。

2006 年 11 月，阿里巴巴完成与中国邮政的合作，解决了马云担忧已久的物流问题。“我好久都没有这么兴奋过了”，马云说。借助中国邮政遍布全国的网络，无疑将可进一步拓展马云旗下产品的覆盖率。

另一边，全球最专业的网络清仓集市，致力打造全球领先网络零售清仓平台的一拍网却随雅虎中国一起被阿里巴巴收购，并在 2006 年全面关闭。

2007 年 9 月 15 日的网商大会上，马云语出惊人：“未来我们将投资 100 亿元打造电子商务生态链！”一个半月后 B2B 上市的意义也落在了“100 亿元”和“电子商务生态链”这两个关键词上。

2007 年 6 月，“曲线”进入中国的亚马逊创始人贝佐斯来到中国，宣布 3 年前收购的卓越网正式更名为“卓越亚马逊”。贝佐斯表示，此次更名是为了让中国客户知道，卓越网背后一直有亚马逊给予的有力支持。

在贝佐斯访华之前，竞争对手当当网联合总裁李国庆曾表示：“卓越网 2006 年亏损 9000 万元，卓越网已落后于当当网。”对此，贝佐斯回应道：“我们对中国市场有长期打算，将持续增加投资。亚马逊是把时间放在客户身上，而不是竞争对手身上。”

在现任总裁王汉华的带领下，卓越亚马逊复制亚马逊“大而全”的商业模式，即业务外包。“大而全”是供应链管理里的一个术语，许多综合型电子商务常用的商业模式。连续在北京、苏州和广州成立仓储中心，总面积达3.5万平方米。与竞争对手当当网进行的价格战，仍在持续。

2007年7月，刘强东将京东商城做得有声有色。京东建成北京、上海、广州三大物流体系，一个月后，京东赢得国际著名风险投资基金今日资本的青睐，首批融资千万美元。

此时，从卓越离开两年的陈年（原卓越网执行副总裁）在经历了一次并不成功的创业之后，将目光投向了衬衫网络直销品牌PPG。“PPG的品牌定位非常好！”这是陈年对PPG最早的评价，至今他仍认为PPG以自己的实践为他指明了Vancl的方向——网络和呼叫中心可以将衬衫和男装的生意做大，而且，毛利更高。

2007年10月，模仿PPG的凡客诚品正式上线。

2007年11月6日，开曼群岛注册成立的阿里巴巴网络有限公司（1688-HK）成功在我国香港主板上市，融资16.9亿美元。其中有几项纪录可以载入港股上市的史册：香港联交所上市融资额的最高纪录、香港历史上IPO认购冻结资金额的最高纪录、香港历史上首日上市飙升幅度最高的纪录。

这也意味着，中国人第一次独创了一种为国际所认可，并且可以和Google、Amazon、eBay相比肩的商业模式。

2007年12月17日，国家商务信息化主管部门商务部，公布了《商务部关于促进电子商务规范发展的意见》，该意见是为了促进电子商务规范发展，引导交易参与方规范各类市场行为，防范市场风险、化解交易矛盾、促进电子商务健康发展的客观需要，也是贯彻落实科学发展观、构建社会主义和谐社会的必然要求。

2006年，中国电子商务交易总额为12800亿元，较上年增长73%。

2007年，中国电子商务交易总额为21700亿元，较上年增长90%。

五、转型与升级期（2008～2016年）

2008年，电子商务迎来里程碑式的发展。数据显示，这一年中国网络购物交易规模突破千亿元，达到1281.8亿元，仅淘宝网一家就实现999.6亿元。同样是2008年，大洋彼岸的一场金融风暴迅速升级并席卷全球，中国经济也不可避免地受到波及。

2008年，服装B2C直销热兴起投资热，以BONO、衣服网、李宁为行业代表的各类服装网购平台兴起，其在线直销模式逐渐引发了传统服装销售渠道的变革。

机遇与挑战并存着。2008年7月23日晚，一封阿里巴巴集团董事局主席马云写给员工的内部邮件在网络曝光。在这封题为《冬天的使命》的信件中，马云表示尽管手头已有20多亿美元的“现金储备”，但阿里巴巴为了“过冬”，还是从年初开始就拿掉了所有的投资项目，目的就是为了保存实力：“如果我们的客户都倒下了，我们同样见不到下一个春天的阳光。”他告诫员工，这个冬天可能“更长”“更寒冷”。

马云的过冬论并非杞人忧天。受中小企业生存环境恶化的影响，当时阿里巴巴会员的续签率正在降低。慧聪网的二季度财报也显示，公司亏损7.5万元，而2007年同期的净利润为39.3万元。

2008年12月3日，商务部国际电子商务中心成立移动商务应用实验室。

2008年12月25日，国内首款电子商务公共搜索平台“生意搜”（so.toocle.com）的问世，预示着“电子商务+搜索引擎”大融合的时代到来。

2008年，北京市工商局下发了“关于贯彻落实《北京市信息化促进条例》加强电子商务监督管理的意见”，意见称网络商店应在工商局注册后方才合法，否则将以无照经营予以取缔。新法规的出台成了千千万万在北京从事C2C网上零售业务的经营者们的一块心病。互联网资深专家认为这不是在促进而是阻碍甚至扼杀信息化，此举意味着我们的大多数卖家将不得不使用注册资金来进行工商注册，履行一道道繁琐的、长达月余的工商注册、银行开户、税务登记等程序。该规定一经发布，引起各方激烈反应，最后不得不搁浅。

2008年年底，中国C2C电子商务交易额3.1万亿元。那一年，搜索巨头百度将自己的触角伸向了电子商务，正式推出了网络购物平台百度“有啊”。

2008年年末至2009年年初，中国服装B2C模式的创新者和领导者PPG，遭遇资金困境与诚信危机。

这一年PPG不但丢掉了行业老大的地位，而且出现官司缠身、高管流失等一系列状况。一年后，PPG的商业神话终于像肥皂泡那样破碎了。

2009年，受金融危机影响以及电子商务的发展，越来越多长期主攻线下的传统企业，不约而同开始深耕细作网络购物的虚拟平台。制造领域如方正、联想、海尔，家电零售业如苏宁、国美两大巨头，食品类如中粮，服装类如李宁、七匹狼等，一起带领中国传统企业开启了电子商务营销的篇章。

2009年1月，今日资本、雄牛资本等向京东商城联合注资2100万美元，引发国内家电B2C领域投资热。

2009年2月，慧聪网行业公司获ISO9001质量管理体系的证书，成为国内首家获得ISO质量管理体系认证的互联网企业。

2009年5月1日起，由中国国际经济贸易仲裁委员会颁布的《中国国际经济贸易仲裁委员会网上仲裁规则》正式施行，该规则特别适用于解决电子商务争议。

2009年5月3日，当当网宣布率先实现盈利，平均毛利率达20%，成为目前国内首家实现全面盈利的网上购物企业。

2009年5月，继生意宝推出“生意人脉圈”涉水社会性网络服务（Social Networking Services，缩写为SNS）后，淘宝、阿里巴巴也随之先后推出相应SNS产品，由此，标志着当前最热门的SNS在我国跨入“电子商务时代”。

2009年6月，宁波市在提出打造“行业网站总部基地”之后，又宣布打造“电子服务之都”的目标。

2009年6月，视频网站土豆网、优酷网先后启动将视频技术与淘宝的网购平台相结合，共同提升用户网络购物的真实体验，推出“视频电子商务”应用技术。

2009年6月，“国家队”银联支付与B2C企业当当网签订合作协议，这是银联支付成立七年来，首度进入电子商务支付领域，与在线第三方支付市场领导者支付宝形成了正面竞争。

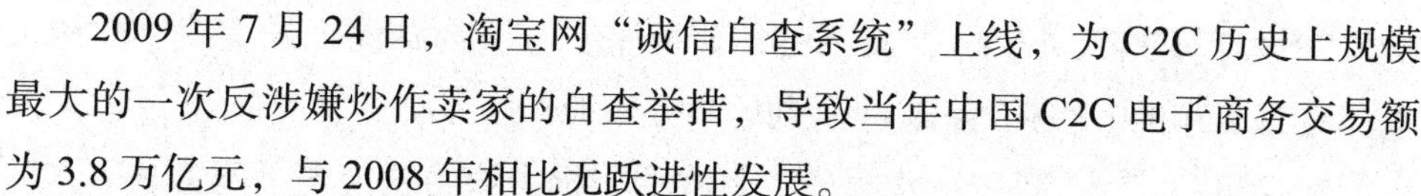

2009 年 7 月 24 日，淘宝网“诚信自查系统”上线，为 C2C 历史上规模最大的一次反涉嫌炒作卖家的自查举措，导致当年中国 C2C 电子商务交易额为 3.8 万亿元，与 2008 年相比无跃进性发展。

2009 年 8 月，百度宣布以“X2C”为核心的电子商务战略，并公布“凤鸣计划”。

同时，联想宣布其淘宝的旗舰店 7 月销售额居于所有淘宝 5000 余家 B2C 之首；而如果将联想在淘宝、当当、官网商城全部的销售量统一，联想每月从网上卖出超过 11000 台电脑。数据表明，联想打造的在线商城等网络销售方式，已经成为联想复苏卓有成效的一招。

2009 年 8 月，中国电子商务协会授予金华为“中国电子商务应用示范城市”。

2009 年 9 月，卓越亚马逊再次推出全场免运费与当当网相竞争，这是两大行业竞争者十年来首次同时免运费，标志着“免运费”将开始成为 B2C 行业标准规则。

2009 年 9 月，“首届电子商务与快递物流大会”在杭州休博园召开，其宏观背景是，物流快递行业作为电子商务的支撑产业之一，近几年在第三方电子商务平台的带动下得到了快速发展。

2009 年 12 月，中国制造网在国内 A 股市场上市，成为 B2B 市场中除阿里巴巴、环球资源、生意宝、慧聪网外的第五家上市公司。

2010 年，在电子商务迈向下一个十年的节点上，“图书新规”的出现给这个迅速成长的行业产生的影响不亚于一场地震。1 月 8 日推出的《图书公平交易规则》中的新规定：对出版一年内的新书（以版权页出版时间为准），进入零售市场时，须按图书标定实价销售，网上书店或会员制销售时，最多享受不低于 8.5 折优惠幅度。

公布伊始就遭遇强烈反对的《图书公平交易规则》在沉寂 5 个月后传出消息，这个被称为“图书限折令”的规则已经名存实亡。

2010 年伊始，京东商城几次大动作，开始让竞争对手们的神经紧绷。年初，京东商城获得老虎环球基金领投的总金额超过 1.5 亿美元的第三轮融资。3 月 11 日，京东以大约 500 万美元的价格收购了 SK 电讯旗下的电子商务公司千寻网。这一年，刘强东的目标是打造销售额百亿的大型网购平台。

2010 年 1 月，苏宁电器旗下电子商务平台苏宁易购网正式上线。而国美电器也在当年的 11 月，正式进军电子商务领域。

2010 年 3 月，《政府工作报告》首次明确提出大力扶持电子商务。

2010 年年中，国内专营女性内衣的 B2C 网站梦芭莎获得金沙江创投 2000 万美元风险投资。

同时，网上鞋城乐淘网宣布获得美国老虎基金、德同资本千万级美元风险投资、英特尔投资联合德丰杰投资和红杉资本共同注资好乐买 1700 万美元等。这一切说明：2010 年，几乎每个月都有一笔钱投向电子商务。

良好的发展势头下，当当网、京东商城即将赴美上市的传闻不绝于耳。而依靠邮购、互联网和实体店三重销售渠道的麦考林先行一步，成为国内第一家海外上市的 B2C 企业。

这一年，团购网站的迅速风行也成为电子商务行业融资升温的助推器。受美国团购网站 Groupon 的影响，国内在 2010 年 4 月之后涌现出上百家团购网站，其低成本、赢利模式易复制的特点受到投资机构关注，带动着团购网站新一轮的洗牌。

2011 年 5 月，央行公布首批 27 家获得支付业务许可证的企业名单。

2012 年 1 月，淘宝商城宣布更改中文名为天猫，完全脱离淘宝品牌，采用独立品牌拓展在线零售市场，加强其平台的定位。

淘宝商城总裁张勇希望天猫能取得像亚马逊和阿里巴巴相似的成功，创造一个新品牌，成为消费者公认的网络地标。

张勇同时表示，更名之后的业务和战略方向没有变化，将继续坚持开放平台战略，吸引更多零售商和品牌的加入。

2012 年 2 月，八部委下发通知，在 22 个城市开展网络（电子）发表应用试点。同时在 3 月，工信部发布《电子商务“十二五”发展规划》。

2012 年 4 月，苏宁启动让利促销，国美网上商城、亚马逊等电商加入促销，促销的猛战也逐步升级。一波未平，一波又起，5 月，苏宁、京东再次掀起网上家电产品促销，两大家电企业轮番上演精彩戏码。

一番一番的价格战，引起了公众的审视。2012 年 9 月，国家发改委对电商价格战展开调查，认定电商价格战存在欺诈行为，发改委表示，将对此行为依法惩处。

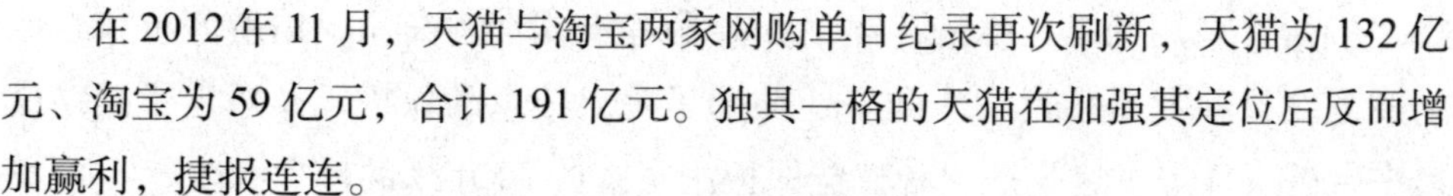

在2012年11月，天猫与淘宝两家网购单日纪录再次刷新，天猫为132亿元、淘宝为59亿元，合计191亿元。独具一格的天猫在加强其定位后反而增加赢利，捷报连连。

2012年年底，中国移动电子商务市场交易规模达到965亿元，同比增长135%。

2013年1月初，中粮旗下的我买网华南站正式全面运营，开始营业的当日便有十余种食品被抢光售罄。中粮我买网、顺丰优选、鲜直达、本来生活网、沱沱工社等生鲜食品和艺术品电商登台，2013年可以说是生鲜电商元年。

2013年1月25日，国家税务总局第1次局务会议审议通过《网络发票管理办法》，自2013年4月1日起施行。这将对保障国家税收、规范网络发票的开具和使用产生重要作用。

2013年2月1日，我国首个个人信息保护国家标准《信息安全技术公共及商用服务信息系统个人信息保护指南》实施，标志着我国个人信息保护工作进入法制阶段。7月16日，工信部公布《电信和互联网用户个人信息保护规定》，保护电信和互联网行业用户信息，维护网络信息安全。

2013年6月7日，中国外贸电商兰亭集势成功在纽约证券交易所上市，首日收盘11.16美元，较9.5美元的发行价上涨22.21%。这是2013年第一个去海外资本市场敲门的电商概念股。

2013年6月25日，在公安部指导下，阿里巴巴、腾讯、百度、新浪、盛大、网易、亚马逊中国等21家互联网企业，成立了“互联网反欺诈委员会”，以推进全网联合，打击网络诈骗，共建交易安全生态圈。

2013年8月6日“亚马逊艺术”（Amazon Art）正式宣布上线。顾客可以通过亚马逊网站在线购买来自150个经销商和4500个艺术家的超过4万件艺术作品，其中最昂贵的一件标价485万美元。2013年也是艺术品电商元年。

2013年，中国互联网企业现并购热潮，阿里巴巴以5.86亿美元入股新浪微博，百度以3.7亿美元收购PPS视频业务，苏宁云商与联想控股旗下弘毅资本共同出资4.2亿美元战略投资PPTV，腾讯用4.48亿美元注资搜狗等。其中，8月14日，百度全资子公司百度（香港）有限公司以18.5亿美元收购91无线网络有限公司100%股权，成为中国互联网最大并购案。

2013年10月25日，最新《中华人民共和国消费者权益保护法》发布，规定经营者采用网络、电视、电话、邮购等方式销售商品，消费者有权自收到商品之日起七日内退货。此外还明确了个人信息的保护以及规定了网络交易平台的责任等。这是消费者权益保护法实施近20年来的首次大改。

2013年电子商务快速发展，我国网络零售交易额达到1.85万亿元。根据eMarketer数据显示，2013年美国网络零售交易额达到2589亿美元，约合人民币1.566万亿元，中国超过美国成为全球第一大网络零售市场。

2013年互联网金融兴起，阿里巴巴在支付宝基础上推出在线存款业务产品余额宝，百度推出百发在线理财产品，新浪推出微博钱包，腾讯推出微支付、基金超市，京东推出京保贝，互联网金融产品丰富了人们投融资的渠道与方式，使传统金融业受到冲击。

2013年是中国外贸电商发展史上重要的里程碑。目前中国从事跨境电商的公司约20万家。2012年跨境电商销售总额2万亿元，包括B2B和B2C。中国跨境在线零售出口超百亿规模，大约占中国外贸出口的1.5%左右。而中国跨境在线零售进口2013年达351.9亿美元，是出口电商三倍还要多。到2018年在线采购将达到1600亿美元。

2014年1月　百度收购糯米团购。

2014年2月　阿里收购高德，同月，腾讯入股大众点评。

2014年3月　腾讯入股京东。

2014年4月　聚美优品在纽交所挂牌上市，同月，阿里巴巴入股优酷土豆。

2014年5月　京东商城在美国纳斯达克正式挂牌上市。

2014年6月　阿里巴巴并购UC优视，同月，腾讯入股58同城。

2014年8月　腾讯、万达、百度成立万达电商公司进军O2O。

2014年9月　阿里巴巴在美国正式上市。

2015年2月　滴滴、快的合并。

2015年4月　58同城与赶集网合并。

2015年5月　携程网收购艺龙网。

2015年8月　苏宁易购入驻天猫。

2015年10月　大众点评网与美团网合并，同月，携程网与去哪儿网合并。

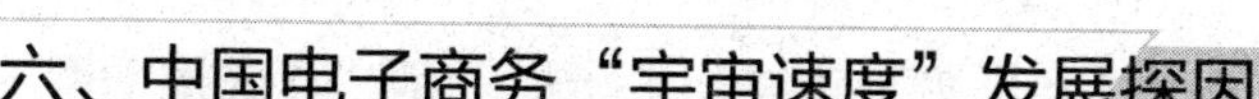

六、中国电子商务“宇宙速度”发展探因

(一) 发展速度

1997 年，中国引进电子商务概念。

2008 年，中国电子商务交易总额为 31000 亿元，同比增长 43%。

2009 年，中国电子商务交易总额为 38000 亿元，同比增长 23%。

2010 年，中国电子商务交易总额为 45000 亿元，同比增长 18%。

2011 年，中国电子商务交易总额为 68000 亿元，同比增长 51%。

2012 年，中国电子商务交易总额为 81000 亿元，同比增长 19%。

2013 年，中国电子商务交易总额为 102000 亿元，同比增长 26%。

2014 年，中国电子商务交易总额为 163900 亿元，同比增长 59.4%。

2015 年，中国电子商务交易总额为 180000 亿元，同比增长 9.8%。

2016 年一季度中国电子商务交易额达 6.12 万亿元，同比增长 22.4%。

1997 年至 2015 年中国电子商务交易总额变化见图 3。

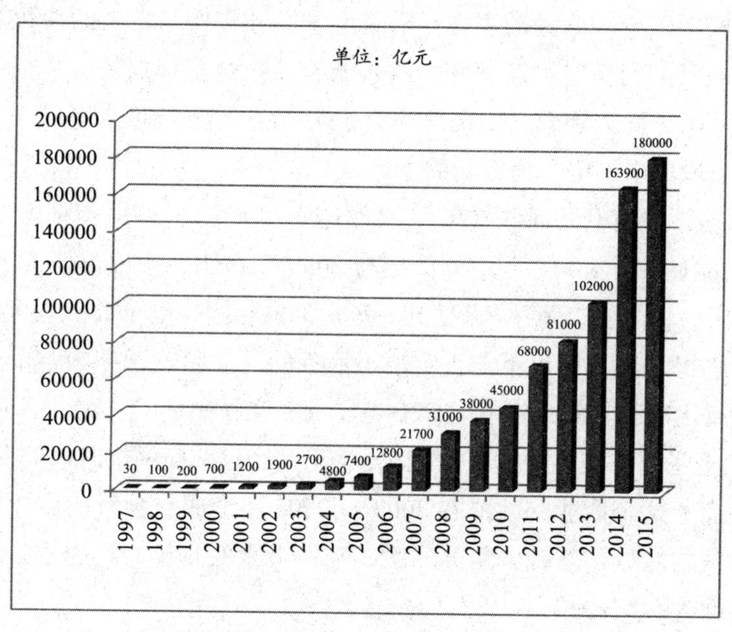

图3　1997～2015年中国电子商务交易总额

（二）发展探因

中国电子商务始于1997年。如果说美国电子商务是“商务推动型”，那么中国电子商务则更多的是“技术拉动型”，这是在发展模式上中国电子商务与美国电子商务的最大不同。

在美国，电子商务实践早于电子商务概念，企业的商务需求“推动”了网络和电子商务技术的进步，并促成电子商务概念的形成。当Internet时代到来的时候，美国已经有了一个比较先进和发达的电子商务基础。

在中国，电子商务概念先于电子商务应用与发展，“启蒙者”是IBM等IT厂商，网络和电子商务技术需要不断“拉动”企业的商务需求，进而导致中国电子商务的应用与发展。了解这一不同点是很重要的，这是中国电子商务发展的一大特点，也是理解中国电子商务应用与发展的一把钥匙。

在1997年和1998年，中国电子商务的主体正是一些IT厂商和媒体，它们以各种方式进行电子商务的“启蒙教育”，激发和引导人们对电子商务的认识、兴趣和需求。经过这一阶段，在1999年和2000年，以网站为主要特征的电子商务服务商在风险资本的介入下成为中国电子商务最早的应用者，成为这一阶段中国电子商务的主体。随着电子商务应用与发展的深化及资本市场泡沫的破灭，网站电子商务开始跌入低谷，而企业特别是传统企业却开始大规模进入电子商务领域，中国电子商务从2001年开始进入第三个阶段，企业电子商务成为中国电子商务新的主体。

2000年，中国电子商务C2C交易额达3.77亿元，2001年中国C2C电子商务交易额上升到4.0亿元，2002年与2000年相比，中国电子商务C2C交易额增加了一倍之多，竟达8.8亿元。短短的两年间，电子商务危机及一连串反弹效应来得太快，谁也不能否定电子商务的巨大影响，中国电子商务从边缘化向主流化迈进。2003年中国C2C电子商务交易额达11.6亿元，到2005年中国C2C电子商务交易额达137.1亿元。正是经过前面两个时期的发展积累，中国电子商务这个商业圈才能在2003～2005年形成它独特的商业形态，并积蓄了爆发的能量与基础，复苏回暖，在接下来的几年，跨越了临界点，实现了更加迅速的发展。

2006年，中国19267家大中型企业的电子商务采购金额达到5928.6亿元，电子商务销售金额达到7210.5亿元。2006～2007年，中国电子商务交易总额超过 15000 亿元。曾经横亘在电子商务路途上的坚冰已经被打破，中国电子商务市场迎来市场井喷的时间拐点，爆发式的增长让整个中国的电子商务在经济发展中扮演着重要角色，延续了良好的发展势头。

中国电子商务发展迅猛，2007 年全国电子商务交易总额达 2.17 万亿元，比上年度增长 90%。中国网络购物发展迅速，2008 年 6 月底，网络购物用户人数达到 6329 万，半年内增加 36.4%。2008 年 12 月，电子商务类站点的总体用户已经从 9000 万户提升至 9800 万户。

2011 年中国电商研究报告显示，网商已经跨越临界点，电子商务市场正在经历从万亿级到十万亿级的跨越，正在经历从量变到质变的阶段。

如今，中国的电子商务发展达到了新的高度。统计显示，2015 年中国消费者的网购支出达 3.3 万亿元，基本保持着 30% 以上的年均增速。

截至 2015 年 12 月，中国网民达 6.88 亿人，普及率 50.3%；网上购物用户 4.13 亿人，比例高达六成。

历经二十多年的发展，中国电子商务行业日益壮大，已进入大规模发展、应用和运营的阶段（如下图），随着国内电商的竞争升温，行业洗牌局面在所难免，互联网巨头都纷纷对各自的产业链结构进行整合。中国电子商务起步晚，发展快。在互联网技术日趋完善的大环境下，通过从各个角度探索前进方向，多元化发展模式，多领域行业合作，维持蓬勃发展的态势，并且逐渐走向稳健和成熟。中国电子商务正在走向融合创新的新阶段，并逐渐成为全球电子商务的佼佼者。

虽然电子商务还不至于会颠覆人们的生活习惯，但我们一定会看到更为精彩绝伦的新鲜事，会看到一个现实社会与虚拟社会不断融合发展的新时代，而中国的电子商务也将愈加绽放光彩。

第二节　中国电子商务发展的“中国特色”

中国电子商务发展至今，已有二十多个年头。近年来的电子商务交易额一直保持快速增长势头，并以 GDP 的 2 ～ 3 倍的速率在增长。特别是网络零售市场更是发展迅速，我国已成为世界最大的网络零售市场。电子商务来源于美国，但是自从中国引进电子商务这个行业之后，并不是一味地照搬，而是在经历过起起落落的回转迭起之后，结合中国本身政治经济文化条件来制定战略的，中国逐渐发展起具有中国特色的电子商务行业，让人们看到我国电子商务市场发展的巨大潜力。毫无疑问，具有中国特色的电子商务正在成为拉动国民经济保持快速可持续增长的重要动力和引擎。

一、平台建设为主导的构建特色

根据美国“FAVORITE 50”最受欢迎的 50 家电子商务网站排名：排名前 10 位的网站中，除 Amazon（B2C）和 eBay（C2C）外，其余均为传统线下零售企业。这些线下零售企业本身就是各自品类的巨头，他们在拓展线上业务时并没有盲目地往平台化的方向发展，而是发挥自身品类的商品、供应链、客户（会员）等方面的优势。

平台模式在中国形成电子商务主导的特色之一，以超快的速度在全球发展。2015 年中国网络购物市场交易规模为 3.8 万亿元，较去年同期增长 36.2%。从网络购物市场结构来看，B2C 占比达到 51.9%，年度占比首次超过 C2C。从网络购物市场份额来看，B2C 市场中，天猫继续领跑 B2C 市场，京东、苏宁易购、唯品会、国美在线增长迅速，几家企业的总规模超过三成。

从客观条件来说，过去 20 年是中国社会各方面快速发展的年代，在这样的宏观背景下，获利最大的总是房地产。以北京为例，过去 10 年北京中心区域的商业房地产价格上涨了 5 ～ 6 倍甚至更多。在这样的大背景下，百货公司做二房东，房地产公司开专业卖场，零售企业搞柜台出租……只要能把客流吸引进来，再提供一些基础性的销售服务，其收益一定远远高于买卖商品的苦力活。

电商也是同样的道理。以平台建设为主导的淘宝和天猫实际上是中国最大的网上商业“地产商”，因为在这里聚集了海量用户。淘宝通过建立交易流程、认证体系，提供销售服务和商品促销活动的组织，把一块“生地”运作成为一块最有价值的“稀有地产”，成为了类似我国香港的置地广场，北京的鼎好商城、秀水街，深圳的华强北……让无数买卖交易在这里实现。而随着平台对交易双方吸引力的提高，平台自身的变现能力呈现几何级数的增长。这里可以是广告收入模式，可以是租金、交易提成，也可以是各式各样的增值服务。原因很简单——平台经营者不介入商品的引进、采购、库存，只提供一个交易达成的场所。由于平台的聚众效应，众多商家为了争取更多的客流，更多的曝光，更多的销售机会，一定会借助各种买流量的方式为平台提供方贡献利润，或者用一句行话，叫作渠道成本。

再从电商行业的内因分析，平台是迅速拓展交易规模最快捷的形式。我们说零售有两个基本模式：买卖模式和平台模式。前者需要介入商品供应链，需要建立自己的买手团队，从品类构建、逐一选择商品，与供应商谈判，到每样商品的采购、定价、进货数量、成本控制、库存管理……一大堆专业化的东西，需要有很深厚的功力。而如果仅仅做平台，商务范畴的涉及范围就少了很多。经营平台的要素，在线下主要是找一个交通便利，人气较旺的场地，招商引流，把公共空间规划好，把销售服务做好，就可以坐地收钱。线上情形也类似，平台需要巨大的人流量，有合理的交易流程，注重前端的页面展示和买卖双方的交互。一旦规模和流程建立，拓展一个新类目，无非是添加几台服务器，开辟几个新频道的事。事实上，像淘宝这样的电商巨无霸平台，几乎汇集了所有日常消费品、耐用消费品，甚至偏门别类的商品，如传统纸花、新西兰沙子这样的冷僻商品，可以做到只有用户想不到，没有找不到的宝贝，这在买卖模式下是无法实现的。

在买卖模式下，求的是效率，赚的是效率的利润，对零售各个环节把控的能力。如果没有，赚不了这个效率的钱，就要去圈人。圈人相对来说是最容易的。如每个人发 10 元的券，到店消费可用，如此把人圈进来。

而平台模式如此盛行则和买卖式零售这种业态发展历史比较短有关。线下零售在国内有“经代联租”四字说：经就是经销，代是代销，联是联营，租是收租金，四个形式下本来只有“经”是直接商品采购的模式，但现在很多时候连这个“经”也都变成售出再结账了。

平台模式无疑有它独特的吸引力：见效快，容易发展，经营风险低，转型起来也很简单，加上很多消费者喜欢扎堆，这些都客观造就了平台模式的异军突起。我们大家都看到，平台模式在中国，至少在我们可以见到的将来还是一个占统治地位、主导地位的零售销售业态，很受欢迎。

在线下，平台模式通常在发展中国家有较强的商业占有率。毫无疑问，平台有它独特的亮点：经营容易，聚众效应明显，短期爆发力强。理论上讲，每一名在平台上购物的顾客，都得具备商品选购知识、正品判断能力，讨价还价的本事，哪怕天猫这样的 B2C 平台建立了一些卖家资质审核，终归还是有近十万家商家同时服务着同一批顾客群，这是不可避免的，每个商家对品质，对商品陈列要求、对服务标准、送货时限等，执行上都不尽相同。

平台模式固然在中国有着几乎垄断式的商业地位，但这其实是一个相对初级的商业模式。当下这种一窝蜂涌上做平台的热潮，其实不是一种理性的商业发展。

税费是电子商务平台建设交易下待完善的地方。在零售这个行业，17% 的增值税是很重的。大概解释一下，所谓的 17% 的增值税就是说买和卖之间的差价要加上 17%。即如果一个商品买和卖之间有 30 元的差价的话，那 30 元的 17% 就在 5 元左右，对于一个零售商来说负担很重。这种现象其实在别的国家或地区并没有那么明显，可能也有增值税，但没有那么高，比如说在我国香港地区就是个位数。而且在国外税收环境下，不管是大公司或小公司，个人还是大企业都很难做到避税。所以小商家在平台卖东西和一家大型零售的商税负成本类似，没有多少避税空间，不像国内很多线下市场及线上平台商家都是通过不交或者少交税费来压低售价，这样其实就和买断式的零售企业处在了一个不公平的竞争起点上。

另外，平台模式的最大短板在于无法提供给消费者一份比较稳定的购物期待值，从商品组合、货物品质到价格……几乎每一次购物，用户都可能面

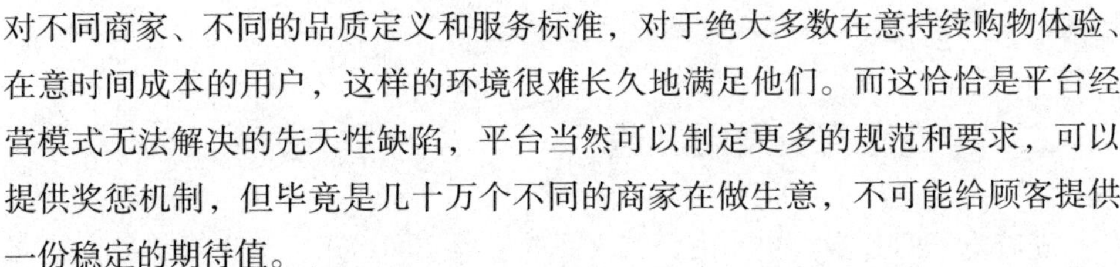

对不同商家、不同的品质定义和服务标准，对于绝大多数在意持续购物体验、在意时间成本的用户，这样的环境很难长久地满足他们。而这恰恰是平台经营模式无法解决的先天性缺陷，平台当然可以制定更多的规范和要求，可以提供奖惩机制，但毕竟是几十万个不同的商家在做生意，不可能给顾客提供一份稳定的期待值。

平台的模式下唱主角的是平台的组织者，而无数的卖家在这个平台上运作，有相当一部分是不挣钱或者是失落的。

举个例子，如淘宝旺旺。我们都承认旺旺是个很成功的产品，带动了网络销售，这点毫无疑义，但是我们同时是否考虑过每天有几百万人在淘宝网上做旺旺咨询？旺旺这个产品从开发到运用本身对于淘宝来说是成功的，吸引用户，解决了买卖双方即时沟通问题，但是旺旺养成的购物习惯，导致每天几百万人要承担这份机械重复的工作，这几百万人的人工又是谁在买单呢？

平台模式和买卖模式在严格意义上说是两个行业，平台是商业“房地产”，挣的是流量、广告、过路费；买卖模式是靠优化交易成本获利，挣的是效益的钱。这些年买卖模式的电商大多亏损不止，主要原因在于成本控制不力，忽略细节管理。一件商品进货100元，售价110元，而销售成本要20元，这样的例子在B2C电商几乎成为常态。在市场逐渐趋于理性的今天，B2C电商们应当把精力花在优化成本、降低费用比例上，通过管理平台来实现买卖的利润产出，而不是简单地以输出用户、开放平台卖流量作为解围之策。

企业电子商务平台是建立在互联网上进行商务活动的虚拟网络空间和保障商务顺利运营的管理环境，是协调、整合信息流、物流、资金流有序、关联、高效流动的重要场所。企业、商家可充分利用电子商务平台提供的网络基础设施、支付平台、安全平台、管理平台等共享资源有效地、低成本地开展自己的商业活动。

平台上演着蚂蚁雄兵式的群体效应，能够快速聚拢人气，但它也是一种低效益少规范的初级零售形态。中国以平台建设为主导的特色，能够有效地在互联网上构架安全的和易于扩展的业务框架体系，实现B2B、B2C、C2C、O2O、B2M、M2C、B2A（B2G）、C2A（C2G）ABC模式等应用环境，推动电子商务在中国的发展，为广大网上商家以及网络客户提供一个符合中国国情的电子商务网上生存环境和商业运作空间。

二、电商服务业发展迅速

随着电子商务步入快车道，其火爆的发展空间带来无穷市场想象力的同时，由此发酵出来的外延细分行业也在崭露头角，电商服务业就是一例。电商服务业主要针对传统品牌企业，为其提供网上产品分销、电子商务渠道管理、仓储配送、软件应用等服务。

面对电子商务的巨大市场空间，传统品牌企业一方面迫切希望能通过网络开展电子商务；另一方面又受到经验少、专业人才缺乏和成本高的限制。外包无疑是加快传统企业涉水电子商务的捷径。目前，美的、苏泊尔、安踏、诺基亚、HTC 等企业的 B2B 业务均由电商外包服务企业负责代为运营管理。

电子商务资深人士认为："传统品牌如果自建电子商务，会涉及电子商务渠道规划、建站或平台开店、店铺运营、营销推广、仓储物流、CRM 管理、数据挖掘、售后服务等纷繁庞杂的运营环节。如果传统企业想要直接开展 B2C 业务，起步没有几千万资金很难做到。"事实上，很多知名品牌起初都曾经尝试过自己组建独立的团队来运作电子商务，但大都收效甚微。而电商外包服务企业的存在无疑弥补了这一缺憾。目前国内较为成熟的电商外包服务企业的主要业务包括帮助传统行业的品牌商在网上开店，并负责店面装修、运营、推广、仓库物流、售后服务；将品牌商的商品放在与服务商有合作的分销渠道销售；为品牌商提供技术支持，包括品牌 B2C 商城搭建、ERP 系统、CRM 系统开发等。

电商外包服务企业未来或许转型成为传统品牌企业的一个网络经销渠道，而其服务的客户对象也会逐渐从一些传统大品牌企业转向中小品牌企业，这一块的长尾市场需求会逐渐释放出来。

三、网购环境越来越成熟

电子商务经历了十多年的沉浮，泡沫被吹掉又出现，大型网站快速扩张又迅速倒闭。在大浪淘沙的过程中，市场整体的目标受众还是越来越多，所

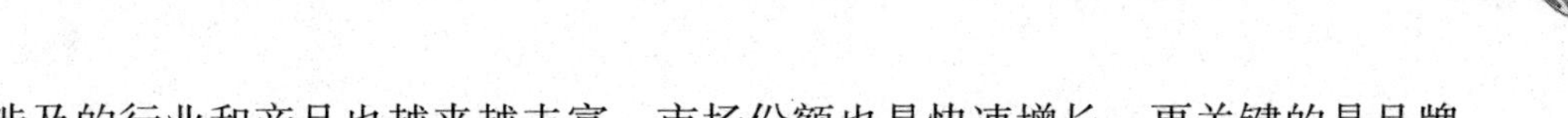

涉及的行业和产品也越来越丰富，市场份额也是快速增长，更关键的是品牌环境已然开始走向成熟，主要体现为五点：

1. 百万企业加强了信息化建设

企业是电子商务的重要消费群体和服务群体，企业间的交易额仍然占据电子商务的大部分市场比率。只有全国越来越多的企业都重视电子商务信息建设，才能保证整体市场的有序运行，避免泡沫的出现。

我国有数百万企业开始意识到企业信息化的必要性和重要性，开始将企业推向信息化市场。许多电子商务平台为企业之间以及企业与用户之间提供了各种交易的途径。企业在认真总结实际情况的前提下，在企业网站建设、信息化管理等方面都开始投入实际行动。在建立各类电子商务平台的同时，也在建立独立的企业网站。

2. 网络安全得到政府重视

网络安全影响着网民个人信息安全、在线交易安全和网站运营安全，直接影响了电子商务的稳定和网民对电子商务的信任。而工信部发表有关言论指出：信息安全是国家重要战略。将互联网信息安全上升到了国家战略的高度，由此可见政府对网络安全的重视。

与此同时，在互联网行业中，一些大型互联网企业联手网络安全公司启动的“互联网安全月”活动也正在如火如荼地进行中。这种双线并行的行动保障了网络安全，坚定了网民对电子商务的信心，带动了网络交易额的快速上升。

3. 在线支付形式便捷多样

在线支付是实现电子商务在线交易的重要工具，既是保证电子商务交易环节通畅，也是供求双方利益的有力保障。第三方支付平台因其服务功能的完善越来越受到人们的信赖，大量的网上交易通过第三方支付平台完成。

在使用第三方支付的用户中，有 80% 的开通了网上银行，有 14% 的开通了手机银行服务。此外，2010 年中国网上银行注册用户超过 3 亿人，约占网民总数的 60%，市场全年交易额达到 553.75 万亿元，该数据在 2009 年是 404.88 万亿元。

目前我国已有支付宝、财付通、易趣、易宝支付、百付宝、云网支付、贝宝、快钱、汇付天下、首信易支付、环迅 ips、网银在线、八佰付等数十家在线支付平台，使得网站、企业、个人在电子商务环境中都有了更充分的选择余地，灵活性和自主性更强。由于品牌影响和覆盖范围不同，支付平台的市场应用差距较大。2010 年，支付宝以 50.02% 的市场份额领军各支付企业，占据网上支付市场的半壁江山；财付通以 20.31% 的市场份额位居第二；快钱和汇付天下分别位居第三和第四位。

4. 网民养成了网购消费习惯

据中国互联网信息中心发布的数据显示，截至 2015 年 12 月，我国网民规模达 6.68 亿人，手机网民规模达 5.94 亿户，占比提升至 88.9%。手机网民规模保持持续稳定增长，手机作为第一上网终端的地位更加稳固。网络购物使用率继续上升，目前已达到 28.1%。网络购物用户年增长 48.6%，互联网普及率攀升至 34.3%，网络购物已经成为网民的消费生活习惯，广泛渗透至用户的日常生活和工作当中，成为人们日常的重要消费渠道。

网站环境和商品信息通过直接刺激眼球产生了间接消费需求，很多网民闲逛购物平台成为爱好，经常在漫无目的的点击网页中产生了购买行为。网购每日的交易高峰有两个：一个集中在晚上休息时间；另一个则集中在下午的工作时间。网购的便捷性使得用户可以不受时空限制，充分利用闲暇时间网上购物。

5. 互动功能满足网民多种需求

影响网民购买网上商城商品的主要因素之一就是——其他网民对产品的评价，特别是要购买价格相对较高的产品，此时网民需要能真实了解产品实际情况的信息渠道和平台，只有消费者面对消费者进行沟通时，消费警惕性才会降到最低，甚至直接将无意识消费转化为主动消费。此时，SNS 的互动性、即时性、便捷性的特点，就恰恰满足了网民的信息共享需求。

电子商务平台中嫁接 SNS 社区化功能，目的就是将独立的社会化营销方式直接移入电商平台。以此缩短营销流程、掌握市场信息、刺激商品销售、满足网民交友需求。电商网站不仅提供了交易服务，而且还集成了大量的资讯和人脉，成为消费者了解最新消费理念、时尚趋势等信息的重要阵地。

四、品牌电商化，电商品牌化

中国电子商务正呈现两条发展走向：品牌电商化、电商品牌化。传统企业犹如陆地的百兽之王，插上网络的翅膀，如虎添翼。无数风起云涌的淘品牌如天空中的雄鹰，虽生猛但不落地就难生长。如果电商企业不能快速地向传统企业学习，落地下来，也很难逃过昙花一现的宿命。

1. 品牌电商化

从宝洁到苏宁易购，从百丽到屈臣氏，从格兰仕到富士康，甚至连潘石屹也尝试切入房地产电子商务。虽然各大传统企业进军电子商务喜忧参半，甚至很多已经折戟沉沙。但有一点毋庸置疑：品牌电商化之路势在必行，传统品牌要么上网，要么被上网。传统企业借力先天的品牌、供应链、产业链管理等优势，进军电商，竞争力强。而相对于互联网企业，传统企业实现品牌电商化仍面临运营经验不足、团队缺乏、线上线下整合等重大难题。

2. 电商品牌化

品牌需要沉淀，品牌是多年陈酿。电商公司们必须要尽快积累传统品牌的元素，回归生意的本源。国外电商 top10 中，仅有一家为纯电商企业，而 9 家来自传统企业。中国电商 top10 中，几乎全部是纯电商企业。未来谁将成为王者？必将是拥有电子商务基因、传统品牌基因的双重基因者。到底是老虎飞天为王还是雄鹰落地称霸，传统品牌、电商品牌都要加油！

五、移动电商发展基础良好

随着电子商务的发展，越来越多的潜在消费市场被逐渐挖掘出来。目前，中国手机用户数量庞大，多数追求时尚的年轻人都习惯用手机上网聊天、娱乐，消遣时间。这让许多业内人士看到了巨大商机，移动互联网与电子商务相结合的方式也逐渐为传统企业所推崇。

在国家政策支持、资本涌入、用户倍增、上网资费持续下降、上网速度不断加快的大趋势下，移动互联网炙手可热，移动互联网成为新一轮“造富浪潮”和产业“黄金”，必然催生更多伟大的企业。

移动电商将是未来商业价值的一次大迁徙，传统互联网在中国经过了十几年的发展，慢慢走向成熟，而移动互联网发展速度则远快于传统互联网，且渗透人群更广。我们认为，移动电子商务将是未来中国历史上商业价值的一次大迁移，而4G无线互联网开启成功以及逐渐完善的政策法规也为传统企业尤其是落后于互联网时代的传统企业带来革命性的发展机会。

六、政府大力支持电子商务

自1997年诞生第一家专业电子商务网站“中国化工网”以来，中国电子商务产业蓬勃发展。目前已形成B2B、B2C、C2C、O2O以及第三方支付等多元化发展市场。随着市场的发展和完善，法律体系也在不断完善。目前已经出台的政策法规包括电子商务类、网络购物类、电子支付类三大类近三十部相关内容的法律法规。从2009年第一部以电子商务命名的地方法规《上海市促进电子商务发展规定》出台，到因为规定“冷静期”而闹得沸沸扬扬的《第三方电子商务交易平台服务规范》颁布，国家对电子商务的重视逐步加强。

中国政府加大对电子商务市场的扶持，为电子商务的发展营造了良好的产业及社会环境。在政策方面，2008年7月，中国国家邮政局颁布《快递市场管理办法》，针对快递行业的立法有利于提升电子商务市场的服务质量。此外，2009年年底中国商务部出台《商务部关于加快流通领域电子商务发展的意见》，2011年9月商务部下发的《“十二五”电子商务发展指导意见》（征求意见稿）中，提出到2015年，电子商务法规标准体系将基本形成。2015年，中国规模以上企业应用电子商务比率将达80%以上；应用电子商务完成进出口贸易额占我国当年进出口贸易总额的10%以上；网络零售额相当于社会消费品零售总额的9%以上。表明中国政府扶持电子商务产业发展的决心。

中国的电子商务路，本不是一帆风顺的。一潮又一潮，退去的此潮正酝酿着更为宏大的彼潮，轰隆的声音尚未入耳，刮起的清风却已撩起人们的衣袖。不断变化，持续革新，这就是中国电子商务最本质的格局。

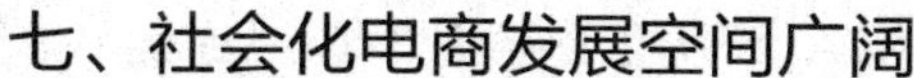

七、社会化电商发展空间广阔

社会化电子商务，即通过社会化的方式来更好地促进电子商务。如今互联网越来越成为现实生活的一种映射，现实和网络的界限将逐渐模糊，人的社会属性将越来越多地通过互联网的方式来展示，社会化电子商务就是希望通过将人的社会属性以互联网的方式来传播、推荐商品/服务，并且实现更好的基于互联网的消费。你在现实生活中买了东西会和朋友通过电话或者短信或者当面分享，你的朋友知道了可能会自己去买，也可能会告诉他的朋友，并且在这个过程中你可能也会认识和你喜好相同的朋友，通过这些新认识的朋友你也可以发现新的你可能会喜欢的商品，而现在这样的一个过程也会通过互联网的方式来实现。

国外的社会化电子商务网站的出现和国内比早很多，这个也和国内电子商务发展有很大的关系，社会化电子商务是电子商务发展到一定阶段必然的产物。目前，社会化电子商务网站可主要是下面三类：

1. 基于电子商务网站构建社区

基于现有的电子商务服务构建社区，通过社区关系促进电子商务本身，这个应该也是非常容易理解的。例如“淘江湖”，是淘宝推出的基于淘宝的社会化电子商务平台。

2. 第三方社会化电子商务平台

构建于现有电子商务服务，但是拥有一套自己的关系圈（用户体系），这样的好处在于可以减少对于电子商务平台的依赖度。可以构建相对独立于电子商务平台的社会化电子商务平台。例如“翻东西”，能够根据你的喜好，让你喜欢的商品主动出现在你面前，同时提供可靠的购物建议，帮你筛选出可信赖的商家。在这里你还可以获得新鲜的潮流资讯，结识到更多有共同购物爱好的朋友、分享彼此间的购物心得和乐趣。

3. 基于社区的社会化电子商务

目前互联网上已经有了很多有相当影响力的社区平台，如facebook、twitter、新浪微博、人人，基于这些平台，如果能够将电子商务和其对接，利用其强大的用户平台进行营销也具有很大的市场潜力。这个对于中小型企业门槛最低，也是国内外很多企业正在实践的部分。例如，livescribe 利用 facebook 平台进行社会化营销，facebook 让粉丝们可以“赞”“分享”他们感兴趣的产品，或是发送 twitter 消息，帮助企业把信息传播给更多的消费者。

八、电子商务呈现国际化发展趋势

近年来，全球电子商务发展越来越迅速，其中中国、巴西和印度电子商务的蓬勃发展是推动全球在线购物网民比例迅速增长的主要动力。BDA 咨询公司更预计“电子商务将成为中国下一个蓬勃发展的产业”。这是国际社会关于中国电子商务发展情况和态势的非常重要的评估。

电子商务不仅已经从虚拟的概念变成了一种崭新的经济生态，更成为了加快传统产业发展的有力助推器。其中大企业主导的供应链电子商务，已占 B2B 交易总额的 80%，从事电子商务经营活动年交易额超过一亿元的企业已经超过 1/3。

中国电子商务在经历了多年由“定性模式”向“创新模式”转变的艰难探索中，找到了适合中国国情的电子商务发展之路。不仅已经走出了“网络寒冬”的阴影，而且开始步伐雄健地迈向了跨国电子商务大市场。

中国电子商务国际化发展趋势，呈现出五个明显特点：

1. 具备了开展国际电子商务的环境特征

以多语种信息传递为基础，以银行卡或网络银行结算为前提，以网络数字证书安全认证体系为交易信任保障，以全程物流配送和延伸服务为支撑，充分实现信息资源的共享性、互动性、安全性的网上交易环境，是电子商务国际化的环境要求。

为适应这种要求，近年来我国先后建设了中韩、中日、中乌等众多双语网站，建设了面向东盟国家的多语种电子商务网站，面向世界 500 强的专业服务网站。还进行了世界 500 强网站的特色与差异研究。

2007 年 12 月，阿里巴巴正式推出日文版网站。这是继中、英文版之后，阿里巴巴网站涉及的第三种语言。网盛科技也于同年 8 月推出包括英、韩、日等多国语言版的“国贸通”，成为其完成国内市场布局后，进军国际化的开端。

中国网上市场的丰富资源及其巨大的可开发价值，成为了国外网站进行技术性开发的动力。美国泰龙（Tyloon）网络公司 2007 年 8 月 20 日正式启动了可用英文、中文和西班牙文搜索中国公司的网站。目前已有 1200 万家中国公司在该网注册。登录“泰龙—中国”搜索不仅能搜索到中国大企业，也能搜索到省市级企业，是“十分有用的工具”。

在身份认证方面，我国取得了重要进展，不仅各省 CA 认证中心普遍建立，而且中国金融认证中心（CFCA）电子证书发放量已突破百万。在基于声纹识别的电话网络语音身份认证、RSA 双因素身份认证、指纹识别身份认证、像素人脸识别身份认证等先进的认证技术上也都获得了突破。特别是我国公安部已经建成了全网统一的身份认证和授权访问控制系统，不仅制发数字证书 70 余万张，还衔接改造应用系统 230 个，提高了公安信息网络安全管理水平和查询追索能力。

在网络支付方面，目前西方发达国家网上银行对传统物理网点的替代比率已经达到 30% 以上，个别国家甚至达到 60% 以上。现代银行正在实现从柜面服务为主的传统服务向全方位网络服务的全面转型，网上银行为代表的电子渠道将成为银行服务客户的主要方式。

经过短短 10 多年的发展，我国网上银行的技术和服务水平已经迅速赶上了世界发达国家的水平。安全性逐步提高，功能日趋完善，客户数量和业务量发展迅猛，国内网上银行用户数连续 4 年增幅超过 90%，麦肯锡公司发布中国银行业创新系列报告称，截至 2015 年年底，中国互联网金融的市场规模达到 12 万亿～ 15 万亿元，占 GDP 的近 20%。而互联网金融用户人数也超过 5 亿人，成为世界第一。目前我国所有全国性商业银行已推出网上银行服务。网上银行已经成为银行业竞争的焦点。

国际结算银行进行的一项关于“电子货币以及互联网与移动支付系统”的调查指出：基于卡的电子货币系统在 34 个国家取得了相当的成功，尤其在公交、公用电话、停车计费以及自动售货机领域在中国获得了快速发展。

所有这些都为中国电子商务网站进入跨国网上市场奠定了坚实的基础，我国开展国际电子商务的网络环境条件已经成熟。

2. 形成了规模化、有序化、品牌化的网上市场体系

在商务部编制的《国内贸易发展“十一五”规划》中指出：到 2015 年我国将建成法制健全、体制完善、发展协调、秩序规范、结构合理、方式先进、

组织化程度较高的现代市场体系。中国电子商务经过近年的发展，已经涌现出一大批受国内、外买家欢迎和青睐的网上采购市场。规模化、有序化、品牌化的网上市场体系框架正在逐渐形成。阿里巴巴、中国钢铁网、中国化工网等一大批网上市场，正在逐渐主流化、规模化、有序化。跨国企业和国际买家已经把中国作为重要的网上采购市场。

3. 具备了和跨国商家对接的国际支付工具

发展跨国电子商务，必须发展国际支付。当前支付宝已成为电子商务简单、安全、快捷的在线支付工具。2007 年 8 月 20 日，支付宝用户已超 4700 万户，日交易额达 1.5 亿元，日交易笔数超过 78 万笔。据中国电子商务研究中心监测数据显示，2014 年，支付宝钱包在竞争激烈的移动支付市场占据绝对领先地位，用户数量和用户黏性不断提高，市场份额从一季度的 76.2% 上升至了 79.9%。目前除淘宝和阿里巴巴商家外，其他服务商家就已超 30 万家。工行、农行、建行、招行、浦发银行以及中国邮政、VISA 国际组织等均和支付宝建立了战略合作关系。

在 2007 年 8 月，支付宝就已启动境外战略。通过支付宝交易平台连接境外卖家和境内买家，不仅可跨境网上交易。同时也开辟了一条境外网商家进入中国市场的渠道。目前，通过支付宝，客户可以直接登录我国香港第一折扣店：Sasa 莎莎网站（该网有超过 5000 个国际美容化妆品牌，以折扣价在网上销售）、草莓网、Queen’s Mall 女王网、香港时尚购物网站等跨国和香港地区的购物网站购物，直接用支付宝支付。支付宝已与我国香港地区最大的网上支付公司 Asiapay 建立合作关系，逐步实现为在我国香港地区 1500 家合作商户提供支付宝服务。

除此之外，顾客还可以登录日本最大时尚购物网。该网是日本最大上市邮购公司 nissen 的子公司，专供日本原单精品服饰，销售商品品种达 10000 种以上。

实践表明：支付宝将成为跨境支付业务的探索者和引导者。

4. 一批电子商务网站上市加快了国际化的进程

我国 A 股“中国互联网第一股”网盛科技于 2006 年 12 月在深圳上市，以及阿里巴巴 2007 年 11 月 6 日在港交所上市，震撼了全国乃至世界，让国际互联网产业巨头和股市投资者感受到了中国互联网公司的分量。上市以后，阿里巴巴加快了电子商务国际化的进程。庞大资金的 60% 都将被投入加强阿

里巴巴的国际化建设当中。现在，阿里巴巴已在欧洲开了办事处，在日本成立了分公司，在美国举办“芝麻开门”活动，在广交会上进行了信息资源置换，还获得国际域名注册授权。

早在2007年11月，阿里软件就与思科签署了全面战略合作备忘录，致力于共同开拓中小企业国际化市场。值得指出的是，此次阿里巴巴继英特尔、微软之后，又与一家重要的IT科技公司合作。这种网络设备商、软件商、互联网服务提供商三方面的聚合，将成为阿里巴巴集团整合世界网络资源战略布局的重要一步。

信息资源来源的国际化，商务信息渠道的扩展化，网上商机的多元化必将促成信息价值的增量化。为此，阿里巴巴对网络平台功能进行了全方位的提升。全面地显示了阿里巴巴的技术创新能力、资源整合能力和市场开拓能力。当这些能力和资本积聚能力一起形成一种战略能力的时候，阿里巴巴作为中国电子商务网站旗舰的形象和态势，就会清晰地显示出来。就开始拉开了和慧聪网、环球资源为代表的第一阵营网站的差距。

5. 进行跨国网络购物已成为中国网购的新趋势

Visa国际组织公布的数据显示，中国内地Visa国际卡的交易总额和签账总额增长率位居亚太地区榜首。

眼下，中国人的购物视野已经扩展到国外。很多人通过跨国购物发现：很多品牌和产品在国内还买不到，即使有的产品国内能买到，售价与国外也相差很大。特别是许多人发现：每年法国的购物季期间，在该国网站购物，不仅款式新颖，而且都是折扣价，这就进一步激发了大家的网购热情。

与此同时，国内的中商网也早就与北京西单商场、中外运敦豪（DHL）联手推出“网上购物跨越国界，海外华人解乡愁”的主题促销活动，为海外华人以及国内民众提供中秋礼品网上订购、速递全球的“e路通”服务。

以中国化工网为代表的我国行业电子商务网站专业水平不断提高，开始显现“集聚效应”。以佑康电子商务平台为代表的城市电子商务平台逐渐被大众接受，开始高速发展。深圳盈盛科技针对欧美市场进行电子产品零售与批发。被誉为“网络丝绸之路”的eBay则为众多的中国中小企业提供了一条通向国际市场的快车道，提供了一个面对全球150多个市场的四通八达的跨国交易渠道。

这种创新的网购趋势是双向的。当前，这种网购的新趋势已经由“新潮一族”发展为普遍要求。许多人不仅要进入跨国市场采购商品，而且要使中国商品走进国际市场。

具有“中国特色”的电子商务的发展前景深远，将进入更加完善的信息网络时代，虚拟空间、虚拟社会已经建立，随着新一代的成长，网络消费观念将会成为一种必然，中国特色的电子商务是一个全新的、不断变化的领域，随着新技术的飞跃发展，企业应该不断制定相应的战略、策略，以适应形势变化，才能使企业得到最好的发展。

第三节 中国电子商务发展模式的“春秋战国”

中国电子商务发展的模式多种多样，但归根到底还是 B2B、B2C、C2C 三种为主。下面看看这三种模式如何演化和发展。

一、B2B：王者至尊

自从 1997 年贸易通进入电子商务贸易网站的大门以后，B2B 电子商务市场大门正式开启。随着计算机技术及物流技术的迅速发展，B2B 电子商务在中国发展越来越迅速，如阿里巴巴、慧聪、环球资源等，他们作为网络交易中间商，搭建全球或国内的买卖双方的网上贸易服务平台，满足买卖双方的需求，整合公司的内部资源与外部资源，达到资源利用的最大化。目前，B2B 市场份额约占整个电子商务交易份额的 80%。

（一）中国 B2B 电子商务发展迅速

1997年，中国产生了第一家垂直类的B2B电子商务网站——中国化工网，中国电子商务从零开始。1997 ～ 1999 年这段时间，众多的中小型企业渐渐从 B2B 电子商务中获得了订单，获得了销售机会，“网商”的概念深入商家之心，在1999年，现货电子市场电子交易额当年达到2000亿元，中国的电子商务雏形逐步形成。2000年，中国电子商务的交易额有不同程度的增长，2/3的B2B电子商务公司交易额增加了10%～20%。

在开展电子商务的企业中，1/3采取了自主经营电子商务的方式，2/3采取了利用B2B电子商务公司的平台和服务的方式，但对B2B公司提供的服务满意度不高。到了2001年，中国B2B电子商务成交额为1075亿元，相比2000年的767.7亿元增长了40%。其中，家电业的交易额达到210亿元以上，石油行业的交易额也超过了165亿元，信息产品、纺织服装和日用轻工产品的出口中，通过B2B达成的交易也都在100亿元左右。当时，国内B2B的交易中，大型企业的采购和销售起到了决定性的作用，为了推动其发展，中国石化、海尔集团、联想集团、宝钢公司以及神州数码的B2B交易，形成了一个较大的电子化供应链，带动了一大批业务伙伴企业把他们的业务搬上网，这一举动对当年国内的B2B发展起到了很大的推动作用。据《中国行业电子商务网站调查报告》显示，从2002～2006年，中国行业B2B电子商务网站数量持续高速增长，每年平均增速超过15%，直到2006年，中国B2B电子商务网站中的51%实现了赢利。其中，45.75%的行业电子商务网站实现了一年的赢利，5.19%的网站已持续6年赢利。见图4。

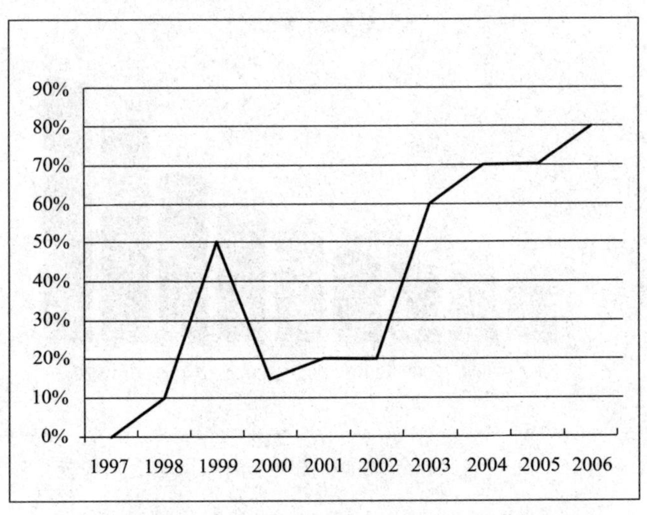

图4　1997～2006年中国B2B电子商务市场交易情况

近年来，国家经济重心由制造业开始转型，由出口向内需转变。而B2B业务能够更好地促使我国商业交易的达成，从而带动区域经济的发展。国家对电子商务的政策扶持出台，使得电商企业不断推出新的服务吸引更多的企业加入，直接促使整个行业更加繁荣，并且国家也明确表示将电子商务的发展提升到国家战略发展的高度。

从近7年的数据统计来看，我国B2B市场的交易规模每年都呈稳步上升的趋势，增幅保持稳定。2009年B2B市场交易规模为3.28万亿元，2010年B2B市场交易规模3.8万亿元，2011年B2B市场交易规模4.8万亿元，2012年B2B市场交易规模6万亿元，2013年B2B市场交易规模7.43万亿元，与2012年相比环比增长18.88%。2015年B2B市场交易规模达11.8万亿元。见图5。

除了政府驱动以外，各个B2B服务网站和企业也在不断地优化服务和体验，更好地促进整个行业良性发展。如阿里巴巴细化服务，打通天猫与淘宝平台，中国网库为传统企业打造单品网站，慧聪网打造家电城，等等。随着电商行业进一步的发展以及电商企业技术和服务的革新，未来几年，B2B行业仍然会给中国经济创下新的奇迹。

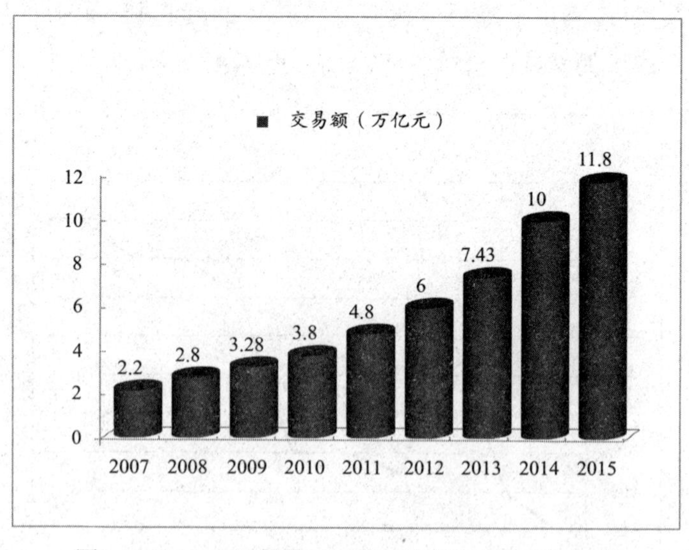

图5　2007～2015年我国B2B电子商务市场交易规模

从2007～2015年我国电子商务企业规模来看，目前B2B领域企业规模增长趋势渐渐趋于平缓，最快增长时期是2009～2010年，由7580家企业增

长到 9200 家，累计净增长 1620 家，增长率为 21%。目前，随着传统企业逐步向线上靠齐，商家增长量在近两年还会继续，但不会有很大规模的爆发性增长。

从整个 B2B 行业来看，我国 B2B 行业正在面临转型和升级，在这一过程中将会淘汰掉一批企业，提供更好的服务的企业才会留存下来。B2B 企业在竞争时也给 B2B 电子商务平台提供严峻的考验，如何做到让各个企业在平台上公平竞争、透明交易和服务将会是平台的核心所在。

虽然 B2B 网站几乎覆盖了国民经济的各个行业，但调查中却发现网站运营商的地理位置依旧具有区域集中的倾向，目前我国电子商务服务企业主要分布在珠三角、长三角、北京等发达地区。从地域来看，电子商务发展得非常不平衡。但是，这种不平衡是非常好理解的：电子商务的发展离不开环境的高承载能力、较发达的金融水平、良好的物流配送等。长三角、珠三角以及北京等发达地区是经济发展的第一梯队，具有一流的电子商务配套设施，因此，电子商务在这些省市发展水平靠前是经济基础的反应。

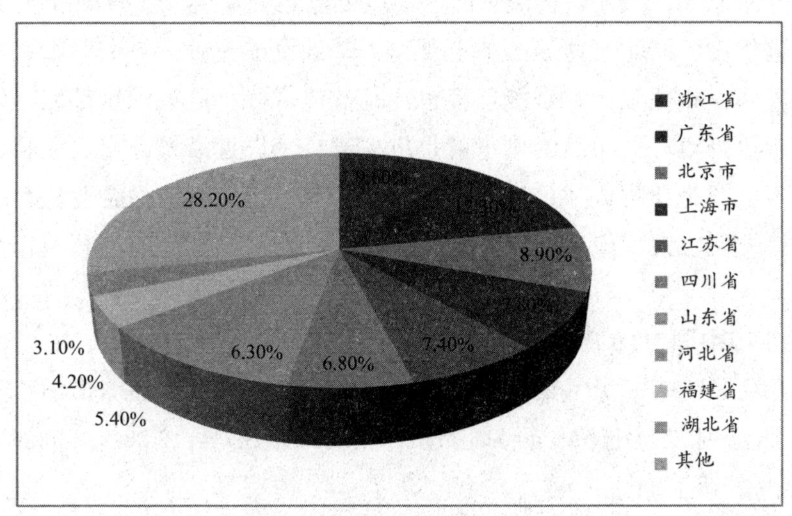

图6　2013年我国B2B企业分布图

从 B2B 企业的地理分布（见图 6）来看，广东省以 12.3% 的市场份额排在第一位，浙江省以 9.6% 的市场份额排在第二位，北京市以 8.9% 的市场份额排在第三位，上海市以 7.8% 的市场份额排在第四位，江苏省、四川省、山东省、河北省、福建省、湖北省分列五至十位。城市 B2B 企业地理分布马太效应明显，即发达地区和沿海城市的 B2B 份额占比超过了其他城市的总和。

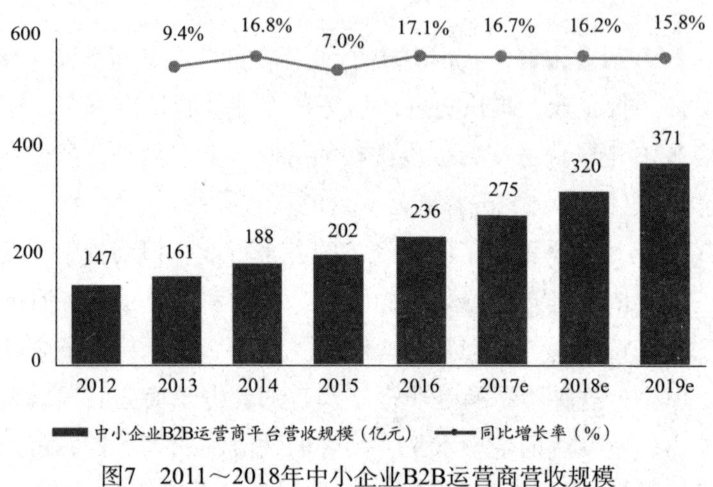

图7　2011～2018年中小企业B2B运营商营收规模

从整体来看，靠近沿海地区的发达省份所拥有的 B2B 服务企业占比较大。经济越发达地区，人才、物流、商业环境也随之更发达，对 B2B 的发展也起到了促进作用，同时这些地区的电子商务基础设施完善，人们对新兴事物的接受度较高，相关政策、融资环境也比其他地区好，这些因素都使得发达地区电商企业密集。最明显的例子就是广东省，其靠近沿海，交通便利，又有很多从事电商企业的人才，同时广东省政府对传统的制造型企业从事电商领域的支持力度较大，该地区规模庞大的加工制造业等都为 B2B 行业作出了重要贡献。

2015 年中国 B2B 服务商市场份额上，阿里巴巴排名首位，市场份额为 42%。接下来环球资源、慧聪网、上海钢联、焦点科技、环球市场、网盛生意宝分别位列二至七位，分别占比 5%、4.2%、3.7%、2.2%、1.7%、0.8%，其他 40.4%。见图 8。

据调查，2015 年 B2B 网站直接从业人员已经达到 270 万人，同比增长 8%；全国通过开设网店直接创业就业的人员已超过 1100 万人；由电子商务间接带动的就业人数，已超过 2000 万人，同比增长 11%。

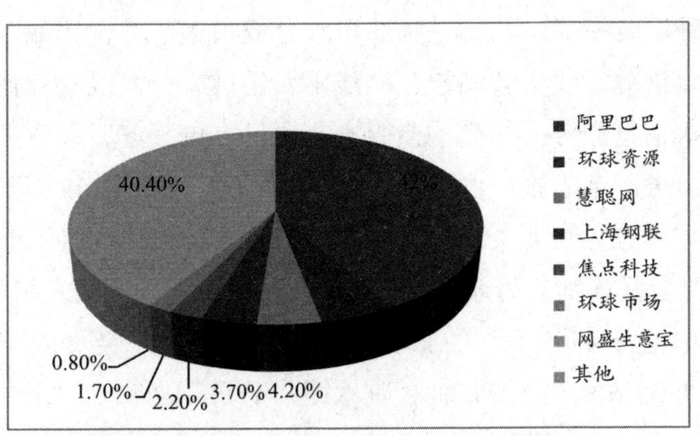

图8　2015年B2B电子商务服务商营收比例图

（二）中国 B2B 电子商务类型概况

第三方 B2B 电子商务平台所提供的服务种类繁多，但归纳起来主要集中在以下几个方面（见图 9）：

（1）提供营销推广服务，帮助企业拓展商业机会，典型代表为阿里巴巴（www.alibaba.com）。

（2）提供竞争情报服务，帮助企业优化商业决策，典型代表为我的钢铁网（www.mysteel.com）。

（3）提供在线交易服务，帮助企业达成在线交易，典型代表为敦煌网（www.dhgate.com）。

（4）提供人才招聘、融资担保等其他服务，帮助企业提升综合竞争力，典型代表为一达通商务网（www.ydt35.com）。

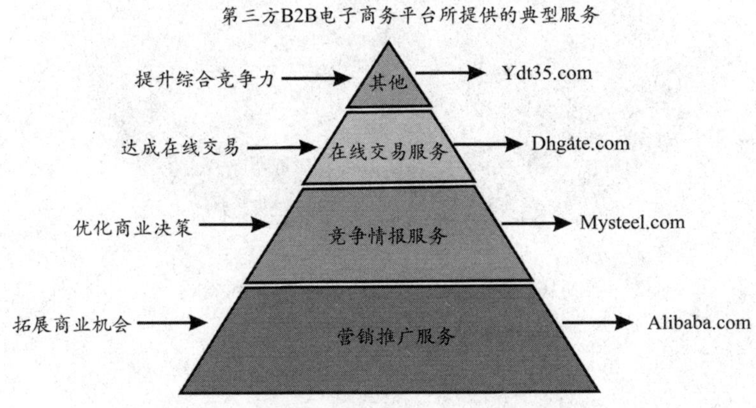

图9　第三方B2B电子商务平台所提供的服务种类

以上几种服务模式中，每一种还可细分成很多小类，比如以营销推广服务为例，可以细分成线上营销推广和线下营销推广，而线上营销推广还可具体细分为供求信息服务、招商加盟服务、项目外包服务，线下推广还可细分为报刊推广服务、杂志推广服务、行业展会服务、行业会议服务等。竞争情报服务又可具体分为行业资讯服务、行情报价服务、研究咨询服务等，而在线交易服务又可具体细分为大宗商品在线交易服务与小额批发服务。

根据B2B电子商务平台的赢利模式，主要来源于会员服务费制度，占B2B电子商务网站赢利的74.3%，其次是广告展示收费，占比为12.1%。IT服务收费占比为8.6%，其他营收占比5%。从B2B整体赢利模式来看，各大商务网站赢利模式过于单一，对会员收费依赖较大。目前，我国国内经济处于转型期，B2B企业增长乏力，电子商务网站如何突破赢利模式过于单一的瓶颈，是各大网站在当下需要规划和解决的问题。不过，从历史数据来看，会员服务费的营收正在逐年下降，而广告和IT服务的营收却在逐年增长。主要原因在于入驻B2B平台的商家逐年增多，很多企业靠广告投放得到更多的曝光度，从而扩大自己的销售额度。IT服务增长主要来自更多的传统企业向线上靠齐，由于技术和某些特定需求而定制IT服务。总体来看，会员服务收费占主要营收来源的这一趋势不会改变，但是比重会略有下降。见图10。

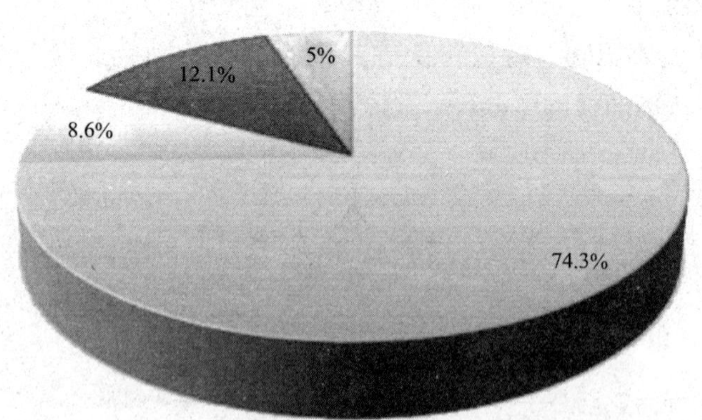

图10　我国B2B电子商务网站赢利模式

二、B2C：战阵中的突围

中国 B2B 电子商务由 1997 年开始；经过不断地发展，1999 年，中国 B2C 电子商务也随着拉开了序幕。从这一年开始，中国的第一批电子商务领军人物，开始了对 B2C 商业化的尝试。网上购物，从一个纯概念的炒作，到第一个订单的产生，完成了由虚到实的转化。第一批创业者，如李国庆、邵亦波，他们掀起了中国网上零售市场的第一波浪潮。

（一）中国 B2C 的网商战争

从 1999 年开始中国 B2C 正式起步，到 2003 年前后，为中国网上零售市场的探索期。在这段时间内，中国网上零售市场经历了市场认可度的高峰和低谷。1999 年，当当网、8848 成立；2000 年，卓越成立。紧接着的两年中国 B2C 泡沫成长到极致，热钱纷纷涌入，而 B2C 本身的赢利模式还处于探索阶段，过多的企业成为行业成长的牺牲品，直至 2003 年前后，大批企业倒闭。

由王峻涛创办的中国第一家 B2C 电子商务网站在 1999 年正式成立，当年以 260 万美元融资，可以说是当时最闪耀的亮点。8848 没有和他的名字一样，一直保持在那个世界之巅的高度，其失败的原因主要有两个方面：一是由于电子商务环境的不成熟，物流、支付、用户规模都难以支撑业务的快速发展；二是 8848 的投资方与管理层发生分歧，为求上市放弃核心业务。

2004 年，中国 B2C 市场开始复苏，投资泡沫开始退去，投资者理性回归，细分市场快速发展。2004 年当当网完成第二轮融资，亚马逊收购卓越网，成为该阶段的标志性事件。

2004 年中国 B2C 市场开始逐步震荡上升，大批的企业倒闭之后，投资方开始理性地对待 B2C 市场。以当当网、卓越网、易趣网为代表的电子商务领军企业仍然受到资本方的追逐。2004 年，当当网完成了第 2 轮融资，之后亚马逊以 1 亿美元求购当当，但最终被李国庆拒绝。亚马逊退而求其次，以 7500 万美元收购了当当的直接竞争对手——卓越网。

2006 年开始中国 B2C 市场进入快速发展阶段。这个阶段电子商务企业大量涌现，品类逐步向百货类扩张。以京东、凡客为代表的垂直 B2C 成为该阶段的亮点。2008 年，淘宝推出淘宝商城、电器城和鞋城。

中国的 B2C 发展到高速期之后，意味着商业模式逐步走向成熟，由于物流、支付、监管等因素受到约束的细分市场也逐步抬头。图书出版物等标准化的产品不再是最具价值的细分品类。据易观国际数据显示，2010 年，中国 B2C 市场销售规模最大的品类分别是服装、3C 产品。

用户习惯的成熟支付和物流环境的发展，塑造了京东的神话。B2C 与 C2C 之间的差距开始逐步缩小。

2015 年，中国 B2C 电子商务交易金额达到 7850 亿元，显示出 B2C 行业在战阵中突出重围，以有条不紊的速度进行增长。

（二）中国 B2C 电子商务格局代表

本部分通过实力矩阵模型来展现当前 B2C 厂商的对比情况。该模型综合了厂商的市场实际表现以及厂商的创新能力，从而确定主要厂商的竞争地位，并分析未来各个厂商的演进路线。

（1）领先者：当当网。

2010 年 12 月，当当网在美国纽交所实现 IPO，成为中国 B2C 第二家上市公司。资本充裕的当当网将会有更多的资源投入供应链管理系统的建设当中。

当当网作为中国网上零售市场最早的进入者之一，迄今为止，在 B2C 领域的销售份额和用户份额方面均处于领先地位，是出版物 B2C 网上零售市场的领先者，也是中国网购市场的代表企业之一。近几年来，当当网已逐步向销售百货模式进行转型。其店中店模式是中国电子商务行业发展的重要尝试。店中店模式未来将成为当当网的核心业务。

（2）领先者：京东商城。

京东商城作为中国网上零售市场最大的 B2C 厂商，主要经营的品类包括 3C、百货等，在 2007 ～ 2010 年的三年里取得了较快的增长。2009 年，京东商城在中国 B2C 网上零售市场销售额中占比 18%。京东商城在用户黏性方面有较强优势。京东商城的主要问题在于营销方面以及后台管理方面。2010 年 1 月，东京商城获得老虎环球基金领投的总金额超过 1.5 亿美元的第三轮融资。

（3）领先者：卓越亚马逊。

卓越亚马逊作为中国网上零售市场最早的进入者之一，迄今为止，在 B2C 网上零售市场销售份额和用户份额方面处于行业前列，是出版物 B2C 网上零售市场的领先者，成为中国网购市场的代表企业之一。但是随着中国网

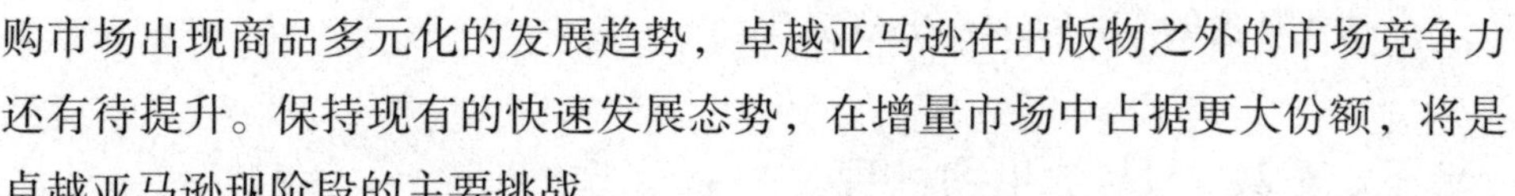

购市场出现商品多元化的发展趋势，卓越亚马逊在出版物之外的市场竞争力还有待提升。保持现有的快速发展态势，在增量市场中占据更大份额，将是卓越亚马逊现阶段的主要挑战。

从收入的增长趋势来看，卓越亚马逊近年来季度收入环比都实现了较快增长。收入增长主要是由于卓越亚马逊零售品类的增加以及后台仓储、物流等供应能力的加强，导致用户体验效果的加强，用户价值提升。

从产业发展的周期来看，中国 B2C 企业到 2016 年已经走过了 17 年的历程。相对于网络游戏、网络广告、网络旅游等互联网模式而言，中国 B2C 的上市之路要坎坷得多。

（三）中国 B2C 电子商务未来的发展趋势

（1）B2C 对电子商务的贡献值逐步拉升。

2015 年网络零售市场出现拐点，B2C 市场交易规模占 51.6%，C2C 市场交易规模占 48.4%，B2C 市场规模首次超过 C2C，成为市场主体；一系列监管、扶持政策的出台也倾向扶持 B2C 的发展，“人人开网店”的盛况不复存在；假冒侵权、售后服务差等 C2C 市场弊端显然与用户对品质日趋增高的要求背道而驰。

B2C 网上零售市场规模的增长速度将远大于 C2C 市场，其规模占比将逐年扩大（淘宝商城等 B2C 平台销售规模计入 B2C 市场）。随着更多的传统企业进入 B2C 网上零售市场。网上零售必然成为重要的销售渠道之一，其必将加速网上零售市场的布局，成为 B2C 市场快速发展的推动力。另外，B2C 网上零售模式也将是海外厂商大力拓展中国市场的重要方式。

（2）模式更加丰富。

中国 B2C 产业热点，如京东开放平台战略的提出，乐酷天的上线，tmall 域名的正式启动，都标志中国 B2C 平台的模式成长进入纵深化阶段。

B2C 平台是促进交易规模增长的有效模式。商户的加入可以促进交易规模的快速增长。从赢利角度而言，由于服务于商户的 B2B2C 模式更容易衍生出增值服务产品，摊薄成本。为了在未来市场中占据领先地位，目前中国 B2C 厂商纷纷布局平台，B2C 领先企业也纷纷布局 B2B2C 业务。为了避免模式单一化，当当网、京东、卓越亚马逊纷纷运用各自先前的优势及经验，进一步拓展其业务，加紧布局 B2B2C 业务。如当当网的店中店、京东开放平

台、卓越亚马逊的 MARKET PLACE 等。

三、C2C：从混沌到秩序

随着网络消费观念的普及，加上支持网上购物的各种条件日益改善，网上购物这一新型消费观念正逐渐被消费者所接受。作为目前我国电子商务的主要模式之一，近年来 C2C 电子商务模式高速发展，国内 C2C 市场份额和交易量也在快速提高。

（一）中国 C2C 电子商务的市场战阵

1999 年，邵亦波成立国内第一家正式的 C2C 电子商务网站，打开了中国电子商务 C2C 之门，到 2013 年这 14 年间，巨大的资金投入，有限的收入来源以及市场竞争的高度同质化，使得 C2C 市场的进入门槛非常高。淘宝、拍拍、易趣之间形成寡头式的竞争格局。淘宝网作为目前的市场领先者，占据了超过 80%以上的市场份额，市场表现和业务创新能力都处于领先。拍拍和易趣分别占有一定的市场份额，凭借各自的优势，也拥有一定的用户。

目前一些 C2C 平台开始进入了 B2C 市场，一些 B2C 电子商务网站也开始涉足 C2C 电子商务领域。各类资源互补，彼此之间的界限将更加模糊，C2C 与 B2C 的相互融合在未来的几年将更加明显。

根据 2015 年数据显示，C2C 在网购市场的活跃用户为 4.13 亿人，市场交易金额为 3.8 万亿元。其中，淘宝集市仍然一家独大，市场份额占比 85%。见图 11。

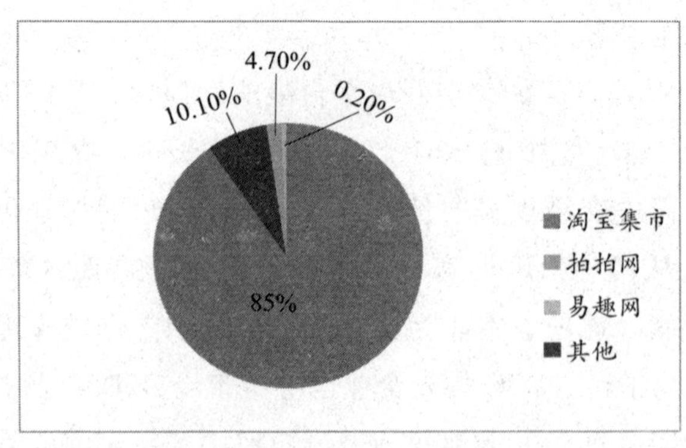

图11　2015年C2C市场份额占比图

（二）中国 C2C 的成长历程

绝大多数人可能不知道，中国的第一家 C2C 电子商务平台网站并不是后来被 eBay 收购的易趣。早在 1999 年 6 月，一家叫雅宝的网络拍卖网站开始运营，但不是很正式。在当时，雅宝主要为用户提供三类服务，即为用户免费拍摄、上传物品照片，制作 HTML 介绍页面，为用户登记拍卖物品。雅宝的主要竞价模式包括个人竞价、集体竞价和标价求购。如今，虽然早已看不到雅宝的身影，但它的贡献是不可否认的。雅宝把在线拍卖带入了国人的视野，为了解决网络购物最核心的安全交易问题，提出了“代收款交易保障服务”这一非常具有中国特色的交易方式。除此之外，为了进一步加强网购的安全交易性，雅宝在注册用户中实行了身份认证和交易信用评价制度，为网络交易制度的进一步规范奠定了基础。

1999 年 10 月，邵亦波凭借中国第一个 C2C 电子商务拍卖网站的概念，得到了第一笔 650 万美元的风险投资。此时，易趣采取了一个大胆的策略，将这 650 万元的融资绝大多数都投入了广告宣传。毕竟，在发展的初期，吸引网民的眼球是唯一重要的事情。时间证明“夺人先夺声”的策略是正确的。易趣网在成立不到半年的时间内，一跃成为中国内地最具有实力的 C2C 电子商务网站，注册用户迅速增长到 4 万人，商品销量也呈几何级数增加。

易趣网的迅猛发展引起了 eBay 的注意，2002 年 3 月，eBay 向易趣网投资了 3000 万美元，收购了易趣 33% 的股份。2003 年 7 月，eBay 向易趣追加 1.5 亿美元的投资。2004 年 6 月，易趣网宣布进入网站整合期，更名为易趣 eBay，公司被 eBay 全面接管，开始进入了面向国际市场的易趣 eBay 时代。经过对比我们可以发现，易趣无论在页面设计、赢利模式、运营方式上都跟 eBay 有很大的相似点。

正当赢利在望之时，淘宝等强势竞争对手的加入阻碍了易趣网赢利的步伐。就易趣网自身来说，与 eBay 的仓促对接以及一些竞争策略上的失误，使易趣网丧失了许多的机会与原有的优势，陷入了苦战的泥沼中。

在 2003 年 5 月，阿里巴巴推出了淘宝网，并宣布免费 3 年。其实在电子商务中，各个模式之间的界限并不是非常明显，各种模式之间的融合性造就了电子商务市场的同质化趋势，而同质化的必然结果就是垄断。目前，淘宝占据的高达 2/3 的中国 C2C 市场恰好证明了这一点。

在2003年，中国尚有90%的网民没有接触过网购，刚刚接触这个行业的初级网民心理上的不安全性使得他们希望能以最低的成本及风险开展他们的网购之旅，而易趣的收费策略和买家、卖家准入门槛把这些潜在的用户被挡在了门外，淘宝网看到了这一点并利用了这一点。2005年，淘宝的交易额首次超过了易趣，并宣布追加10亿元投资，继续免费三年。直至目前，据调查显示，淘宝的市场份额占到85%左右。

就目前的中国电子商务趋势来看，B2C与C2C的融合只是一个时间问题。据易观国际用户行为研究系统Enfopanel第1季度在线购物研究发现，在所有的调研中，只有18.1%的个人用户（C）为卖家，比例有所下降，这并非意味着个人卖家绝对数量的减少，而是说明个人卖家（C）开始出现两极分化，活跃的卖家更加活跃，沉寂的卖家则更加沉寂。另一方面，商户卖家（B）开始更多地出现在传统由个人卖家（C）占据的C2C平台上，成功的个人卖家（C）也开始逐渐转变为实力更强的商户卖家（B），这使个人卖家（C）和商户卖家（B）的区分也愈加模糊。

（三）中国现存电子商务C2C赢利模式分析

从C2C电子商务的发展历史来看，主要出现过以下几种赢利模式：

（1）为用户提供增值服务以收取费用。

主要有两种方式：一是向卖家收取费用，包括网络店铺费用、商品登录费用、管理费用等。二是根据交易额向买卖双方抽取佣金。对于买卖双方达成购买协议的商品，根据商品的价值，网站按照一定的比例抽取佣金。该类C2C网站的主要代表为eBay等。

（2）以免费政策吸引流量，带动广告收入。

专业分析人士表示：网络购物之所以发展迅速，是因为网络购物的费用相对于实体消费较低。许多网店的店租、税收基本为零，使商品价格明显低于实体商店，对消费者产生极大的吸引力。尽管网购本身不产生赢利，但对网站来说可以带来极大的点击量和流量，更有可能带动公司其他网站的流量，从而带动整体的广告收入。淘宝网对广告的贡献和拍拍网对流量的贡献都基于此理念。

（3）针对B2C性质的企业网店提供有偿增值服务。

通过引入知名消费品牌开设网上旗舰店的方式将网站扩展至B2C领域。传统的B2C电子商务是以最低的价格从厂家手中购买商品，再用最高的价格

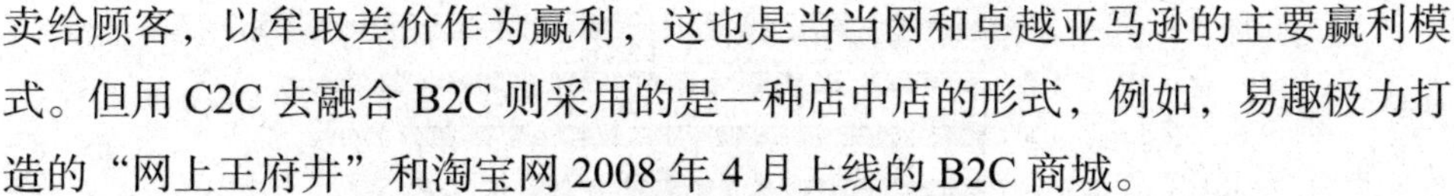

卖给顾客，以牟取差价作为赢利，这也是当当网和卓越亚马逊的主要赢利模式。但用C2C去融合B2C则采用的是一种店中店的形式，例如，易趣极力打造的“网上王府井”和淘宝网2008年4月上线的B2C商城。

（四）中国电子商务C2C未来发展趋势

（1）C2C电子商务趋向于为用户提供更复合型的用户体验与服务。

从平台纵向来看，目前的C2C平台已经可以为用户提供购物一体化的服务，包括支付、物流、交易保障等。从横向来看，平台也逐渐开始向周边服务延伸，如社区建设、即时通信和搜索引擎等，进一步降低了用户成本和提高了用户黏性。

（2）充分利用自身资源，开展差异化竞争。

目前C2C市场所形成的寡头竞争的局面，是平台服务高度同质化的结果。C2C平台间的竞争是人气、信息流、物流、资金流的竞争，如何结合自有资源是C2C平台脱颖而出取得优势的关键。无论拍拍、易趣还是百度、淘宝都拥有各自非常鲜明的特点及优势。

（3）寡头博弈，C2C平台玩家有限。

现阶段的C2C平台仍然采取免费政策吸引用户，在发展初期仍然需要大量的资金来维持，同时需要营造大流量的用户访问和相应的技术实力，因此进入C2C产业的壁垒较高，参与的企业需要拥有相当的实力。C2C市场的参与者有限，用户最终会聚集在某几个人气最高的平台之上。同时，竞争对手之间的任何策略都会相互影响。各平台在追求吸引用户目光的同时，也要努力提升自身的服务，在谨慎中寻求发展。

（4）C2C平台赢利模式即将明朗化。

C2C平台的销售产品类型大多聚集在服装鞋帽、箱包皮具上，所占比例高达35.5%。IT类所占比重也较高，达28.9%。其赢利模式一直摆在各参与者的眼前，在过去的几年中，由于中国的电子商务环境、人们的网购意识和技术手段都不成熟，各平台都只将目光聚集在如何开荒拓地中。而目前的C2C市场已经形成了一定规模，尤其是淘宝，在各项调查中显示，C2C网购在大中城市都已经达到一定的渗透率，可就此开展一些赢利模式的探索。中国C2C平台的主要销售产品类型如图12所示。

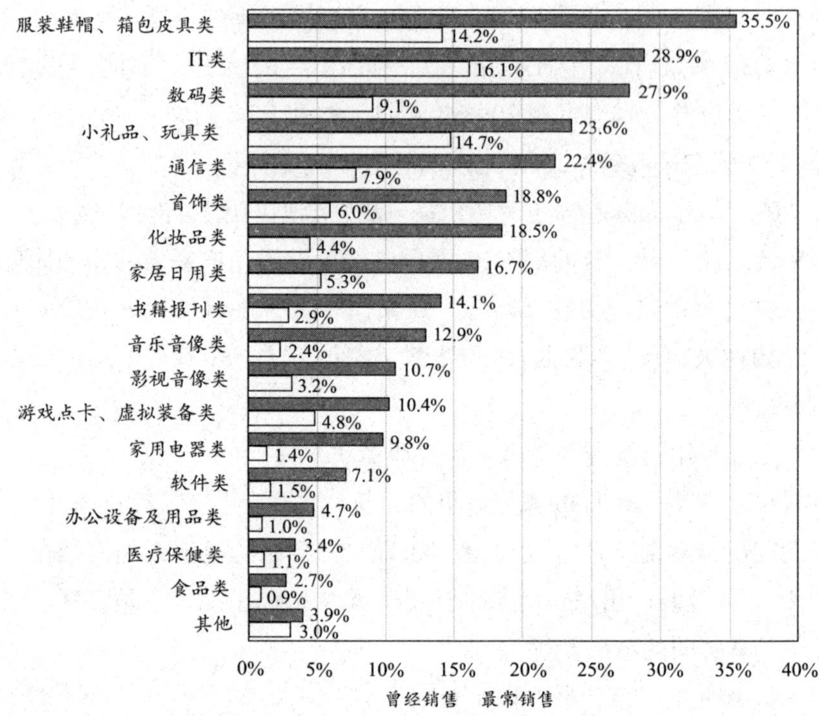

图12　中国C2C平台的主要销售产品类型

第四节　中国电子商务发展的地域格局

在经济全球化背景下，新经济是以信息技术革命带动的、以高新科技产业为龙头的经济。随着中国加入 WTO 和信息化步伐的加快，由信息技术、商务技术和管理技术相结合而诞生的现代生产力——电子商务正处在空前的发展时期，并以其强大的生命力推动着部门经济和区域经济的快速发展。中国电子商务的地域格局以自有的独特性发展跃进。

一、行政地域分布格局

电子商务是依托现代信息技术进行的新型商务活动，电子商务在中国迅猛发展，逐步渗透到生产、流通、消费等实体经济活动的全过程，成为引领生产、生活方式变革，加快经济发展的重要推动力，电子商务已经在地区经济增长中扮演着越来越重要的角色。但是，由于产业格局和发展策略的差异，地区电子商务呈现出不同的发展特点。通过对中国主要地区电子商务企业的数量、交易额、市场占有率的分析，可以总结出这些地区电子商务发展的基本特点。

在区域分布上，排在前十的省份（含直辖市）分别为：广东省、江苏省、北京市、上海市、浙江省、山东省、湖北省、福建省、四川省、湖南省。

1. 电子商务产业分布集中

在全国电子商务发展比较发达的城市中，北京、上海、浙江、广东、深圳分别作为京津冀、长三角以及珠三角三大区域的代表，构成了中国 B2C 电子商务发展的第一阵营。由于统计口径和方法的差异，对上述各城市发布数据的比较存在一定难度，但从近年来的总体发展态势看，浙江、北京和上海的 B2C 电子商务无论从交易规模、网站数量还是品牌知名度来看，始终处于全国领先地位。

浙江 B2C 电子商务企业相对较少，但由于淘宝商城在品牌知名度、市场交易额等方面的优势明显，因此，浙江对中国 B2C 电子商务的发展发挥着重要的影响作用。北京聚集了一大批全国知名的 B2C 网站，以京东商城、卓越亚马逊、当当为代表的 B2C 电子商务应用是北京 B2C 电子商务发展过程中的优势所在。

中国 B2C 电子商务市场交易额前 30 名企业中，北京地区占有 16 家，超过了 50%。全国交易规模超过 10 亿元的 B2C 企业共 8 家，北京有 5 家，占 62.5%。虽然目前全国共有各类 B2C 企业约 1.56 万家，但是 B2C 市场交易额前 15 的企业市场份额合计占比达到了 88.5%，因此交易额前 30 名的企业几乎涵盖了整个中国的 B2C 市场份额。从 B2C 市场份额来看，浙江的淘宝商城约占一半，达到 47.6%。北京地区 B2C 企业的交易额为 207 亿元，占整个市场的 32.8%，仅次于浙江居第二位。但是，北京市 B2C 企业数量多于浙江，各类垂直 B2C 企业也领先于全国其他地区。另外，从前 30 位网站的成立时间看，北京是唯一在近十年内不断有知名 B2C 企业成立并快速成长的地区，说明北京拥有良好的外部环境和 B2C 企业的培育机制。

2. 浙江 B2B 电子商务产业优势突出

虽然 B2B 电子商务几乎覆盖了国民经济的各个行业，但数据统计显示，B2B 网站运营商的地理位置主要集中在电子商务发展较好的东南沿海地区。浙江的 B2B 网站数量最多，占全国的 24.6%，广东的 B2B 网站占到 B2B 网站总数的 16.11%，北京 B2B 平台数量居全国第三，占全国总数的 10.74%。

从中国行业电子商务网站百强地区分布看，2008 ～ 2010 年年间，浙江省在百强行业网站中的占比有所下降，但其数量仍远远领先于全国其他地区，占比达到 42%，B2B 电子商务影响力居全国之首。上海的百强行业网站数量基本保持不变，而来自北京地区的百强行业网站却增加了 7 家，增长率达到了 64%，因此北京地区 B2B 企业的影响力在不断扩大。同时，可以看到虽然广东省 B2B 网站数量多于北京，但是入选中国百强行业网站的 B2B 企业远远少于北京市，广东省缺乏像慧聪网、敦煌网、金银岛这样具有影响力的 B2B 企业，因此从 B2B 企业的地区分布可以看出，浙江、上海和北京的 B2B 行业影响力属于第一集团。

浙江 B2B 电子商务企业不仅数量众多、特色突出，并且已经形成了门类齐全的 B2B 电子商务服务平台，产业规模日益扩大，整体影响力居全国之首。从市场份额排名看，浙江的阿里巴巴以 63.5% 的市场占有率位居第一。另外，浙江在许多垂直 B2B 电子商务领域（如化工行业、纺织行业、服装行业、机械行业、五金行业、食品行业、电子行业）的市场占有率都保持全国第一，相比其他地区，浙江在 B2B 电子商务方面的影响力优势明显。上海在钢铁和服装 B2B 电子商务领域具有一定的市场影响力。而北京在医药 B2B 电子商务领域的影响力比较突出。另外，以敦煌网、易唐网为代表的北京小额外贸 B2B 交易平台的用户及交易规模均位列全国第一，影响着全国其他地区的经济发展。

3. 京沪粤电子商务区位优势明显

地区电子商务的发展体现在两个方面，一方面是电子商务企业的发展，另一方面是传统企业对于电子商务应用的程度。电子商务企业通过提供网络商务平台，实现企业与企业（B2B）、企业与消费者（B2C）之间的交易行为。从这个方面看，无论是电子商务企业的数量，还是年交易额，浙江、北京、上海均处于优势地位。

但是，根据统计数据，广东的电子商务交易额2015年达到了3.2万亿元，占有20%的市场比例，居全国之首，浙江的电子商务交易额为2.8万亿元，占有13%的市场比例，居第二位。从B2C和B2B企业的数量和规模看，广东均落后于浙江、北京和上海，却创造了最多的电子商务交易额，充分说明了广东企业应用电子商务完成交易活动的普及度和成熟度，并且，可以推断，广东的传统企业主要是通过浙江、北京和上海的B2C、B2B企业完成了电子商务的交易。可以说广东企业应用电子商务的程度在全国处于领先地位。

地区电子商务发展呈现出不同的特点是由地区资源差异决定的。研究表明，中小企业是应用电子商务的主体，越是中小企业和民营经济聚集的地区，电子商务的交易越活跃，广东和浙江的电子商务交易量明显高于全国其他地区，这也从侧面印证了浙江、广东作为中国中小企业和民营经济聚集地的地位和优势。另外，B2C、B2B电子商务企业作为以信息技术为支撑的新型企业，其发展需要资金、技术和专业人才的支持，而北京、上海在这些方面拥有得天独厚的优势，因此，这些地区聚集了大批知名的电子商务企业，这些企业为全国的电子商务发展提供服务。总之，通过比较不同地区电子商务发展的特点，企业和地方政府可以根据自身情况灵活制定本地区电子商务的发展规划。

二、各城市电商发展格局

2010年，阿里研究院联合中国社科院信息化研究中心启动“网商发展指数”研究，对全国网商发展情况进行评价，于2011年开始发布“网商发展百强城市”榜单。城市是区域经济和社会发展的中心，也是区域电子商务发展的重要聚集地。

近年来，越来越多的城市重视电子商务，大力发展网络零售、跨境电商、电子支付等。

深圳、广州、杭州、上海、北京等成为“国家电子商务示范城市”。电子商务为众多城市促进消费增长、推动产业升级等提供了巨大的创新空间。同时通过“城市电子商务发展指数”，对地级及以上样本城市的电子商务发展进行了测度，及时、客观地作出记录和评价，是电子商务指数研究的延续和丰富，同时也是城市电子商务研究的新探索，对我国城市电子商务发展格局的认识具有极大帮助。

1. 经济发达地区的城市电子商务也发达

根据“阿里巴巴电子商务发展指数”排名，杭州市名列2015年“中国电子商务发展百佳城市”榜首，广州、深圳、金华、北京、上海、泉州、厦门、苏州、中山依次排名第二至第十位。这个排名表明，经济发达地区的城市电子商务也发达。见表1。

表1　2015年中国“电商百佳城市”前十名

排名	城市	省区	电商应用指数	电商服务指数	电商发展指数
1	杭州	浙江	23.542	67.877	45.709
2	广州	广东	26.960	39.205	33.082
3	深圳	广东	30.277	33.955	32.116
4	金华	浙江	22.531	33.082	27.806
5	北京	北京	19.335	31.470	25.402
6	上海	上海	18.461	32.155	25.308
7	泉州	福建	14.222	24.154	19.188
8	厦门	福建	18.960	12.930	15.945
9	苏州	江苏	18.634	12.965	15.799
10	中山	广东	21.586	9.933	15.760

阿里研究院发布的《2015年中国城市电子商务发展指数报告》，揭晓了2015年中国“电商百佳城市”排行榜。这是阿里研究院基于阿里巴巴平台海量数据，连续第三次对全国近300个地级及以上城市的电子商务发展状况进行的全面分析。

2. 苏粤浙鲁闽五省领跑全国

从地理分布来看，“电商百佳城市”广泛分布在30个省市区，江苏、广东、浙江、山东和福建五省合计占54%。具体为，江苏13个、广东12个、

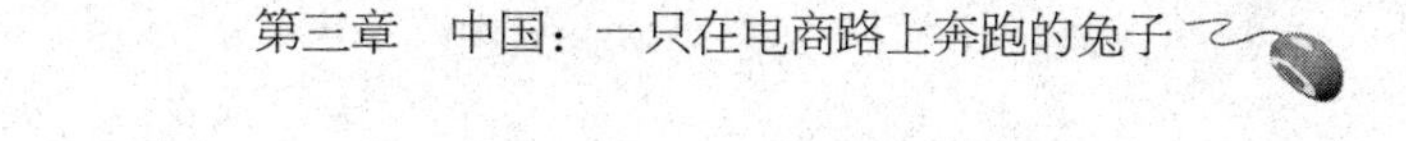

浙江11个，山东10个、福建8个。另外，安徽和河北各6个城市上榜，广西、湖南和江西各有3个城市上榜。见图13。

江苏、浙江所有的城市上榜，福建除三明之外所有城市都上榜，说明江苏、浙江、福建三省电子商务发展总体水平较高，均衡性较好。广东上榜城市主要来自珠三角地区及潮汕地区，山东上榜城市主要由济南和沿海城市构成。

值得关注的是，“一带一路”城市占据半壁江山。据统计，在2015年“电商百佳城市”中，有51个位于“一带一路”涵盖的18个省市区，在“电商百佳城市”前30名中，有13个是“一带一路”核心节点城市。由此可见，“一带一路”核心节点城市具有良好的电子商务发展基础。

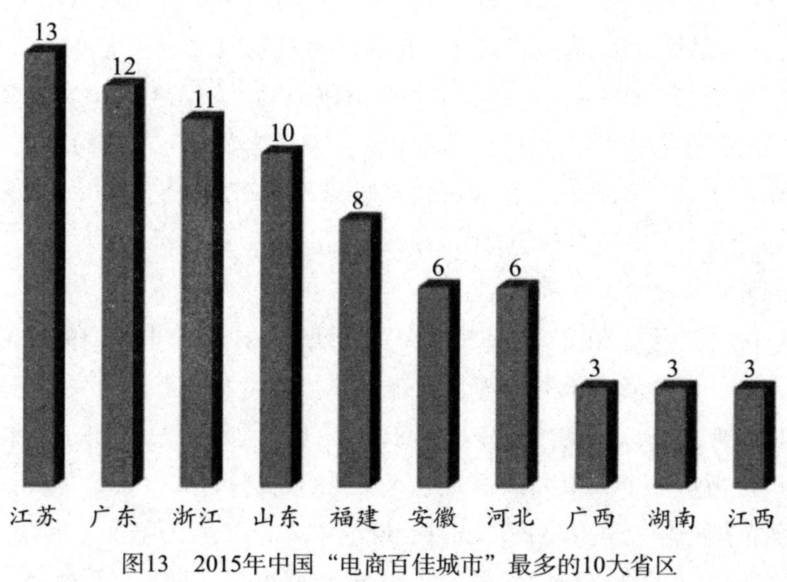

图13　2015年中国“电商百佳城市”最多的10大省区

其中，上海、广州、宁波、郑州、重庆、成都等同时也是中国跨境电商综合试验区城市。最近两三年，跨境电商成为这些城市的发展新亮点。比如，2015年，宁波全市跨境电子商务交易额达到81.95亿元人民币。郑州试点网购进口商品，累计有971万人收货，遍布全国各省，而出口业务收货人则分布于73个国家和地区。

3. 电商应用与电商服务“双引擎驱动”

近几年，在杭州、广州、上海、北京、深圳等城市，企业和消费者大规模、高频度应用电子商务，带动电商交易、支付、快递、营销等电商服务快速增长。如2015年，杭州市电子商务服务业主营业务收入达到1262.4亿元，同比增长44.2 %，“十二五”期间增长了11.5倍。据不完全统计，全国85%的网络零售额、70%的跨境贸易额和60%的B2B交易额是在杭州的电子商务平台上完成，全国1/3的综合性电子商务平台和专业网站都落户杭州。2015年，广州、上海和北京发出快递包裹数量分别超过19亿件、17亿件和14亿件，位居全国前三位。反过来，电商服务帮助企业和消费者更高效地应用电子商务。电商应用与电商服务相互促进，成为推动众多城市电子商务持续、创新发展的“双引擎”。

对“电商百佳城市”进一步分析，若一个城市电商应用指数、电商发展指数超过平均值，则视为电商应用、电商服务相对领先，反之亦然。分析结果显示，有23个城市属于电商应用和电商服务综合领先型城市，这23个城市名列“电商百佳城市”前25位，反映出“双引擎驱动”的格局。

另外，有13个城市属电商应用领先型，2个城市属电商服务领先型，62个城市的电商应用、电商服务仍有潜力可挖。

4. 电商繁荣源自大众参与

阿里研究院通过最近三年的持续跟踪发现，一个城市电子商务繁荣与否，与当地企业、消费者、服务商等是否普遍参与电商发展密切相关。阿里研究院进一步分析发现，“网购密度”“网商密度”（平均每万人中网购消费者、网商数量）是衡量一个城市大众参与电商发展的关键指标，由此，分析形成大众网购消费排行榜、大众电商创业排行榜。

在“2015年大众网购消费最活跃的50个城市”见表2排行榜上，深圳、广州和珠海名列前三位，第四至第十位依次为杭州、厦门、北京、中山、东莞、苏州和武汉。相对2014年，合肥、芜湖、昆明、枣庄、南宁、兰州、马鞍山的网购密度增长明显。

在“2015年大众电商创业最活跃的50个城市”（见表3）排行榜上，广州、金华、深圳名列前三位，第四至第十位依次为杭州、中山、东莞、温州、嘉兴、莆田和台州。

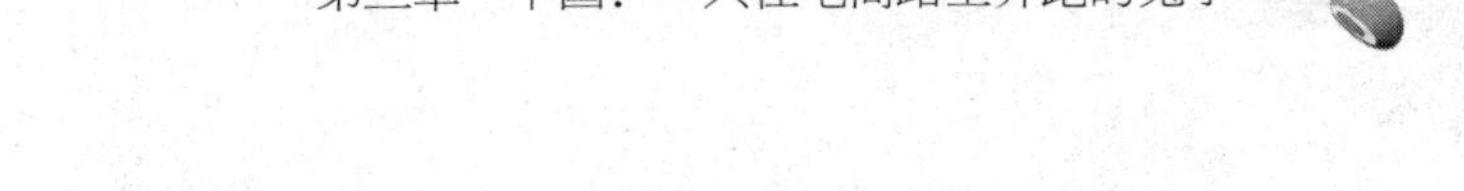

表2 2015年大众网购消费最活跃的50个城市

排名	城市	省区	排名	城市	省区	排名	城市	省区
1	深圳	广东	18	佛山	广东	35	温州	浙江
2	广州	广东	19	莆田	福建	36	贵阳	贵州
3	珠海	广东	20	金华	浙江	37	昆明	云南
4	杭州	浙江	21	宁波	浙江	38	银川	宁夏
5	厦门	福建	22	太原	山西	39	青岛	山东
6	北京	北京	23	成都	四川	40	枣庄	山东
7	中山	广东	24	嘉兴	浙江	41	绍兴	浙江
8	东莞	广东	25	福州	福建	42	南宁	广西
9	苏州	江苏	26	海口	海南	43	乌鲁木齐	新疆
10	武汉	湖北	27	济南	山东	44	兰州	甘肃
11	南京	江苏	28	南昌	江西	45	克拉玛依	新疆
12	郑州	河南	29	无锡	江苏	46	舟山	浙江
13	三亚	海南	30	惠州	广东	47	马鞍山	安徽
14	上海	上海	31	芜湖	安徽	48	天津	天津
15	合肥	安徽	32	常州	江苏	49	湖州	浙江
16	西安	陕西	33	嘉峪关	甘肃	50	台州	浙江
17	长沙	湖南	34	泉州	福建			

说明：

（1）本研究衡量各地大众网购消费活跃程度的指标是网购密度（=网购消费者数量/人口数量）。即“平均每万人中的网购消费者数量”。

（2）研究样本包括地级以上城市。

表源：阿里研究院，2016年

表3　2015年大众电商创业最活跃的50个城市

排名	城市	省区	排名	城市	省区	排名	城市	省区
1	广州	广东	18	宁波	浙江	35	成都	四川
2	金华	浙江	19	汕头	广东	36	福州	福建
3	深圳	广东	20	潮州	广东	37	济南	山东
4	杭州	浙江	21	揭阳	广东	38	合肥	安徽
5	中山	广东	22	绍兴	浙江	39	邢台	河北
6	东莞	广东	23	常州	江苏	40	连云港	江苏
7	温州	浙江	24	珠海	广东	41	宿迁	江苏
8	嘉兴	浙江	25	郑州	河南	42	石家庄	河北
9	莆田	福建	26	惠州	广东	43	衡水	河北
10	台州	浙江	27	武汉	湖北	44	长沙	湖南
11	泉州	福建	28	南京	江苏	45	保定	河北
12	上海	上海	29	无锡	江苏	46	镇江	江苏
13	苏州	江苏	30	丽水	浙江	47	江门	广东
14	佛山	广东	31	南通	江苏	48	泰州	江苏
15	湖州	浙江	32	青岛	山东	49	廊坊	河北
16	厦门	福建	33	扬州	江苏	50	威海	山东
17	北京	北京	34	徐州	江苏			

说明：

（1）本研究衡量各地大众电商创业活跃程度的指标是网购密度（=网商数量/人口数量）。即“平均每万人中的网商数量。”

（2）研究样本包括地级以上城市。

表源：阿里研究院，2016年

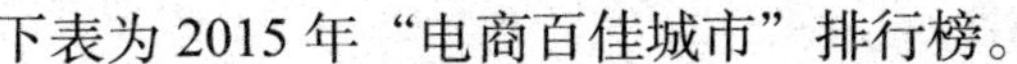

下表为 2015 年“电商百佳城市”排行榜。

表4　2015年“电商百佳城市”排行榜

排名	城市	省区	电商应用指数	电商服务指数	电商发展指数	类型
1	杭州	浙江	23.542	67.877	45.709	电商综合领先型
2	广州	广东	26.960	39.205	33.082	电商综合领先型
3	深圳	广东	30.277	33.955	32.116	电商综合领先型
4	金华	浙江	22.531	33.082	27.806	电商综合领先型
5	北京	北京	19.335	31.470	25.402	电商综合领先型
6	上海	上海	18.461	32.155	25.308	电商综合领先型
7	泉州	福建	14.222	24.154	19.188	电商综合领先型
8	厦门	福建	18.960	12.930	15.945	电商综合领先型
9	苏州	江苏	18.634	12.965	15.799	电商综合领先型
10	中山	广东	21.586	9.933	15.760	电商综合领先型
11	东莞	广东	19.799	10.830	15.314	电商综合领先型
12	武汉	湖北	16.092	14.313	15.203	电商综合领先型
13	嘉兴	浙江	17.374	11.100	14.237	电商综合领先型
14	南京	江苏	16.631	10.869	13.750	电商综合领先型
15	珠海	广东	20.203	6.906	13.554	电商应用领先型
16	温州	浙江	15.670	10.553	13.111	电商综合领先型
17	佛山	广东	18.874	6.655	12.765	电商应用领先型

续表

排名	城市	省区	电商应用指数	电商服务指数	电商发展指数	类型
18	宁波	浙江	16.406	8.805	12.606	电商综合领先型
19	台州	浙江	14.016	10.742	12.379	电商综合领先型
20	成都	四川	13.9031	0.424	12.163	电商综合领先型
21	合肥	安徽	15.077	8.574	11.826	电商综合领先型
22	郑州	河南	15.282	7.866	11.574	电商综合领先型
23	长沙	湖南	14.455	7.602	11.029	电商综合领先型
24	湖州	浙江	13.922	7.977	10.949	电商综合领先型
25	福州	福建	13.642	7.753	10.698	电商综合领先型
26	汕头	广东	11.322	9.912	10.617	电商服务领先型
27	无锡	江苏	14.376	6.148	10.262	电商应用领先型
28	常州	江苏	14.223	6.037	10.130	电商应用领先型
29	青岛	山东	12.142	8.047	10.095	电商服务领先型
30	莆田	福建	14.975	5.155	10.065	电商应用领先型
31	绍兴	浙江	13.608	10.062	10.062	电商应用领先型
32	济南	山东	13.392	6.711	10.051	电商应用领先型
33	西安	陕西	13.026	6.827	9.926	电商应用领先型
34	芜湖	安徽	12.420	5.948	9.184	电商应用领先型
35	惠州	广东	13.558	4.754	9.156	电商应用领先型
36	三亚	海南	14.725	3.474	9.099	电商应用领先型

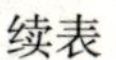

续表

排名	城市	省区	电商应用指数	电商服务指数	电商发展指数	类型
37	南昌	江西	12.593	4.967	8.780	电商应用领先型
38	南通	江苏	10.884	8.526	8.526	电商发展潜力型
39	丽水	浙江	11.316	5.645	8.481	电商发展潜力型
40	天津	天津	11.244	5.291	8.267	电商发展潜力型
41	石家庄	河北	10.138	5.940	8.039	电商发展潜力型
42	海口	海南	12.386	3.632	8.009	电商应用领先型
43	揭阳	广东	8.789	6.763	7.776	电商发展潜力型
44	太原	山西	11.948	3.560	7.754	电商发展潜力型
45	镇江	江苏	11.458	4.021	7.740	电商发展潜力型
46	徐州	江苏	11.072	3.982	7.527	电商发展潜力型
47	昆明	云南	11.272	3.661	7.467	电商发展潜力型
48	南宁	广西	10.173	4.431	7.302	电商发展潜力型
49	沈阳	辽宁	10.452	4.091	7.272	电商发展潜力型
50	潮州	广东	10.318	4.225	7.271	电商应用领先型
51	扬州	江苏	10.339	4.081	7.210	电商发展潜力型
52	舟山	浙江	10.893	3.412	7.152	电商发展潜力型
53	大连	辽宁	10.815	3.480	7.147	电商发展潜力型
54	廊坊	河北	10.993	3.156	7.074	电商发展潜力型
55	马鞍山	安徽	10.937	2.975	6.956	电商发展潜力型

续表

排名	城市	省区	电商应用指数	电商服务指数	电商发展指数	类型
56	威海	山东	10.736	3.122	6.929	电商发展潜力型
57	衢州	浙江	9.833	3.872	6.852	电商应用领先型
58	重庆	重庆	7.832	5.632	6.732	电商发展潜力型
59	邢台	河北	10.875	2.506	6.690	电商发展潜力型
60	泰州	江苏	9.983	3.217	6.600	电商发展潜力型
61	贵阳	贵州	10.454	2.589	6.522	电商发展潜力型
62	枣庄	山东	10.499	2.480	6.489	电商发展潜力型
63	连云港	江苏	9.558	3.340	6.449	电商发展潜力型
64	乌鲁木齐	新疆	10.481	2.250	6.365	电商发展潜力型
65	宁德	福建	9.435	3.222	6.329	电商应用领先型
66	景德镇	江西	9.584	2.649	6.116	电商发展潜力型
67	南平	福建	9.707	2.405	6.056	电商发展潜力型
68	漳州	福建	8.264	3.807	6.036	电商发展潜力型
69	银川	宁夏	9.556	2.301	5.928	电商发展潜力型
70	株洲	湖南	8.856	2.960	5.908	电商发展潜力型
71	烟台	山东	8.888	2.846	5.867	电商发展潜力型
72	嘉峪关	甘肃	9.725	1.909	5.817	电商发展潜力型
73	盐城	江苏	8.828	2.789	5.809	电商应用领先型
74	拉萨	西藏	10.128	1.484	5.806	电商发展潜力型

续表

排名	城市	省区	电商应用指数	电商服务指数	电商发展指数	类型
75	潍坊	山东	8.204	3.390	5.797	电商发展潜力型
76	呼和浩特	内蒙古	9.731	1.824	5.777	电商发展潜力型
77	淄博	山东	8.920	2.613	5.767	电商发展潜力型
78	宿迁	江苏	7.906	3.566	5.736	电商发展潜力型
79	保定	河北	7.256	4.115	5.685	电商发展潜力型
80	铜陵	安徽	9.213	2.083	5.648	电商发展潜力型
81	衡水	河北	9.390	1.745	5.567	电商应用领先型
82	克拉玛依	新疆	9.163	1.915	5.539	电商发展潜力型
83	防城港	广西	9.242	1.782	5.512	电商发展潜力型
84	郴州	湖南	8.630	2.309	5.469	电商发展潜力型
85	东营	山东	9.015	1.889	5.452	电商发展潜力型
86	长春	吉林	8.341	2.541	5.441	电商发展潜力型
87	兰州	甘肃	9.018	1.843	5.431	电商发展潜力型
88	临沂	山东	7.627	3.218	5.422	电商发展潜力型
89	淮安	江苏	8.026	2.673	5.349	电商应用领先型
90	哈尔滨	黑龙江	7.752	2.558	5.155	电商发展潜力型
91	洛阳	河南	7.715	2.550	5.132	电商发展潜力型
92	北海	广西	8.631	1.566	5.098	电商发展潜力型
93	黄山	安徽	7.907	2.230	5.068	电商发展潜力型

续表

排名	城市	省区	电商应用指数	电商服务指数	电商发展指数	类型
94	龙岩	福建	8.025	2.022	5.023	电商发展潜力型
95	秦皇岛	河北	8.126	1.901	5.013	电商发展潜力型
96	阳江	广东	7.746	2.213	4.979	电商发展潜力型
97	新余	江西	8.409	1.469	4.939	电商应用领先型
98	日照	山东	7.853	1.893	4.873	电商发展潜力型
99	蚌埠	安徽	7.529	2.097	4.813	电商发展潜力型

说明：

（1）分析样本包括全国地级及以上城市。

（2）排名所依据的“电商发展指数”，是根据阿里巴巴电子商务发展指数城市版（aEDI–City）指标体系计算得出。

第四章

电商发展的未来趋势——确定性抑或哥德巴赫猜想

电子商务是在全球各地广泛的商业贸易活动中，在互联网开放的网络环境下，基于浏览器和服务器应用方式，买卖双方不谋面地进行各种交易活动，实现消费者的网上购物，商户之间的网上交易和在线电子支付以及各种商务活动、交易活动、金融活动和相关的综合服务活动的一种新型的商业运营模式。它不是由一种商业模式限定的，它有各式各样的模式螺旋式上升发展，如 ABC、B2B、B2C、B2B2C、C2C、B2M、M2C、B2A、C2A、O2O 等。

第一节　从B2B到O2O

一、B2B发展的确定性

关于电子商务的话题层出不穷。许多电子商务企业，诸如阿里巴巴、慧聪网、中国化工网、淘宝网、当当网等，人们都耳熟能详。对于很多企业来说，B2B电子商务是一种前所未有的营销推广体验，它帮助企业实现多角度推广，很多传统行业在这些平台上枯木逢春。

（一）B2B在中国发展的现状

B2B的服务群体通常是企业，一头连着采购群体，另一头连着供应商，如图1所示。B2B通过互联网，为其服务群体提供产品、服务及信息。

目前中国B2B行业的发展速度十分迅猛，且以中小企业为主要使用群体。据中国电子商务研究中心（100EC.CN）发布《2013年度中国电子商务市场数据监测报告》，截至2015年年底，中国电子商务市场交易规模达16.2万亿元，同比增长21.2%；2015年电子商务市场细分行业结构中，B2B电子商务合计占比超过七成，B2B电子商务仍然是电子商务的主体，稳居中国电子商务交易规模头把交椅，中国企业，特别是中小企业B2B电子商务仍有很大的增长潜力。

图1

（二）中国B2B行业发展的趋势

1. 中国B2B平台呈现寡头垄断的行业格局

随着中国电子商务的发展。B2B电子商务市场规模以几何级数增长。综合类的B2B电子商务平台也得到很好的发展，从注册会员数量、营业收入各

项上来看，目前综合平台的阿里巴巴以超过50%的市场份额处于垄断地位。这类平台呈现以下特点：

（1）几何级的收益增长和强劲的资本实力，使平台有角逐国际市场的砝码。

（2）超大流量和强大的客户基础形成平台“马太效应”。

（3）几年以来积累的市场与服务经验，让此类B2B平台对未来平台走势非常清晰。必然会带来B2B深度整合发展。

2. 垂直专业B2B平台迎来发展机遇

有价值的行业平台更受投资商青睐。垂直专业B2B平台将成为未来中国B2B市场后发力量，有巨大发展空间。此类平台有两个特点：

（1）专：集中全部力量打造专业性信息平台，以行业为特色或以国际服务为特色。

（2）深：此类平台具备独特的专业性质，在不断探索中将会产生许多深入且独具特色的服务内容与赢利模式。

3. B2B平台功能开发走向深入，更加重视企业用户的实际应用

随着B2B平台的不断成熟，B2B平台的企业运用也越来越普及。大量中小企业的B2B电子商务意识的增长，促使B2B平台功能开发向纵深发展，需要更加专业、更加细化的功能模块。未来B2B平台功能开发将围绕企业用户实际应用需求展开，最直接的应用包括：SaaS服务的推出、网络时代客户关系管理，即时聊天系统等。

综上所述，中国电子商务B2B模式历经时间检验，具有确定性的发展前景。

二、O2O发展的预示性

近年来，O2O模式悄然兴起。O2O模式是电商深度发展的必然，它预示着虚拟与实体的结合，是电商发展的方向。但O2O模式本身只是将虚拟与实体打通的一种方式，与下一节所说的虚拟与实体的高度融合还不一样。

（一）O2O模式的概念

O2O模式又称离线商务模式，是指线上营销和购买带动线下营销和消费。O2O通过打折、提供信息、服务预订等方式，把线下商店的消息推送给互联网用户，从而将他们转换为自己的线下客户，这就特别适合必须到店消费的

商品和服务，如餐饮、健身、看电影、演出、美容美发等。

为什么这种模式能够悄然地产生？对于B2B、B2C商业模式下，买家在线拍下商品，卖家打包商品，找物流企业把订单发出，由物流快递人员把商品派送到买家手上，完成整个交易过程。这种消费模式已经发展很成熟，也被人们普遍接受，但是在电子商务非常发达的国家，在线消费交易比例只占8%，线下消费比例达到92%。正是由于消费者大部分的消费仍然是在实体店中实现，把线上的消费者吸引到线下实体店进行消费有很大的发展空间，所以有商家开始了这种消费模式。

（二）O2O模式运营模型（见图2）

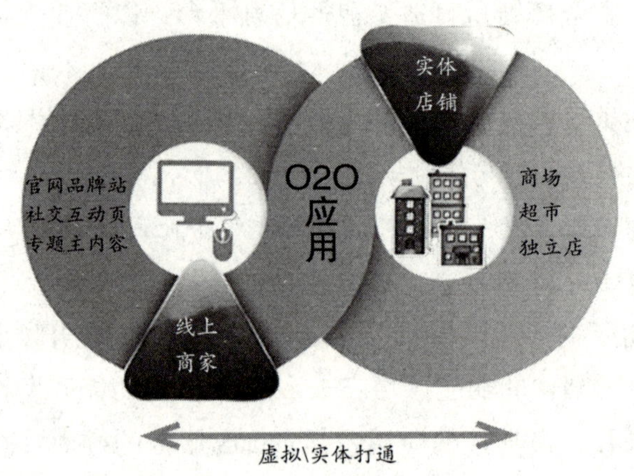

图2　O2O模式运营模型

O2O消费模式初出模型，分为入口、转化、交易场景、交易之后四个阶段。

1. O2O入口阶段

主要指通过线上流量平台将消费者向线下门店引导，因为便利性和携带方便的特点，目前各种移动终端已经成为O2O的主要流量入口，如大众点评来自移动端的流量超过70%，移动社交应用（如微信）、移动购物应用（如手机淘宝、支付宝钱包）、移动信息服务应用（如高德地图等）、自有APP（如沃尔玛APP）等都可能成为传统零售O2O的入口，前两者是中国传统零售商发展的O2O的主要入口，西方发达国家各行业零售的连锁率和集中率很高，传统零售商则主要依靠自有APP来进行O2O布局。

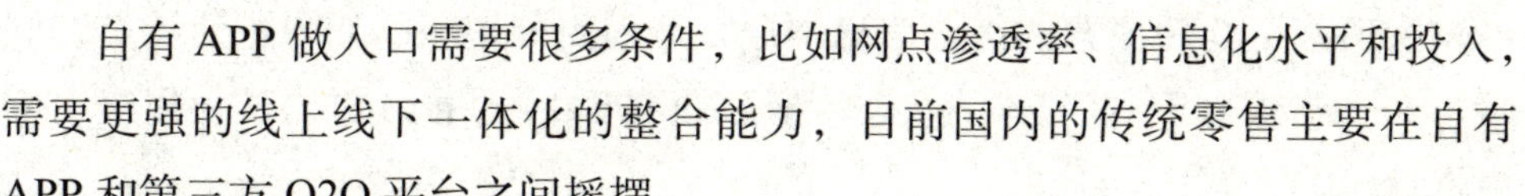

自有 APP 做入口需要很多条件，比如网点渗透率、信息化水平和投入，需要更强的线上线下一体化的整合能力，目前国内的传统零售主要在自有 APP 和第三方 O2O 平台之间摇摆。

2. O2O 转化阶段

指由线上入口带来的流量如何转化为实实在在的消费，在这一阶段，国内外传统零售商和 O2O 线上平台除了应用传统的优惠券、返利等工具，还进行了很多应用创新，如 Shopkick 的真实签到，沃尔玛的店内模式等。

（1）精准电子优惠券。

根据用户的交易记录和行为特点，分析用户的潜在消费需求，然后精准地向用户发送优惠券，刺激用户到店消费，电子优惠券必须建立在用户消费数据的基础上，然后做重点数据挖掘，制订促销计划。

英国 Tesco 从 1995 年开始实施客户忠诚计划，借助俱乐部卡来为客户提供折扣和优惠券，以此来换取用户的个人信息和消费数据，持卡人在每个季度结束时会收到包含优惠券的邮件（优惠的金额相当于他们平时消费金额的 1%）。同时 Tesco 通过对客户交易记录的分析来发掘用户的需求，并根据各个用户的特定需求向其提供特定的优惠。当前俱乐部会员卡已经成为其 APP 的一项核心功能，并与实体卡实现了捆绑。

通过俱乐部会员卡跟 APP 捆绑使用，Tesco 培养了一大批忠诚客户，仅在英国境内的持卡人就超过了 1600 万人，同时也激发了客户的购买欲望，提升客户的转化率，俱乐部会员卡的折扣兑换率达到 20% ～ 40%，远高于市场平均水平的 2%；另一方面吸引更多的用户到线下门店消费，带动门店的到店人数和门店销售，提升门店的竞争力。

（2）签到功能。

通过基于手机地图（地理位置）的服务，结合 APP 的签到、积分和优惠券推送功能，吸引并确保用户真实到达门店。Shopkick 是一款针对线下商家的移动应用，其合作伙伴包括沃尔玛、塔吉特、百思买等大型零售商，2013 年 11 月 Shopkick 与梅西百货合作部署测试 iBeacons 系统，安装 Shopkick 应用的用户在走近梅西百货（部署 iBeacons 系统）的品牌专柜时，会获得该专柜的商品推荐和优惠信息，从而吸引用户消费。

由于 iBeacons 技术可以进行精确定位（毫米级），与 Shopkick 应用相结合，实现基于地理位置的优惠信息推送，从而更好地吸引用户进店消费，同时与 Shopkick 签到和积分（兑换礼品或获得折扣）功能相结合，可以吸引用户重复到店消费。

（3）店内模式（具体门店的 APP 展示场景）。

跟签到功能有点类似，其前提是用户处于门店之内，通过手机定位等技术手段，当检测到用户进入门店范围时，手机应用将会开启店内模式，从而向用户展示本店的个性化优惠、促销和商品信息。

沃尔玛自有 APP 具有店内模式功能，当消费者进入沃尔玛的门店，启动 APP 后，APP 会自动切换到店内模式，向消费者推送本店的优惠促销信息和热门商品。

借助店内模式，一方面可以使各个门店根据自身的情况进行个性化的营销活动，从而提升本店对用户的吸引力，另一方面通过向用户提供及时的近在眼前的优惠促销信息，可以更有效地引导消费者在本店的购物，提升到店顾客的消费转化。沃尔玛 APP 带动了线下销售，应用 APP 的门店用户停留时间增加了 40%，而且预计 2016 年移动 APP 带动的店内购买量将是整体网购的 2 倍以上。店内模式的关键是门店具有完善的 ERP 信息，包括商品价格、优惠、活动等，店内模式让进入本店消费的用户更紧密地跟现实购买场景结合，提高用户的购买转化率。

（4）开放门店 ERP 信息。

向消费者开放门店的 ERP 信息，方便消费者查询其周边门店的所需商品的库存情况。英国零售商 Argos 已经向用户开放其门店 ERP 信息，用户可以通过网站、APP 等查询所需商品在周边 Argos 商店的库存情况，然后决定是到店购买还是在线订购。

通过开放门店 ERP 系统，可以帮助用户做出购买决策，对于门店有货的商品，可以起到引导用户到店消费的作用。2015 年，Argos 公司来自线上（PC 和手机端）的订单已经占据了近 50% 的份额，其中超过 2/3 的订单是由用户到门店自提的（其他由门店配送到用户家中）。

开放门店的 ERP 可以让用户做出购买决策，倾向于购买附近门店有库存的商品，既方便上门取货，也方便门店更快速地配送上门，对门店来说，有利于提高供应链效率，降低物流成本。

（5）扫描（码）购物。

即用户通过扫描二维码、图片、条形码、图书封面等获取商品的详细信息，如果对商品有需求可以在线下单，然后由附近门店配送到家。

美国著名内衣品牌“维多利亚的秘密”的销售渠道包括专卖店、目录销售和在线销售三种渠道，通过使用维多利亚的秘密 APP 中的 Scanto Shop 功能，可以扫描目录页面获取商品详情，并在线下单购买。

通过 Scanto Shop 功能，进一步加强了其目录销售与线上渠道的融合，拓展了消费者的购物场景，也为消费者提供了更加方便快捷的购物体验。不仅是维多利亚的秘密，当前扫描购物无论是对于网络零售商还是传统零售商都得到了越来越广泛的应用，比如各个应用中的扫描二维码购物，当当网推出的扫描图书封面购书等，都极大地提高了用户的购买体验。

3. 交易场景阶段

主要指消费者进入门店后的商品选择、支付再到交易完成的过程，此阶段零售企业的 O2O 创新应用较多，如沃尔玛自有应用的扫码比价、虚拟购物车、储物柜等。

（1）扫码比价。

APP 内置扫码功能，通过扫描商品自身的条码，提供该商品不同渠道的价格对比（包括线上和线下），方便消费者进行购买决策。

沃尔玛 APP 带有扫码比价功能，可以实现门店与线上（如亚马逊）渠道的价格对比，方便消费者进行商品选择和购买决策，这也显示了沃尔玛借助自身的供应链优势，积极应对来自线上零售的竞争。

通过扫码比价功能，用户能够及时了解产品在不同渠道的价格，从而帮助用户进行购买决策，这对于价格敏感的消费者尤其重要，需要传统零售商具有较强的供应链管理能力，能够保证自身产品的价格竞争力，对超市、家居店等更适合。

（2）虚拟购物车。

即通过 APP 自带的扫码功能，用户选购商品的同时扫描商品条码，从而实现所购商品价格的实时统计汇总，实现对每个商品信息的进一步了解，如生产厂家、商品品质、功能简介等，并自动统计价格总额。

消费者在沃尔玛内购物时，只需要用 APP 扫描商品的条形码，APP 会自动统计所购商品的合计金额。同时借助沃尔玛的 Scan & Go 应用，用户在选购完成后可以直接去自助付款台结账，即可完成整个购买过程。

通过虚拟购物车，用户可以实时了解自己选购商品的总金额，而借助进一步的自助付款或手机支付等创新功能，节省了用户排队等待付款的时间，提高了用户的购物体验。

（3）门店取货服务。

网络零售一般借助快递直接将货物送达用户手中，而传统零售拥有丰富的线下门店，很多传统零售企业依托线下门店优势开展了门店自提服务，这对于网点渗透率较高的零售公司更有效，尤其是一些自带提货柜的零售公司。

塔吉特美国在 1800 个商店推出 BOPS（Buy Online，Pick Up in Store）购物模式便是利用其线下门店优势，用户在线下单后，订单由距离最近的门店进行确认，然后店员会将商品预留到客服台，等待消费者前来取货，而沃尔玛、Argos、Tesco 等零售商也提供了线上下单、门店取货的服务，这充分利用了自身供应链的优势（仓库—门店）和网点渗透率较高的特点，为用户提供了更便利的配送服务。

而 2013 年夏天沃尔玛开始测试的储物柜系统，是门店取货服务的进一步升级，储物柜依托于沃尔玛的门店，用户在沃尔玛网店购买商品，会被配送到附近的门店，到货后用户前往沃尔玛门店内的储物柜中取出商品，这一服务的推出拓展了沃尔玛门店的商品品类，进一步提升了门店的服务能力。

门店取货服务在促进线上业务发展的同时，用户到店取货也会带动其他产品的销售，据 Internet Retailer 报道，20% 的客户在门店提取他们的网购商品时，会在实体门店购买至少 60 美元的商品。

4. 交易之后阶段

交易完成后，用户跟企业的关系并没有终结，用户会借助移动社交媒体进行口碑传播，而企业则可以借助 O2O 外部平台和自有 APP 为用户提供服务并保持联系，通过精准营销、虚拟会员卡、优惠券等方式提升用户的忠诚度。

评价晒单：即用户对自己喜欢或购买的商品通过 APP 等工具分享到社交网络中，并对商品进行评价。GAP 中国和优衣库的 APP 中都具有分享功能，用户可以将喜欢的商品分享到微博、微信朋友圈或人人等社交网络，而对于购买的商品，用户可以添加自己的评价，为其他用户提供参考。

通过分享和晒单，对商品起到了口碑传播的作用，而且借助购买后的评价，一方面为后续购买者提供了参考，另一方面也有利于零售商根据评价内容指导自己的产品采购/设计和服务改进，为消费者提供更好的产品和服务。

经过四个阶段的逐步变化，O2O 显示出三个特点，分别是：交易是在线上进行的、消费服务是在线下进行、营销效果是可监测的。

（三）O2O 模式优势

对用户而言：

（1）获取更丰富、更全面的商家及其服务的内容信息。

（2）更加便捷地向商家在线咨询并进行预售。

（3）获得相比线下直接消费更为便宜的价格。

对商家而言：

（1）能够获得更多的宣传、展示机会，吸引更多新客户到店消费。

（2）推广效果可查、每笔交易可跟踪。

（3）掌握用户数据，大大提升对老客户的维护与营销效率。

（4）通过与用户的沟通、释疑更好地了解用户心理。

（5）通过在线预订等方式合理安排经营，节约成本。

（6）对拉动新品、新店的消费更加快捷。

（7）降低线下实体店对黄金地段旺铺的依赖，大大减少租金支出。

对平台而言：

（1）与用户日常生活息息相关，并能给用户带来便捷、优惠、消费保障等作用，能吸引大量高黏性用户。

（2）对商家有强大的推广作用及可衡量的推广效果，可吸引大量线下生活服务商家加入。

（3）数倍于 C2C、B2C 的现金流。

（4）巨大的广告收入空间及形成规模后更多的赢利模式。

O2O 的优势在于把网上和网下的优势完美结合。通过网购导购机，把互联网与地面店完美对接，实现互联网落地。让消费者在享受线上优惠价格的同时，又可享受线下贴身的服务。同时，O2O 模式还可实现不同商家的联盟。

在这种日新月异的体系规则和发展速度下，将 O2O 的优势发挥到极致的莫过于日本应运而生的乐天 Rakuten，它是最具代表性的电子商务的杰出企业之一。

乐天的创始人是三木谷浩史。旗下的乐天 EDY 卡是当今最先进的虚拟信用卡。EDY，其寓意为欧元 E、美元 D、日语 Y 之外的第四种即 WEB 货币。用户可以在乐天平台上申请带有 EDY 功能的乐天平台信用卡，选择绑定信用卡账户或者不绑定，绑定后每次消费可以获得乐天平台积分，不绑定则可以像交通 IC 卡一样进行小额消费，免去了带钱包的麻烦，不过不绑定是拿不到积分的。

2014 年 Rakuten 的 Q1 季度财报显示，乐天的电商增长率为 31.7%，其毛利增长也仅为 22.2%，但在信用卡增长率方面却高达 51.3%。纵使一个没有去过日本的朋友也知道日本的信贷业的发达，“一支唇膏可以按揭”的坊间传闻，其实不假。但真正值得背后深挖的东西却是 Rakuten 在日本进入后电商时代——移动电商时代，用户线上消费潜力挖掘殆尽后如何生存和发展的真实经历。

除了日本，中国也有不少 O2O 企业，其中，数大众点评网独具一格。

大众点评是全球第一家做第三方点评的公司（比美国的 Yelp 早一年），其他如电子优惠券、积分卡、生活消费领域的移动客户端，在全球范围内都是最早的。大众点评的业务包括信息平台和交易平台，信息平台业务提供吃喝玩乐的信息，帮助用户找到需要的服务提供者，团购提供优惠折扣，这是其他网站没有的独特优势。大众点评电子会员卡、预约预订也都是具有独创性的。如电子会员卡，对用户而言，可以找到商户、获得优惠和服务；对商户而言，电子会员卡可以帮助商户建立忠诚用户的管理系统，通过对用户信息及行为的分析，做出更好的营销决策。总的来说，做吃喝玩乐 O2O，就需要点评、团购、电子会员卡、预约预订等环节都具备，这些一起做是效率最高的，而目前这些都具备的在全球范围内仅大众点评一家。

类似日本乐天、中国大众点评如此新颖的电子商务企业，是许多国家值得借鉴的运营模式。由此可见 O2O 模式带来的好处：

（1）O2O 模式充分利用了互联网跨地域、无边界、海量信息、海量用户的优势，同时充分挖掘线下资源，进而促成线上用户与线下商品与服务的交易，团购就是 O2O 的典型代表。

（2）O2O 模式可以对商家的营销效果进行直观的统计和追踪评估，规避了传统营销模式的推广效果不可预测性，O2O 将线上订单和线下消费结合，所有的消费行为均可以准确统计，进而吸引更多的商家进来，为消费者提供

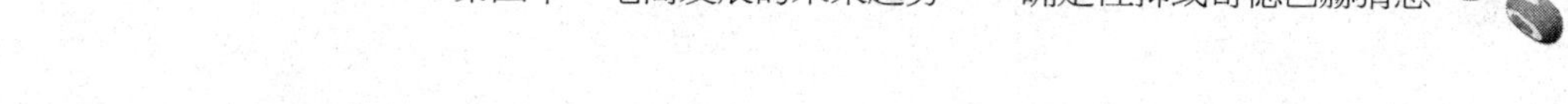

更多的优质产品和服务。

（3）O2O在服务业中具有优势，价格便宜，购买方便，且折扣信息等能及时获知。

（4）将拓宽电子商务的发展方向，由规模化走向多元化。

（5）O2O模式打通了线上线下的信息和体验环节，让线下消费者避免了因信息不对称而遭受的“价格蒙蔽”，同时实现线上消费者“售前体验”。

（四）O2O与B2C、C2C的异同

从B2C到O2O经历了时间的沉淀，O2O模式与B2C、C2C一样，均是在线支付，都是一种服务形式。

如果从消费零售服务角度来分，那么最大范围是零售，其中包括传统的各种零售业态（如大型超市、标准超市、便利店、专卖店、品牌店、品类店，以及有交叉分类的店铺，如连锁店和购物中心等）；从早期的零售服务方式分可以有：店铺销售，无店铺销售（包括电视、电话、目录、互联网等）。

最一致的是，消费者与服务者第一交互面在网上（特别包括手机）。主流程是闭合的，且都是网上，如网上支付、客服等；需求预测管理在后台。

但我们也可以清楚地看到两者的不同是：

（1）O2O更侧重服务性消费（包括餐饮、电影、美容、SPA、旅游、健身、租车、租房等）；B2C更侧重购物（实物商品，如电器、服饰等）。

（2）O2O的消费者到现场获得服务，涉及客流；B2C的消费者待在办公室或家里等货上门，涉及物流。

（3）O2O中库存是服务，B2C中库存是商品。

通过B2C、C2C购买的商品是被装箱快递至消费者手中，而O2O则是消费者在线上购买商品与服务后，需去线下享受服务。这是支付模式和为店主创造客流量的一种结合，对消费者来说，也是一种新的“发现”机制，其发展充满着预示性。

面对网络零售的冲击，国内外传统零售企业开始进行变革，纷纷涉足网络零售，但纯网购业务难以利用自身广泛的线下门店优势，如供应链、购物体验、专业服务等，相当于拿自己的短板跟电子商务巨头的长处在竞争，随着网络零售业务增速趋缓，领先的电子商务平台已经形成了自身的品牌优势和客户基础，构建起进入壁垒，至少在国内，传统零售企业与纯网络零售企业进行线上 B2C 竞争已无优势可言，即使加入电子商务平台，开店的机会也越来越小。但是，随着移动互联网的普及和移动应用的创新发展，为传统零售企业创造了新的业务发展模式——O2O，不仅可以规避与网络零售企业竞争中的以短搏长，而且可以发挥其线下优势，通过线下的专业服务、便利性和体验性优势跟电商平台抗衡，重塑线下零售体系的竞争力。

因此，随着传统零售企业 O2O 业务的不断推进，线上和线下的融合将更加深入，特别是线上线下的数据融合，将会使传统零售企业获得较网络零售企业更丰富的数据积累（还有线下数据），从而为提升用户转化（精准营销支持）、优化用户购物体验（更好的商品陈列、更合适的产品品类、更方便的交易流程等）提供数据支持，最终提升用户的忠诚度和企业自身的竞争力。O2O 悄然产生和迅速发展，预示其今后的发展势不可挡，交易规模上台阶也是指日可待。

三、还有什么电子商务模式在等我们去开发

电子商务不仅指基于互联网的新型交易或流通方式，而且指所有利用电子信息技术来扩大宣传、降低成本、增加价值和创造商机的商务活动。电子商务是互联网时代的产物，随着互联网的高速发展，电子商务已经不是一个单纯的商业概念，而是一个以互联网支撑的集信息流、商流、资金流、物流为一体的整个贸易过程。它不仅会改变企业本身的生产、经营、管理活动，而且将影响到整个社会的经济运行与结构。对于哪种电子商务模式更适合未来发展并取得更好的效益，或者有新的尚未开发的模式，专家们普遍认为各种不同的模式有着各自的特点和优势，难分伯仲。有专家认为不同的模式区别很大，但是却互有渗透，没有特定的区分界限，也有专家认为，电子商务模式也是各有千秋，无论哪种模式的电子商务，都存在着比较大的挑战。利用企业本身的竞争优势并弥补自己的不足，才是电商发展的根本命脉。

总之，万变不离其宗。要实现完整的电子商务还会涉及很多方面，除了买家、卖家外，还要有银行或金融机构、政府机构、认证机构、配送中心等机构的加入才行。由于参与电子商务中的各方是互不谋面的，因此整个电子商务过程，网上银行、在线电子支付等条件和数据加密、电子签名等技术在

电子商务中发挥着不可或缺的作用。相信未来将会有更多后起之秀开发引领电子商务，带动全球经济的发展。

第二节　移动互联网的商业模式

移动互联网，就是将移动通信和互联网二者结合起来，成为一体。移动通信和互联网成为当今世界发展最快、市场潜力最大、前景最诱人的两大业务，它们的增长速度是任何预测家都未曾预料到的，所以可以预见，移动互联网将会创造经济神话。

移动互联网的优势决定其用户数量庞大，在2015年年底，全球移动互联网用户就已突破30亿人，基于用户数的不断增长，近年来，移动社交的发展势头正劲。根据艾瑞咨询数据，2015年中国移动端网购交易额占比首次超越PC端，达到55%。预计未来中国移动购物市场交易规模还会持续上升，如图3所示。

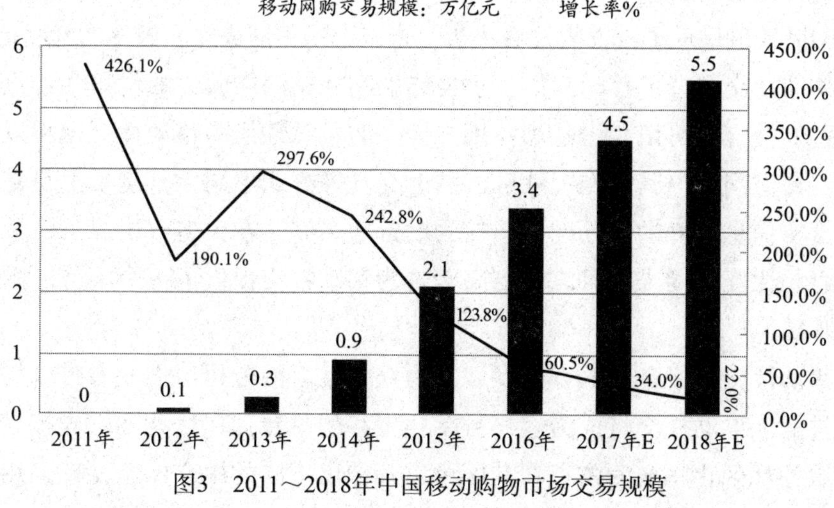

图3　2011～2018年中国移动购物市场交易规模

成功的移动互联网商业模式，需要提升平台价值、聚集客户，针对其目标市场进行准确的价值定位，以平台为载体，有效整合企业内外部各种资源，建立起产业链各方共同参与、共同进行价值创新的生态系统，形成一个完整的、高效的、具有独特核心竞争力的运行系统，并通过不断满足客户需求、提升客户价值，建立多元化的收入模式，使企业达到持续赢利的目标。

先来看下移动互联网的几大商业模式：

一、移动社交将成客户数字化生存的平台

移动社交是指用户以手机、平板等移动终端为载体，以在线识别用户及交换信息技术为基础，按照流量计费，通过移动网络来实现的社交应用功能，移动社交不包括打电话、发短信等通讯业务。与传统的 PC 端社交相比，移动社交具有人机交互、实时场景等特点，能够让用户随时随地创造并分享内容，让网络最大限度地服务于个人的现实生活。

作为互联网发展历程中的变革性应用，社交网络一度改变了人们的沟通方式和信息传播渠道。而伴随着移动互联网的兴起，社交网络又将迎来新的颠覆性转变，2015 年中国网民规模达到 6.68 亿人，其中移动网民为 4.3 亿人，移动网民渗透率超过 75.0%，移动网民增速高于整体网民，二者差距正在逐渐缩小。

移动互联网发展初期，用户规模是构建移动互联网快速发展的重要基础，移动网民数量呈现了较快的发展势头。未来市场逐渐成熟，整体增速将趋缓。

移动社交综合了移动网络、手机终端和社交网络服务的优势和特点并互为有益的补充，可谓相得益彰。用户信息的可靠性成为移动社交网络发展的基础。社交网络与其他网上社区、网上交友等方式不同，其基本上是基于客户的真实信息建立的人际网络，较为贴近实名制。在大多数情况下，手机用户信息相比互联网来说可靠性更高，这为移动社交提供了一个十分广阔的平台和基础。

移动社交网络多元的方向发展，为众多互联网公司与创业者带来许多机遇与挑战。移动社交将成为客户数字化生存的平台：在移动网络虚拟世界里面，服务社区化将成为焦点。社区可以延伸出不同的用户体验，提高用户对企业的黏性。

二、移动广告将是移动互联网的主要赢利来源

移动广告是通过移动设备（手机、PSP、平板电脑等）访问移动应用或移动网页时显示的广告，广告形式包括：图片、文字、插播广告、html 5、链接、视频、重力感应广告等。

电视、报纸、互联网是广告三大基本投放平台，互联网营销已经成为炙手可热的发力点，而随着移动设备的发展，移动广告势必成为未来的一大营销趋势。据报道，2015 年全球移动广告支出达 1700 亿美元，广告依旧是移动互联网的重要营收来源之一。手机广告是一项具有前瞻性的业务形态，可能成为下一代移动互联网繁荣发展的动力因素。

三、手机游戏将成为娱乐化先锋

手机游戏是指在手机等各类手持硬件设备上运行的游戏类应用程序，需要具备一定硬件环境和一定系统级程序作为运行基础。常见的智能手机系统有 MTK（Nucleus OS）、Windows Phone、安卓、IOS、塞班系统等。目前用来编写手机最多的程序是 Java 语言，其次是 C 语言。随着科技的发展，现在手机的功能也越来越多，越来越强大。手机游戏也远远不是我们印象中的什么“俄罗斯方块”“捕鱼达人”“贪吃蛇”之类画面简陋、规则简单的游戏，已经发展到了可以和掌上游戏机相媲美，具有很强的娱乐性和交互性的复杂形态了。现在又有了堪比电脑游戏的网页游戏。手机已经足够满足人们路途中的大部分娱乐需要了。

未来的手机游戏平台因为 ATI 和 NVIDIA 两大 PC 显示芯片厂商专业级水准的加入而更为热闹。在 ATI 推出手机和 PDA 手机 3D 多媒体芯片（包含专用的媒体处理器 Media Processor 及 3D 加速器 3D Accelerator）后，老对手 NVIDIA 也毫不示弱，公布了他们的 3D 多媒体芯片，并且应用于三菱和神达 MiTAC 的智能手机上。这些芯片在植入手机后能够有效地提升图形显示性能，使手机在进行多媒体演示和游戏时更出色地显示效果。

不过这些厂家提供的都是硬件芯片，要完全发挥其在 3D 图形方面的表现能力还需要相应支持的API才能相辅相成。

另一种则是微软推出Direct 3Dm，这是微软专为移动设备开发的，其中m就是mobile的意思。现Direct 3Dm尚在制定阶段，NVIDIA在法国戛纳举行的3GSM世界年会上发布的AR10就是支持Direct 3Dm新产品。Direct 3Dm的意义在于未来游戏厂商如果要把游戏移植到Mobile平台会变得比较容易，不需再去用新的平台去设计游戏，以降低游戏开发/移植的成本。

目前ATI的产品据称已经集成到日本最新一代3GFOMA手机F900I中，而该机正好采用的是symbian操作系统。由此可见智能化和3G应用是未来游戏平台的大势所趋。3G梦工场作为国内最早开设手机游戏开发课程的学校，也先后开设了安卓和IOS课程。

2015年，国内移动互联网运营商拒绝管道化，欲谋更多话语权，转型力度、资源投入日趋加大。在部分细分领域，围绕运营商转型的业务和渠道价值骤然放大，引发产业整合日趋频繁。

手机游戏将成为娱乐化先锋，随着产业技术的进步，移动设备终端上会发生一些革命性的质变，带来用户体验的跳跃性提升，如加强游戏触觉反馈技术，可以预见，手机游戏作为移动互联网的杀手级赢利模式，无疑将掀起移动互联网商业模式的全新变革。

四、手机电视将成为时尚人士新宠

手机电视（Mobile TV），就是利用具有操作系统和流媒体视频功能的智能手机以及支持HTTP或者RTSP的非智能机子都能观看电视的业务。手机电视具有电视媒体的直观性、广播媒体的便携性、报纸媒体的滞留性以及网络媒体的交互性。“手机电视”是一种新型的数字化“电视”形态，为“手机”增加了丰富的音频和视频内容。

手机电视不仅能够提供传统的音频视频节目，利用手机网络还可以方便地完成交互功能，更适合于多媒体增值业务的开展。

由美国和中国移动运营商推出的手机电视业务主要是依靠现有的移动网络实现的。中国移动的手机电视业务是基于其GPRS网络，中国联通则是依靠其WCDMA 3G网络，中国电信主要依靠其CDMA1X（2008年5月23日，

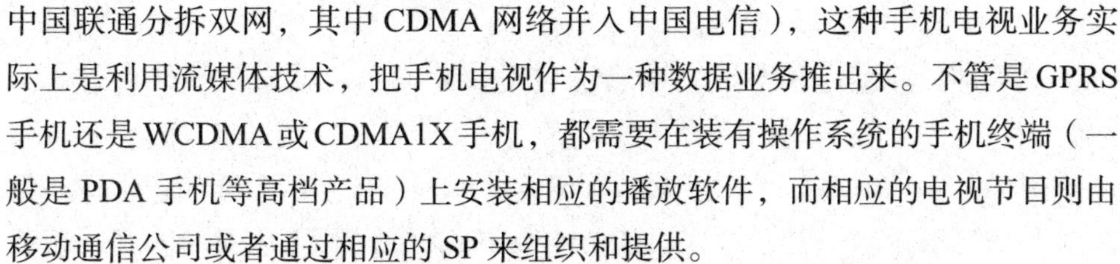

中国联通分拆双网，其中CDMA网络并入中国电信），这种手机电视业务实际上是利用流媒体技术，把手机电视作为一种数据业务推出来。不管是GPRS手机还是WCDMA或CDMA1X手机，都需要在装有操作系统的手机终端（一般是PDA手机等高档产品）上安装相应的播放软件，而相应的电视节目则由移动通信公司或者通过相应的SP来组织和提供。

利用手机来接收卫星播发的电视节目信号是一个非常新颖的想法。只有韩国在力推这种手机电视广播方式（DMB）。

手机电视将成为时尚人士的新宠，手持电视用户主要集中在积极尝试新事物、个性化需求较高的年轻群体，这样的群体在未来将逐渐扩大。

五、移动电子阅读填补狭缝时间

移动电子书即手持电子书阅读器，是由中国移动定制生产、内置移动2G/3G网络模块的一种专业用来看电子书的移动设备，可随时随地下载、在线阅读。

移动电子书阅读器又名移动电子书，是中国移动和汉王科技电纸书硬件厂商合作、深度定制的手持阅读终端移动电子书。

未来的电子阅读很可能主要集中在手机和平板电脑上，但专业的电子阅读器作为一种有利于深度阅读的设备，并不会轻易被它们替代。国外曾经有一款最终流产的平板概念机，就具备双屏——一块电子墨水屏，一块液晶屏。或许，最理想的情况是平板电脑的屏幕，可以随时从液晶屏切换成电子纸屏幕，这样既不伤眼又方便。

在我们不能随意砍伐地球上不多的树木的前提下，我们尽可以大胆地猜想，在未来不远的一天，先进的电子显示技术已经成为很普通的技术，且十分廉价，一个平板电脑大小的阅读器可能就几十元，或者就是一张薄薄的塑料布，或者直接是全息投影显示。在全覆盖的移动无线网络空间里，我们可以随意调取阅读各类电子图书、杂志或者报纸。

因为手机功能扩展、屏幕更大更清晰、容量提升、用户身份易于确认、付款方便等诸多优势，移动电子阅读正在成为一种流行迅速传播开来。

六、移动定位服务提供个性化信息

移动定位是指通过特定的定位技术来获取移动手机或终端用户的位置信息（经纬度坐标），在电子地图上标出被定位对象的位置的技术或服务。定位技术有两种，一种是基于GPS的定位，另一种是基于移动运营网基站的定位。基于GPS的定位方式是利用手机上的GPS定位模块将自己的位置信号发送到定位后台来实现移动手机定位的。基站定位则是利用基站对手机距离的测算距离来确定手机位置的。后者不需要手机具有GPS定位能力，但是精度很大程度依赖于基站的分布及覆盖范围的大小，有时误差会超过一千米。前者定位精度较高。此外还有利用WiFi在小范围内定位的方式。

移动互联网技术与移动定位业务相结合，可以轻而易举地实现移动黄页查询。移动网络首先定位出用户所处的位置，然后再根据互联网提供的信息选出用户所在地的相关信息，供用户查询。移动电话定位业务的开展，对制止移动电话的盗打非常有利。电信运营部门在发现盗打号码后，可以不必禁止移动电话的使用，而利用无线网络自动记录盗打的准确时间和地点，从而为司法部门执法提供最有力的证据。

手机定位服务又叫做移动位置服务，它是通过电信运营商的网络获取手机用户的位置信息，在电子地图平台的支持下，为用户提供相应服务的一种增值业务，被全球各大运营商公认为继短信息之后的新一轮革命。它是通过复杂的数学模型，对移动通信网络数据进行精密计算，得出移动用户的经纬度坐标，在电子地图平台的支持下，为用户提供相应位置服务。

移动定位服务提供个性化信息：随着随身电子产品日益普及，人们的移动性在日益增强，对位置信息的需求也日益迫切，市场对移动定位的服务需求将快速增加。

七、移动搜索将成为移动互联网发展的助推器

移动搜索是指以移动设备为终端，进行对普遍互联网的搜索，从而高速、准确地获取信息资源。随着科技的高速发展，信息的迅速膨胀，手机已经成

为了信息传递的主要设备之一。尤其是近年来手机技术的不断完善和功能的增加，利用手机上网也成为一种获取信息资源的主流方式。调研显示，截至 2016 年 6 月，我国搜索引擎用户规模达 5.93 亿人，使用率为 83.5%，用户规模较 2015 年年底增加 2635 万人，增长率为 4.7%；手机搜索用户数达 5.24 亿人，使用率为 79.8%，用户规模较 2015 年年底增加 4625 万人，增长率为 9.7%。不管是在全体网民中还是在手机网民中，搜索引擎都是第二大互联网应用，可见投资前景和潜力巨大。

2015 年全球移动广告市场营收增长 105.5%，其中搜索引擎贡献了 50% 以上的收入。这组数据意味着移动搜索市场表现出强劲的增长势头，已经占到了移动广告市场的半壁江山以上。

这份数据报告与国内移动搜索市场的发展情况基本相符，2013 年以来国内移动互联网已经进入发展快车道，百度、腾讯、搜狗等加强了在移动搜索方面的投入，构筑了移动搜索的围墙。同时，还有一批后来者进入移动搜索领域，推出各类的移动 APP，移动搜索进入“群雄争霸”的时代。

不过，移动搜索不同于 PC 搜索，简单地把 PC 搜索复制到移动平台上是很难成功的，并且移动端搜索还会出现分化，垂直化特征更加明显。这对搜索引擎公司而言，将是一个全新的挑战，而对于移动搜索市场的后来者，将是一个新的机遇。

尽管各大搜索引擎厂商都在积极布局移动搜索市场，但是移动搜索市场仍处于快速发展之中，格局并未形成。据悉，当前占移动搜索领域最大份额的也仅有 30% 左右。

移动应用发展的大趋势是逐渐脱离 WAP 网，以软件的形式存在于手机上。移动应用以手机客户端形式存在的好处在于它可以有更多的功能、更多的权限，这样就可以与其他应用融合。各种不同应用的充分融合才能使手机真正实现个人智能助理的角色。

手机搜索将成为移动互联网发展的助推器，手机搜索引擎整合搜索概念、智能搜索、语义互联网等概念，综合了多种搜索方法，可以提供范围更宽广的垂直和水平搜索体验，更加注重提升用户的使用体验。

八、手机内容共享服务将成为客户的黏合剂

当前，内容下载和共享服务已经成为互联网最重要的应用之一。根据 Cache Logic 的统计，互联网 60% 以上的流量来自 P2P（点对点）文件共享下载类应用，eMule/BT 是典型的 P2P 下载类应用，YouTube 成为用户耳熟能详的视频共享服务的代表，并被称为 Web 2.0 的代表。这些应用一般采用 P2P 技术实现，财富杂志更将 P2P 技术列为影响互联网未来的四项科技之一。虽然运营商和用户对 P2P 技术有着迥然不同的态度，但这丝毫不妨碍 P2P 技术在互联网得到广泛应用。

手机内容共享服务将成为客户的黏合剂：手机图片、音频、视频共享被认为是未来移动手机业务的重要应用领域。

九、移动支付蕴藏巨大商机

移动支付也称为手机支付，就是允许用户使用其移动终端（通常是手机）对所消费的商品或服务进行账务支付的一种服务方式。单位或个人通过移动设备、互联网或者近距离传感直接或间接向银行金融机构发送支付指令产生货币支付与资金转移行为，从而实现移动支付功能。移动支付将终端设备、互联网、应用提供商以及金融机构相融合，为用户提供货币支付、缴费等金融业务。

移动支付主要分为近场支付和远程支付两种。所谓近场支付，就是用手机刷卡的方式，如坐车、买东西等，很便利；远程支付是指通过发送支付指令（如网银、电话银行、手机支付等）或借助支付工具（如通过邮寄、汇款）进行的支付方式，如掌中付推出的掌中电商、掌中充值、掌中视频等属于远程支付。

而移动支付安全也不容忽视。2014 年的 GMIC 移动金融的闭环论坛上，在移动支付的布局中，腾讯表示愿发挥价值、共建移动支付产业链生态安全。同时，2014 年三月期 AV-TEST 权威评测报告出炉，腾讯手机管家以“三项全优”的成绩通过严苛的测试，综合排名全球第一。其中病毒查杀测试得满分、手机防盗三项全能、垃圾短信拦截率最优。

移动支付蕴藏巨大商机。支付手段的电子化和移动化是不可避免的必然

趋势，移动支付业务的发展预示着移动行业与金融行业融合的深入。

移动电子商务可以为用户随时随地提供所需的服务、应用、信息和娱乐，利用手机终端方便便捷地选择及购买商品和服务。多种支付方式，使用方便。移动支付业务飞速发展的原因得益于电子商务的发展和互联网金融的推动。据中国电子商务研究中心监测数据显示，2017 年年底，全球移动支付预计将上升至 7210 亿美元，今后几年全球移动支付业务将呈现持续走强趋势。

第三节　虚拟与实体的高度融合

早在 2008 年就有业内人士指出：当金融风暴席卷全球，传统经济遭受强烈冲击的时候，虚拟经济与传统经济能否有效地融合在一起，将是企业能否更好度过这一经济“寒冬”的关键问题。

2008 年中国国际精细化工展览会，开创了中国互联网企业首度真正意义主办线下大型展会的成功先例，也是业界与学界关注的虚拟经济和传统经济有效融合的最早的一大典型案例。

数年前，PECC 中国金融委员会主席周道炯在中小企业融资论坛上表示，虚拟经济要更好地服务实体经济，发展规模要与实体经济相匹配。在风险可控，有助于全局性目标实施的前提下，应当鼓励适度的金融创新活动，使其更好地为实体经济服务。面对金融风暴席卷全球，在这个市场大环境下应把虚拟经济作为一种平衡市场的手段。传统经济的下滑必将促进虚拟经济的发展。

“中国互联网第一股”生意宝（002095）董事长孙德良也曾说：虚拟经济与实体经济之间的“大融合”，将使新经济与传统经济之间相互渗透、相互影响、相互促进，将成为我国国民经济发展的必然趋势。

然而，直到 2014 年，虚拟经济与传统经济有效融合才真正成为现实。

2014 年 8 月 29 日“中国新闻网”报道：百度携手万达、腾讯，打造 O2O 巨无霸。2014 年 8 月 29 日，百度携手万达中国、腾讯在深圳举行战略合作签约仪式，宣布共同出资在中国香港注册成立万达电子商务公司。万达电商计划一期投资50亿元，万达持有70%股权，百度、腾讯各持15%股权。百度公司董事长兼首席执行官李彦宏、万达集团董事长王健林、腾讯公司董事会主席兼首席执行官马化腾共同出席签约仪式。

百度、万达、腾讯共同出资打造的万达电子商务公司并不仅是做O2O，即通过线上营销、线上购买带动线下经营和线下消费，还要打通账号与会员体系、打造支付与互联网金融产品、建立通用积分联盟、大数据融合、WiFi共享、产品整合、流量引入等方面进行深度合作，实现优势资源互融。这不仅是共同打造线上线下一体化的用户体验，更是在打造一种全新的商业模式。

一、现实在呼唤一种新模式的产生

百度作为全球最大的中文搜索引擎，拥有全球领先的技术实力和最广泛的大数据平台，是中国互联网最大的需求入口，也是最大的应用和服务分发平台，每日响应搜索请求超过60亿次，与LBS定位服务月均日PV超过100亿次。李彦宏在演讲中明确指出："这次万达与电商的合作，我觉得，代表一个趋势，它是一种线上和线下融合的趋势，不是从一个方向走向另外一个方向，不是从线上走到线下，也不是从线下走到线上。"

李彦宏表示，中国互联网与传统产业之间正在不断碰撞与融合，未来将会涌现更多的机会。百度在搜索、LBS等领域的优势也将会给O2O发展带来更多的想象空间。未来新业态、新模式、新技术的不断涌现，将推动这个产业更加快速、健康地发展，带给用户更多优质体验和惊喜。

互联网正在加速淘汰传统产业，如果不拥抱互联网、新技术以及移动互联网的话，可能就会被淘汰掉。百度在中国有着十几年的运营历史，其一直在试图说服实体经济的企业往线上走。到现在，已经有几十万家的企业通过百度的平台获取到了新客户、新生意等。但是，整个IT产业的变化非常快，技术进步迅速，相较之下，实体经济在拥抱新技术、新变化时，步子走得并不是很快。

众所周知，建桥是从两岸开始，再到中间对接起来，这才是最佳的建桥方式。此次百度、万达、腾讯的合作就是为线上和线下的融合架设桥梁，其三方通过合作方式，完全地拥抱互联网技术，充分利用新的变革所带来的机

会，这是一件标志性的事情，预示着未来的发展趋势，也预示着移动互联网的发展趋势。

中国互联网经过多年的长足发展，已经拥有六七亿的网民，移动互联网的成长则更加快速。过去，多数人都认为互联网的技术创新主要产生于美国，而现在，很多新的技术、新的商业模式，都是从中国开始。

现在，线上和线下的结合已经走出了PC时代的路子。PC时代中，以百度为代表的搜索引擎做的是连接人和信息，人通过传统的键盘输入关键字，找到了想要的信息。但是在移动互联网时代，更多可以做的是连接人和服务。当你有一个需求时，不仅告诉你哪里可以满足你的需求，同时也可以立刻满足你的需求。比如，当我们想去电影院观影时，不仅可以随时搜索获知电影院在不同的时间段放映的各种电影，还可以在网上选择观影位置，并可直接在网上支付票价，最后只需走进电影院就可观影，这样的情况在此前是没有的。

而这样的趋势，就要求线上的互联网公司和实体经济有更加紧密的结合。像万达和腾讯、百度这样的一种结合，就能够非常有效地推动人们更好地享受互联网带来的便利服务，并更好地推动整个经济的高速、健康地成长。

很多时候，我们会看到线下很多效率较低的运营方式，如机票，每架飞机总有不满的时候，怎样才能让每一驾飞机都满座、让运行成本可以随之下降？不仅仅是机票，餐馆、卡拉OK厅、电影院全都存在同样的问题，总共200个座位，只卖出30个座位和卖出200个座位，对于商家来说成本是差不多，但收入却差的非常多。怎么样用技术、运营的手段以及线上和线下结合的方式，提升所有经济层面的运营效率，对企业来说是一个挑战，更是一个机会。

二、虚拟与实体融合的必然性

未来的社会必然是网络的社会。有的人认为中国电商切入点要解决“人流和物流的问题”，这个判断不够精准，因为这是所有电子商务都在解决的问题。另外，当前我国大多数实体商城（包括工业园区、大型房地产），其实际经营者就是一个房地产商，他们主要是靠租金赢利，不会关心入驻商家企业的销售或生产量。目前，自主整体经营的行业性商城并不多。所以，在我国真正实体经济的行业组织没有形成或发挥应有作用前，进行超前运作有着各种困难。

当前新的电子商务模式或构想，实施起来有两大难题，一是难推广，二是容易被模仿。所以在现今的电子商务领域，仅靠商业模式设计是很难出头的。必须走实体与虚拟融合的网络建设之路，即将到来的新经济环境中，实体与虚拟的融合度是竞争焦点。

最近十年以来，电子商务的发展呈现出几何级数增长，已经从最初的信息流管理和控制，发展到目前的全供应链全方位管理和控制，利用互联网信息技术的独特优势，将信息流、资金流和物流整合到一个高效的系统内，达到了传统商业模式所无法企及的效率和成本优势。

在电子商务快速发展的浪潮下，市场的运营者已不能满足于实体的运营，而开始将眼光投向更为广阔的互联网，结合实体市场经营基础和虚拟市场的优势，积极探索新的经济发展模式。

1. 虚拟市场优势

虚拟市场是基于互联网电子商务技术、生产者、中间商和消费者等市场主体聚集并进行交易的场所，是现实市场的虚拟形态。虚拟市场是电子商务发展的必然结果，跨越时空限制，最大限度上体现了电子商务技术的先进性与有效性。

具体来说，电子商务虚拟市场相较于实体市场优势有以下几点：

（1）提高商业交易的效率。

买卖双方在虚拟市场下，卖方可以面向全球众多潜在买家方便地发布其产品、服务信息，并通过互联网与众多潜在的购买者进行交易，降低了交易过程的复杂程度，有效地提高了交易过程的效率；对于买方来说，在虚拟市场中可以更大程度地接触不同的供应商，通过互联网进行及时、有效地比较、沟通，增加采购产品及服务的渠道，获得更好的价格和更高的质量，同时简化了原本复杂的采购流程，极大地提高了采购效率。

（2）拓宽市场。

虚拟市场基于全球互联网，整合全球市场动态信息，地域、空间、国界的障碍在虚拟市场中淡化，而互联网可即时通信，既快捷又便利，大大增进了买卖双方的联系，使得买卖双方交流更为频繁，并进一步促进商业活动的进展。电子商务虚拟市场使得实体市场经营主体站在信息化的顶峰“一览众

山小”，把握市场脉搏，不断寻求和拓宽市场。

（3）降低成本。

虚拟市场下，企业利用网络营销节省了传统营销模式下的大量交易成本。小到通信费用，大到管理费用，产品积压带来的费用等经营成本都可以在虚拟市场下进一步节省。传统的商务务活动是由多个中间环节组成的供应链完成的，这些中间环节必然要耗费大量的物质资源，而电子商务可以缩短供应链的长度，减少中间环节与周转时间，节省物质资源的损耗。

随着电子商务的普及，虚拟市场对实体市场的影响日益显著，将引起实体市场革命性的变更。

2. 虚拟市场需要解决的问题

实体市场的发展常常受制于成本和效率，信息传输的效率太慢。虚拟市场恰恰成本较低并且信息量大，传播迅速，有利于买卖双方把握稍纵即逝的商机。但是，电子商务在发展的过程中需要解决一系列的问题：

（1）商品品质保障问题。

虚拟市场上，买方并不能接触到卖方产品实物，不少企业就是利用这一点，不讲信誉，制造假冒伪劣产品，以牟取暴利。这使消费者在进行购买时，对虚拟市场中的商店和商品产生不信任。许多消费者直接去商店买物品，也会买到假货，造成很多纠纷。电子商务由于其虚拟的特点，这一问题就更为严重。有人称之为“网络广告满天飞，货送上门面目非”，足见消费者的无奈。

（2）信用与支付手段问题。

由于电子商务的“无纸化”，对参加交易的各方提出了更高的信用要求。目前国内所进行的电子商务交易，其支付手段可以说是网络银行和传统方式的结合，信用卡、借记卡、储蓄卡、邮局汇款和货到付款等多种支付方式混合使用，有的甚至是使用网上查询、网下交易的方法。虽然现在商业银行逐渐完善在线支付，并普及网上银行业务等方面的工作，但在中国信用制度还很不完善的情况下，单靠银行的力量也很难解决这一问题。

（3）物流配送问题。

物流配送是电子商务的一个重要环节。在物流配送这一环节中，技术因素是一个方面的问题，而是否具有良好的商业道德，对消费者实行一种真正负责的态度，也是物流配送当中一个非常重要的因素。它在某种程度上保证了物流配送的及时和准确。利用快递公司和一些物流公司，物流的及时性和准确程度往往不能得到有效的保障，物流环节定价的不规范也是困扰消费者的一个重要因素。

而虚拟市场这些问题的解决在很大程度上需要依赖实体市场的支持和保障。

3. 实体市场与虚拟市场融合优势

其实，电子商务和实体市场在很多人眼中是两个相对体，电子商务的崛起必然会对实体市场造成冲击，但是若能将二者有效地结合，就能够发挥巨大的优势和潜能。

实体市场能够成为电子商务迅速发展的保障，电子商务能够成为刺激实体市场发展的新引擎。实体市场能够增加网购客户的信心，打消很多消费者的疑虑，而虚拟市场能快速提供更多的客户，两者相互促进，优势互补。

三、实体与虚拟的互融——“+互联网”VS“互联网+”

在实体与虚拟的互融上，有两种主要方式，一是“+互联网”，二是“互联网+”。

“+互联网”是指传统企业触网的经营形式，可以说，“+互联网”是我们今天所说的“互联网+”的初级形式，企业开网店是最常见的形式之一。

“互联网+”是创新2.0下的互联网发展的新业态，是知识社会创新2.0推动下的互联网形态演进及其催生的经济社会发展新形态。“互联网+”是互联网思维的进一步的实践成果，推动经济形态不断地发生演变，从而带动社会经济实体的生命力，为改革、创新、发展提供广阔的网络平台。

通俗来说，“互联网+”就是“互联网+各个传统行业”，但这并不是简单的两者相加，而是利用信息通信技术以及互联网平台，让互联网与传统行业进行深度融合，创造新的发展形态。它代表一种新的社会形态，即充分发挥互联网在社会资源配置中的优化和集成作用，将互联网的创新成果深度融合于经济、社会各领域之中，提升全社会的创新力和生产力，形成更广泛的，以互联网为基础设施和实现工具的经济发展新形态。

国内“互联网+”理念的提出，最早可以追溯到2012年11月，于扬在易观第五届移动互联网博览会的发言首次提出“互联网+”理念。他认为“在

未来，‘互联网 +’公式应该是我们所在的行业的产品和服务，在与我们未来看到的多屏全网跨平台用户场景结合之后，产生的这样一种化学公式。我们可以按照这样一个思路找到若干这样的想法。而怎么找到你所在行业的‘互联网 +’，则是企业需要思考的问题”。

2013 年 12 月 10 日，青岛海尔宣布与阿里巴巴展开合作，合作标的是其控股子公司海尔电器。海尔电器公告显示，阿里巴巴集团对海尔电器总投资达 28.22 亿港元，其中对其旗下日日顺物流投资 18.57 亿港元，未来可获得该公司 34% 的股权。此外以认购新股的方式对海尔电器投资 9.65 亿港元，获得后者 2% 的股权。

业界公认，马云和张瑞敏都是极强的布局者。双方各自在自己的产业链条里“深耕布局”，如今显然已到了收获的时候。做“虚拟经济”的阿里巴巴，似乎在回归实体，而做实体经济的海尔，却走向“虚拟”。企业界一致认为，当马云与同是行业翘楚的张瑞敏相遇，注定是一个标志性事件。

应该看到，我们的产业和企业正进入一个大整合、大跨界、大发展的新时代，虚拟和实体界限不再那么清楚，行业之间的差距也不那么显著。至于这种整合能走到哪里、能吸引何种企业参与，实在是个未知数。只不过，不管出现怎样的重组与渗透我们都不必吃惊，一切以市场为准绳，一切以竞争力的提高为标准。

2014 年 11 月，李克强出席首届世界互联网大会时指出，互联网是大众创业、万众创新的新工具。其中“大众创业、万众创新”正是此次政府工作报告中的重要主题，被称作中国经济提质增效升级的“新引擎”。

2015 年 3 月，全国两会上，全国人大代表马化腾提交了《关于以“互联网 +”为驱动，推进我国经济社会创新发展的建议》的议案，表达了对经济社会创新的建议和看法。他呼吁，我们需要持续以“互联网 +”为驱动，鼓励产业创新、促进跨界融合、惠及社会民生，推动我国经济和社会的创新发展。马化腾表示，“互联网 +”是指利用互联网的平台、信息通信技术把互联网和包括传统行业在内的各行各业结合起来，从而在新领域创造一种新生态。他希望这种生态战略能够被国家采纳，成为国家战略。

其后，腾讯旗下战略级产品应用宝在 2015 年推出“应用 +”，微下载也助力“互联网 +”，餐饮、旅游、影视等各个领域 O2O 应用将自身的内容与服务更快送达用户。

2015年3月5日上午十二届全国人大三次会议上，李克强总理在政府工作报告中首次提出“互联网+”行动计划。李克强在政府工作报告中提出，“制定‘互联网+’行动计划，推动移动互联网、云计算、大数据、物联网等与现代制造业结合，促进电子商务、工业互联网和互联网金融健康发展，引导互联网企业拓展国际市场。”

2015年7月4日，经李克强总理签批，国务院日前印发《关于积极推进“互联网+”行动的指导意见》，这是推动互联网由消费领域向生产领域拓展，加速提升产业发展水平，增强各行业创新能力，构筑经济社会发展新优势和新动能的重要举措。

2015年12月16日，第二届世界互联网大会在浙江乌镇开幕。在举行“互联网+”的论坛上，中国互联网发展基金会联合百度、阿里巴巴、腾讯共同发起倡议，成立“中国互联网+联盟”。

第四节　电商与物流企业将深度整合

苏宁——2015年8月10日，阿里巴巴集团将投资约283亿元入股苏宁云商，其中95亿元用于苏宁物流。双方将尝试打通线上线下渠道，苏宁云商辐射全国的1600多家线下门店、5000个售后服务网点以及下沉到四五线城市的服务站将与阿里巴巴强大的线上体系实现无缝对接。

未来，苏宁拥有的452万平方米仓储面积、4个航空枢纽、12个自动化分拣中心、660个城市配送中心、10000个快递点，将成为阿里巴巴菜鸟网络的合作伙伴，合作后的物流几乎覆盖全国所有2800个区县，而且阿里巴巴还将投资95亿元用于物流平台建设，网络完善的菜鸟物流在苏宁自有配送体系的配合下，利用大数据和云计算的优势，阿里巴巴便能够智能化定制最佳配送方案，也将给天猫和苏宁的送货上门服务提供更多解决方案。

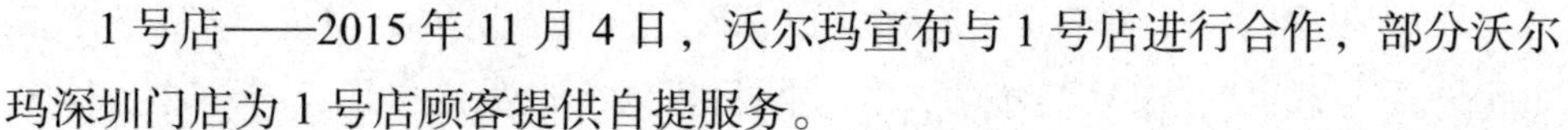

1号店——2015年11月4日，沃尔玛宣布与1号店进行合作，部分沃尔玛深圳门店为1号店顾客提供自提服务。

据了解，自2016年7月沃尔玛宣布已收购1号店余下股权后，双方一直在寻求更多全方位整合资源等合作机会，实现线上线下的协同发展。目前，沃尔玛正与1号店尝试物流配送服务的合作。从2016年10月开始，深圳市中心顾客的沃尔玛在线订单将由1号店的物流团队负责递送，1号店将使用沃尔玛高效的冷链管理技术，以确保生鲜食品在适宜的温度下按时送达。此外，1号店送货业务在明年初会覆盖所有深圳地区的沃尔玛网购订单。

爱鲜蜂——爱鲜蜂是以众包微物流配送为核心模式，专注于社区生鲜最后一千米配送，主打一小时闪电送达的电商公司。

O2O社区电商“爱鲜蜂”宣布完成C轮融资7000万美元的消息，投资方包括高瓴资本、钟鼎创投、天图资本、红杉资本等投资机构。

目前，爱鲜蜂的市场由北京拓展到上海、广州、深圳、佛山、苏州、杭州、南京、成都、天津等主要城市。

据了解，在获得新一轮融资后，爱鲜蜂将继续专注于产品打造和服务提升，通过供应链的深度梳理、物流环节的升级，快速布局国内市场。

亚马逊——为了摆脱对快递公司的依赖，亚马逊正从空运和地面物流两方面组建自己的物流系统。

据报道，亚马逊已与航空货运公司进行协商，计划租赁20架波音747飞机以发展自身的空运货物业务。

根据Seeking Alpha网站数据，20架改造后的波音767飞机的租赁成本每年约为7800万美元。远低于亚马逊公司去年支出的87亿美元运输费用。拥有飞机之后，亚马逊可以使用自身旗下的货车挂车和飞机将货物运送到分拣中心，并由无人机或卡车完成最后一公里的货物运输。

中粮我买网——作为生鲜电商的基础承载设施，冷链物流直接关系到产品的品质，始终是各家平台投入的重中之重。但受限于融资规模和投资力度等因素，这个重资产的“吞金怪兽”却一直进展缓慢。

中粮我买网依托于母公司中粮集团的资源以及不断创纪录的融资规模，重资产投入、体系化建设的冷链物流，正是其近年来稳步推进的最重要的战略之一。

2015 年 10 月，在中粮我买网获得 2.2 亿美元融资时，其 CEO 赵平原曾如此公开表态，“在未来两年中，我买网将投入 1 亿美元，用于冷链物流体系的布局和建设”。

据了解，背依中粮集团，我买网早已成功建立起了“海外原产地—我买网采购—我买网销售—消费者”的海外直采业务模式，中间不经过任何第三方的参与，大幅缩短供应链，确保消费者能够第一时间拿到新鲜的商品。我买网已经完成华北、华东、华南、华中四大区域的仓储布局，2016 年更是加快了在全国范围大规模落地建仓的力度。

日日顺——日日顺物流，是海尔旗下物流品牌。除了满足海尔自身全国仓储、配送等服务，日日顺物流早已成为在物流业占据一席之地的第三方物流企业。

2015 年，日日顺物流在三级网络布局体系下，已在全国拥有 100 个过站式配送中心，1000 个 HUB 库（规划 2000 个），6000 个服务网点，实现全国 2800 个区县覆盖无盲区。此外，2015 年，日日顺物流上线 WMS 3.0，并复制到全国。目前日日顺已实现提供全国无盲区的到村入户、送装一体的服务。

2015 年 11 月 11 日凌晨零点 14 分，北京市朝阳区的一位买家收到了刚刚在天猫购买的某品牌电视。第一单的象征意义，对于阿里巴巴和物流业都很重要。此外，除了抢下 2015 年“11.11”“第一单”，为配合“11.11”，日日顺物流宝项目使用“5+31”仓模式，全国开仓至 100 个。同时通过仓库标准化管理、信息化转型，双十一提前演练等方式，进一步提升仓库管理水平和效率。日日顺快线是日日顺物流推出的城市大件物流配送服务平台，目标是改造和提升城市物流效率。2015 年，日日顺快线实现一类城市配送的平均日单约 8 万元，二类城市配送的平均日单约 6 万元，三类城市平均配送的日单约 4 万元，四类城市平均配送的日单约 3 万元。按照一、二、三、四类城市的数量计算，城市配送市场容量在万亿以上。车小微是日日顺快线服务的承接主体，截至 2015 年 6 月，车小微加盟带动创业人数超过 18 万人。

洋码头——2015 年 9 月初，致力于跨境海外网购的平台洋码头宣布自建跨境物流“贝海国际”对第三方开放。洋码头副总裁、贝海物流事业部总经理洪小钢表示，贝海国际只做仓储、通关等关键节点，国际段运输等充分竞争市场则会采购服务。在洪小钢看来，电商平台选择自建物流主要是看重其能保证用户体验。但洋码头并没有选择为我独用，而是选择开放。洪小钢认为，现在跨境电商还没有到成熟阶段，必须打造开放的竞争环境才能把市场做大。据了解，目前贝海国际在美国、德国、英国、澳大利亚等 10 个国家和地区已建立了 10 个国际物流中心。洪小钢表示，未来会根据不同的国别而采用不同的布局，例如，在美国只有一个物流中心显然不够，而澳大利亚商业则相对集中。“企业未来在广度和深度上都会扩张，不过下半年会依托大促进行调整，先深耕现有市场。”

易果生鲜——易果生鲜被阿里巴巴集团投资后，其拓展和仓库的建立的初步规划除了与天猫超市的城市拓展计划同步外，双方也将在物流配送方面进行深度合作，易果生鲜非常看重中间端，在供应链管理和物流冷链配送方面投入了大量的资源和精力，今年全资建立了子公司安鲜达。

据悉，安鲜达是一个开放的生鲜物流冷链配送公司，可以为生鲜食品类商家提供冷库仓储、冷链干线、冷链短驳、安全质检、货品包装、分拣加工、冷链宅配、门店销售等一体化服务。

物流配送一直是生鲜电商的痛点，安鲜达希望成为中国最大的跟生鲜电商有关的专业物流公司。“目前看来安鲜达是唯一专注生鲜物流的公司，正是因为没有适合的服务商，我们在最初才不得不自建物流。”易果生鲜联合创始人金光磊直言。

阿里巴巴——2015 年，菜鸟拿地的声音没有 2014 年那么多了，但阿里巴巴无疑可以归为拥有物流的商贸企业。众所周知，2015 年双 11 阿里巴巴创下 912.17 亿元的交易额，于电商而言线下的高效物流配送是线上高订单量爆发的保证，也正因此，马云才会表现出对双 11 物流的担心并说：“两三年前当交易到了高峰，物流企业将承受巨大压力，今天下午去仓库之前心里还有些担心，到 11 月 11 日下午已经有 3.5 亿个包裹在那了，我不知道到晚上 12 点还会有多少。”

回顾阿里巴巴这一年，不管是不断持续进军国际，还是入股圆通等举措，都表明了电商在企业发展中对物流作用的看重。而在近日马云的内部讲话中也提到，在美国，电子商务难做，因为其他商业环境太好，银行很好，配送很好，所以电子商务非常难做，中国是因为什么都不好，电子商务才好做，而电子商务终究离不开物流，因此，10 年以内，中国快递行业至少增长

1000万个就业机会，而这些都是中国快递业借助电商发展的机会。

京东——2015年伊始，京东启动深化渠道下沉与农村电商战略，加速在3～6线城市、区县以至乡村市场的布局。仅2015年1月上半月，京东“县级服务中心”就已经在包括江苏省宿迁市、湖南省长沙县、四川省仪陇县、山东省平度市等全国多个县市正式开业，预计年内开业数目将超过500家。而面向大家电一站式服务的“京东帮”服务店也已经在河北省赵县、四川省大邑县、山东省宁津县、广东省连州市和山西省太谷县等多地开业，年内更有望开到上千家。

电子商务公司纷纷主动自建物流体系，这一切都预示着电商与物流的深度整合将成为趋势。

一、传统物流的局限性

传统物流不注重信息平台的资源整合，卖家发货往往要绕一大圈才送到买家手上，卖家可以自主选择与哪个快递物流公司合作，而物流公司这时候就稍显被动。这样的运作方式，不仅造成资源上的浪费，而且快递物流公司的主动权得不到发挥，造成整个物流业一片繁忙却甚少赢利的局面。

我国物流行业效率低下，成本过高的另一个原因是缺乏集约化的物流企业。没有一个物流企业能够做到，直接把田间地头的蔬菜直接送到大城市的菜市场，而是通过层层的外包，几经转手才能完成这一工作。

中国的物流企业不愿意和别人去合作，而更愿意经营独立王国，如果多做融合，也许中国会出现属于自己的快递巨头。未来的物流企业不能只依托于运输货物，它必须能够综合运输、仓储销售通路甚至包括资金流、综合供应链，这样才能可持续发展。

二、物流成制约中国电商发展的瓶颈

众所周知，决定电子商务发展有三大要素：信息流、资金流、物流。目前绝大多数电商企业都基本解决了信息流和资金流的问题，而物流却成了电子商务企业发展的切肤之痛。

消费者对电商物流的关注主要包括以下几个要素：

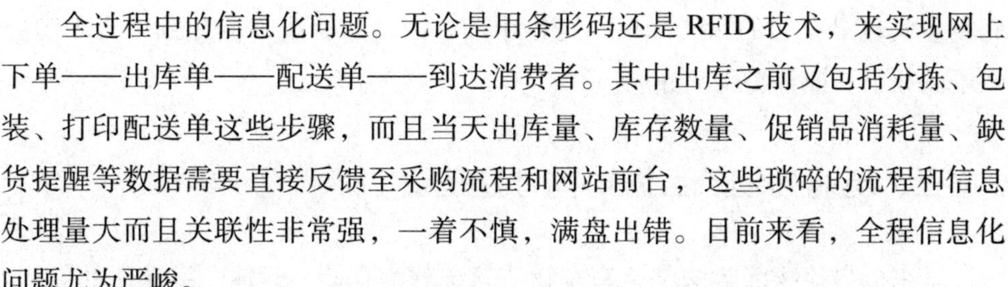

全过程中的信息化问题。无论是用条形码还是 RFID 技术，来实现网上下单——出库单——配送单——到达消费者。其中出库之前又包括分拣、包装、打印配送单这些步骤，而且当天出库量、库存数量、促销品消耗量、缺货提醒等数据需要直接反馈至采购流程和网站前台，这些琐碎的流程和信息处理量大而且关联性非常强，一着不慎，满盘出错。目前来看，全程信息化问题尤为严峻。

配送速度。配送速度是电子商务企业客户满意度的最重要考量标准。

覆盖范围。配送范围须非常明确并及时更新，现在经常出现某个区域的消费者在网站上下单之后才发现所处区域无法配送的尴尬。

物流仓储的安全与保障。仓储的环境、库位的设计、摄像头以及其他安保措施等细节之处。

态度与服务。其实，很多消费者根本不会考虑物流配送企业和电子商务企业是两个企业，配送人员的态度和服务质量决定的是电子商务企业自身的品牌和形象。

价格与成本。如何降低物流成本，不仅是电子商务企业的想法和目的，也是物流企业需要好好思考的问题。

货到付款。作为一种新兴的模式，越来越多的电子商务现在采用货到付款这种方式，由物流公司协助电子商务企业进行收款，物流在电子商务环节日益重要。

通过以上分析，可以总结出电商需求物流的特点：信息化、安全、迅速、满意。然而，传统的物流企业却限于自身的发展问题，无法理解电子商务对物流的需求，电子商务与物流，本来是个双赢的良好局面，目前却因为各种各样的原因产生了一些令人遗憾的错位。

然而，在目前的大环境下，配送时间过长、配送过程中产品的安全问题、难以找到高标准的仓储企业、配送全流程中的信息化问题、配送人员面对客户时的服务态度以及综合素质等，这些问题，几乎存在于每一个电子商务企业发展过程中，大家往往对电子商务的物流配送方面的不尽如人意感到抓狂。

所以，针对这一普遍现象，一方面物流企业需要对电子商务领域的需求进行深度挖掘；另一方面，又需要物流公司积累在物流领域的专业经验。这一现实的需求必然促进电商企业与物流企业的融合，使物流企业致力于为电商企业实现最合适的物流配送，帮助中国电商企业解决物流瓶颈，为中国的电子商务早日插上腾飞的翅膀。

三、电商与物流互融协同才是王道

京东以自建物流为法宝，京东物流系统分为仓储、运输、终端三部分，终端是配送站，运输是干支线运输。不同于业内将跨省运输称作干线，京东内部是将跨大区运输称作干线，大区内运输统称为支线。鲸吞蚕食，京东不断扩张自营物流地盘，长三角、珠三角、环渤海湾基本是京东物流体系全覆盖，不借助任何第三方物流公司。

但有业内人士认为，京东物流现在还是温室里的花朵，京东是用户体验第一，成本第二，放在社会上与物流同行比拼成本，如何保证用户体验与成本平衡？京东物流成为公共平台之后，流程怎么做才能保证最优，达到自营货物的服务标准？

顺丰速运，于 1993 年 3 月 26 日在广东顺德成立，注册资金 1 亿元。随着客户数量的不断增长和国内经济的蓬勃发展，顺丰将网点进一步扩大到广东省以外的城市。经过十几年的发展，顺丰已经拥有 6 万多名员工和 4000 多台自有营运车辆，30 多家一级分公司，2000 多个自建的营业网点，服务网络覆盖 20 多个省、直辖市和我国香港、台湾地区，及 100 多个地级市。

与诸多“快递优而物流”的同行相比，顺丰坚持只做快递，而且只做小件，不做重货。在大方向确定的前提下，顺丰按照客户细分设计了自己的产品价格体系，与四大国际快递重叠的高端不做，五六元钱的同城低端也不做，剩下的中端客户被锁定为唯一目标。

但顺丰也有很多问题，首先，其运营模式受资金的影响很大，在直营模式下，只能用赢利的资金来建立新的公司，顺丰从来不使用银行的钱，建立新点的资金均来自公司赢利。

其次，直营模式下，所有网点的管理理念都为总公司统一策划，一旦总公司方面有半点战略性失误，很可能造成全盘皆输的惨局。

再者，如果说产品定位可以改变的话，邮政则是无法逾越的红线。这或许是顺丰埋藏在隐形衣下的最大痛楚。

从2001年开始，邮政与快递之间的矛盾激化，邮政部门开始大肆查抄快递公司的非法货件。之后，围绕几易其稿的邮政法，双方又展开了激烈的争论和博弈。邮政与四大跨国快递巨头在国际线路上无法竞争，实际上打压的真正目标是民营快递，要从后者夺走的市场中抢回市场份额。顺丰承运的快件是小件，很多是文件和单据，也是邮政最敏感的货件。据了解，在创业初期，顺丰就没有少挨罚。最多的一年，顺丰被罚款达500万元之巨。

在这种局面下，王卫采用低调的态度，或许只是一个不得已而为之的可悲现实。如同业内人士所说："顺丰的确有很多问题，但它的起点，实际比30年前的联邦快递是要高很多。唯一不同的是，美国开放了邮政，但中国还没有。这实际上决定了顺丰的发展是有天花板的。"

其实，无论是京东、顺丰，还是日日顺，或者韵达，在电商崛起的时代不与电商融合，要做强做大是不可能的。

1. 电商企业建物流体系是从被动转向主动的举措

电商推动自建物流体系的原因存在多种理解：有被动因素，也有主动因素；有战略投资，也有资本需求；有管理升级挑战，也有行业竞争必然。整体汇集分析，主要是五大价值因素：

（1）找不到适合自身业务发展需求的物流服务商。由于物流服务需求的不可预测性，物流运营网络涉及的广泛性，市场快速增长的不可预测性以及电子商务物流的相对特殊性。电商选择自建物流中心、整合配送资源，成为了当前电子商务主流的物流体系建设模式。

（2）迎合资本市场，建立线下实体有形资产。对于电商而言，有形资产更容易稳定投资者的信心。另外，商务规模的成长需要实体的展现，对于已上市的企业，需要通过物流体系的不断扩张，进一步展现企业持续高速成长的能力。

（3）管理升级的必然。物流运营管理为电子商务提供有力的数据支持，可以实现订单管理与物流服务的有效协同以及基于供应链管理的采购计划、库存控制、市场预测的有机匹配。

（4）供应链"链主"的价值使命。作为分销商的电商，真正做到"主动"发展，一定要具备供应链"链主"的实力。在市场受限于客户、产品受限于制造商（品牌商）的现状下，以物流和供应链体系为核心已成为电商企业的重要战略。

（5）地产投资与税收的吸引。各大电商选择自建物流中心，迎合了当地政府招商引资、吸引新型服务业需求的同时，也获得当地优厚的税收政策，无意中实现了圈地投资策略。

未来50年，电子商务将成为主流的消费模式，其核心服务体系是由“小前台+大后台”组成，物流与供应链体系将是其重要的“大后台”，因此电商必须重视“大后台”整体实力的建设，在完成当前仓储体系“硬实力”建设之后，基于供应链体系下的现代物流管理成为了管理核心。

2. 电商企业涉足物流业

2010年6月，淘宝网宣布推出淘宝大物流计划，分别是基于物流信息、交易消息和商家ERP系统全面打通的淘宝物流宝平台以及淘宝物流合作伙伴体系和物流服务标准体系。2010年10月，淘宝网乃至整个阿里巴巴集团决心自建物流，淘宝计划用两年时间在全国52个城市陆续建立分仓，以解决掣肘发展的物流问题。同时阿里巴巴还将入股部分物流公司，并与它们开展仓储方面的合作。2011年4月26日，阿里巴巴与浙江省邮政物流速递有限公司签署了协议，双方将在仓储和配送等外贸物流环节进行合作。

从第一步基于交易、物流信息、商家ERP等信息领域涉入，到第二步阿里巴巴决定自建物流（即物流重要节点的52个仓储网络体系），再到外部整合资源与浙江省邮政物流速递的战略合作。马云看到了当前和未来——物流将是电子商务的主要短板与潜在危机。马云不仅关注尚待提高的物流服务质量，更在意当前物流服务商不能够为其所控，无法按照淘宝电子商务物流体系的标准体系发展。

更重要的是，通过有效的市场预测和供应链计划管理，引导建立淘宝平台独有的供应链管理体系。这一体系是在建立服务于淘宝B2C、C2C多模式下的标准供应链管理体系，整合商流、物流、信息流，实现淘宝大物流的发展战略。未来，淘宝大物流供应链体系里汇聚了买家购买物品的庞大信息（如地址、购买商品、消费习惯等）。这些数据通过深度挖掘，可以细分出各区域、各分类人群的需求，并通过过去的购买信息以及物流信息预测未来的需求，这才是隐藏最深的价值所在。

3. 物流业切入电子商务

2011年4月顺丰速运集团总裁王卫表示，未来现金流、信息流、物流

“三流”的结合将是企业未来的走向。在物流业做大之后，顺丰将在电子商务和金融业务上开疆辟壤。除顺丰外，其他物流企业同样对电子商务虎视眈眈：2010 年中国邮政携 TOM 合作的 B2C 电子商务网站“邮乐网”上线；2011 年 4 月中铁快运打造公共网络交易平台“快运商城”正式上线运行；申通在杭州搭建电子商务平台，2011 年年底上线……

物流企业涉入电子商务领域，可以说是“逆向而行”，也可以看成从被动服务到主动服务的角色转变，有的尝鲜，也有的迎合资本。深度剖析，主要基于如下因素：

（1）对于电子商务的认识肤浅，从外行角度对电子商务的认识不足，认为电子商务仅仅是建立一套基于门户平台，再利用自有的物流体系就可以运作的模式。电子商务行业都在大力推动自建物流体系，可以看出物流是电子商务发展的核心竞争力，物流企业误认为自己掌握了所谓“核心竞争力”，盲目地向上下游衍生。

（2）第三方物流长期处于被动服务的角色。在被动服务客户的时候，看到电子商务热火朝天地发展，也有试水的想法，希望抓住眼前的一线商机。

（3）资本的驱动，电商建立物流体系受到了资本的热宠，当前具备一定优势物流网络的企业在资本的鼓动下，满怀信心地涉入电子商务领域。

（4）弥补业务吃不饱。当前第三方物流企业，利润的空间靠的是整合与集约，有平台的情况下自己也想“跑跑马”，在实现新业务探索的同时，也弥补了物流体系吃不饱的现状。

2011 年 5 月，国家邮政局发布的 3 月快递邮政业申诉情况通告，快件延误、快件丢失及内件短少的问题占有效申诉量的比重较大。可以看出物流没有做好，盲目涉入非专业领域，带来的将是致命的风险。

目前，物流企业涉入电子商务，仅仅是一种探索。在荆棘满地的发展之路上真正要做成功，需要具备专业的团队和科学的管理体系。在当前物流服务都不能够做好的前提下就盲目涉入，呛水那是迟早的事情。

4. 电商与物流企业互融协同才是王道

未来的市场竞争将不再是单个企业的竞争，而是行业供应链整体的竞争，电子商务与物流唇齿相依、互融协同，谁掌握了电子商务的供应链，成为真正的链主，谁就会赢在未来的电子商务。有人说，阿里巴巴的马云、京东商城的刘强东、顺丰速递的王卫是未来电子商务与快递融合后的“三足鼎立”的王者。这一天也许会到来，因为他们都是在做好自己领域的同时，延伸到整体供应链建设，都具备做链主的条件。

四、标志性事件——“菜鸟”成立

2013年5月28日，阿里巴巴集团、银泰集团联合复星集团、富春集团、顺丰集团、三通一达（申通、圆通、中通、韵达）以及相关金融机构共同宣布，“中国智能物流骨干网”（简称CSN）项目正式启动，合作各方共同组建的“菜鸟网络科技有限公司”正式成立。其目标是通过5～8年的努力，打造一个开放的社会化物流大平台，在全国任意一个地区做到24小时送达。此次合作也被业内视为中国物流行业的一次大规模整合。

菜鸟网络专注打造的中国智能物流骨干网，将通过自建、共建、合作、改造等多种模式，在全中国范围内形成一套开放的社会化仓储设施网络。同时利用先进的互联网技术，建立开放、透明、共享的数据应用平台，为电子商务企业、物流公司、仓储企业、第三方物流服务商、供应链服务商等各类企业提供优质服务，支持物流行业向高附加值领域发展和升级。最终建立社会化资源高效协同机制，提升中国社会化物流服务品质。菜鸟通过打造智能物流骨干网，对生产流通的数据进行整合运作，实现信息的高速流转，而生产资料、货物则尽量减少流动，以提升效率。有人认为这种运作模式将颠覆传统物流模式。

据悉，菜鸟网络的注册资金为50亿元，前三期投资将合计3000亿元。建立智能物流骨干网的一个重要基础是仓储干线建设。菜鸟在这一方面也下足了工夫。菜鸟网络CEO沈国军介绍，同时启动的拿地建仓项目已包括北京、天津、广州、武汉、金华、海宁等十多个城市。金华的金义都市新区，则有望成为阿里物流的第一个创业基地。包括中西部地区在内，在全国八个重要城市建立主干网络。

菜鸟网络的诞生实质上就是淘宝大物流计划的落实，不过这次是阿里巴巴借助第三方物流的方式来实现，马云再次搅动电商物流，将引发新一轮电商物流竞赛。

五、从物通天下到汇能天下

物通天下是指物流通达天下，可以将自己的商品运到世界上的任何一个角落；“不同而和谓之汇，集大成者方为能”，汇能天下是指汇聚各方资源，集成各方要素。中国古代用了两三千年才逐步实现了物通天下。“菜鸟公司”的成立就是典型的现代物通天下到现代汇通天下的转变。

2009 年 3 月，国务院印发了《物流业调整和振兴规划》，这是我国第一个物流业发展规划，也是当年十大规划中唯一的服务业规划。为了推动物流业发展，国务院又在 2011 年 8 月 19 日出台了物流“国九条”。物流“国九条”是对《物流业调整和振兴规划》的深化和细化，曾一度被视为我国物流行业发展的新希望。但“国九条”实施后，部分企业认为以往存在的问题现在依然存在，对物流行业大部分企业来说，似乎未享受到相关惠政带来的真正利好，反而是邮政收费的“达摩克利斯之剑”一直在快递企业的头顶高悬。

阿里巴巴集团旗下淘宝和天猫平台网络零售交易额在 2012 年就已经突破 1 万亿元，日包裹量 1200 万单，单日峰值超过 7200 万单。2015 年，中国网络购物市场交易规模达到 3.8 万亿元。按此增长速度，在可预见的几年内网络零售交易额将触及 10 万亿节点。高速发展的电子商务所代表的中国新经济，急需构建规模更大、效率更高、网络更完善、服务更优质的社会化物流基础设施。

马云的阿里巴巴要干的事就是完全占据物通天下和汇能天下的制高点。淘宝（包括天猫等其他衍生平台）能够笑傲江湖的立足点是以支付宝为平台打造的汇通天下。其实，如果没有现代物流业的飞速发展，哪怕就是有 10 个马云，淘宝也只会是和 8848.COM 一样的结局，因为在 8848.COM 所在的那个年代，物流和信用的缺失根本支撑不了 8848.COM 走到今天，这就注定了 8848.COM 的没落。

电商与物流企业的整合是目前中国电商正在上演的大戏，这个趋势将进一步发展，因为过高的流通成本拖缓了国内消费的拓展脚步。数据显示，2001 ～ 2011 年，中国的物流成本占了 GDP 将近 18%，而这一比例在大多数发达国家仅为 8% ～ 10%。这两个数据的背后，反映的就是整个物流行业目前发展虽然比较活跃，但是发展水平粗放、简单。在居高不下的物流成本面前，消费者必须花更大的价钱来购买生活用品，电商也不得不支付更高成本。而任何模式的产生，都是对现有状况的革新，方向都是降低成本，创造效益。菜鸟网络计划用 5 ～ 8 年的时间，努力打造遍布全国的开放式、社会化物流基础设施，建立一张能支撑日均 300 亿元（年度约 10 万亿元）网络零售额的智能骨干网络，要在物流的基础上搭建一套开放、共享、社会化的基础设施平台。中国智能骨干网体系，将通过自建、共建、合作、改造等多种模式，在全国范围内形成一套开放的社会化仓储设施网络。

电商和物流在经过暗战之后的再次牵手，相互依存的两个行业互相进入对方的领域是一种必然选择。用马云的话说，就是依靠合作伙伴的力量要远远胜于自己通吃，因为让专业的人去做专业的事，会让行业更好地发展。天猫旗下的“菜鸟”正走在一条整合电商与物流企业的道路上。

六、中国电商与物流融合的缺失——呼叫中心

“耍猴”是一种大家十分熟悉的简单的娱乐形式，但这种娱乐活动要成功延续，就必须各自分工合作：有敲锣的，有耍猴的，有收钱的。如果从这个角度出发，目前这个电商与物流的融合，还缺失个“敲锣”的角色——呼叫中心。

1. 呼叫中心的功能

呼叫中心是充分利用现代通信与计算机技术，如 IVR（交互式语音 800 呼叫中心流程图应答系统）、ACD（自动呼叫分配系统）等，可以自动灵活地处理大量各种不同的电话呼入和呼出业务和服务的运营操作场所。呼叫中心在企业应用中已经逐渐从电话营销中心向着 CTI（计算机通信集成）综合呼叫中心转变，已经将电话、计算机、互联网等多种媒介综合应用于营销、服务等多项工作当中。如图 4 所示。

2. 电商物流融合中，呼叫中心的缺失

电子商务呼叫中心是将语音查询、自助服务、人工服务紧密结合，把购物网站进销存、配送资源、供应链资源、客户资源等通过网络进行整合，建立起网络购物的快速反应机制，增强客户群体与购物网站的互动，实现资源的统一分配与利用。系统为一个开放的对话平台，购物网站客服人员与客户进行互动和协作，从而完成客户服务与客户关怀。同时，客服人员能够随时

了解到网站内部的进销存状况，方便对商品和供应商的各项信息进行掌握。

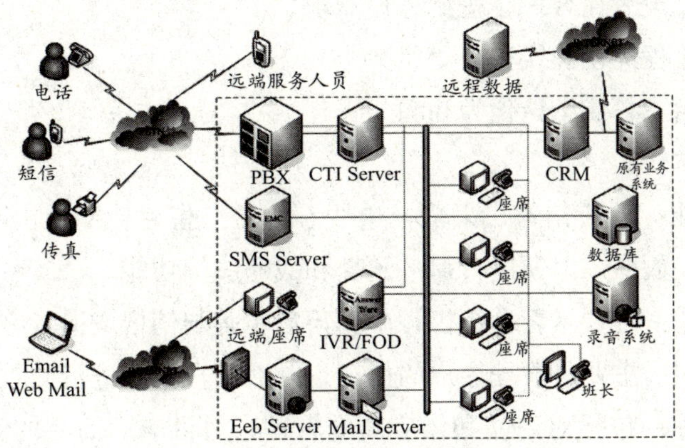

图4　呼叫中心工作模式

（1）建设价值。

①对于小型 B2C 企业来说，电话就是呼叫中心。小型企业的销售热线，就是最简单的呼叫中心。没有复杂的业务构架，没有完备的知识库，没有复杂的 CRM 系统，一切依赖于销售员的个人素质和记忆力。同时，这种模式投资很小，负担很轻，与企业的规模匹配。

②对于从事电视购物、电话购物、平面媒体直销等业务的企业，呼叫中心是必不可少的一环。这些业务模式的主要限制就是无法直接产生交互，通过呼叫中心提供交互式服务成为唯一解决手段。需要注意的是，简单的客服电话适合于小企业，呼叫中心适合大一些的企业。成本与业务规模必须均衡。

③对于客户群体很大的电子商务企业，呼叫中心是提高销售效率的手段。经验数据显示，电话营销的销售效率是上门销售的 5 倍。

④对于大型的电子商务企业，呼叫中心是提高用户体验的绝佳手段。如消费者如果获得不好的体验，完全可以用呼叫中心解决，呼叫中心能够提供最容易找到的沟通渠道、及时的投诉或者需求响应、完备的知识和非公开化的商家处罚信息。

（2）电子商务呼叫中心的特点。

①为客户提供个性化服务，增进客户忠诚度。

②提高订货成功率，直接增加销售额。

③减少订单受理时间，提高话务效率。

④减少投诉和回呼次数，节省销售成本。

⑤及时发现潜在客户，挖掘客户需求。

⑥工作流程优化和线程简化。

⑦将呼叫中心成本转化为利润。

（3）具体功能。

查询功能：分析销售、采购、进线、物流、售后、编播、商品开发等实际情况和报表数据，以便进行财务预算和战略决策功能。

销售管理：主要是管理销售订单，售后单等与销售或退货有关的内容。

客户管理：主要是管理客户的信息，并对客户资源进行回收分配等管理。

商品管理：包括对商品和供应商的管理、对供应商商品的管理以及对采购计划、采购订单方面的综合管理。

媒体管理：主要是管理媒体、广告计划、媒体编播，并分析统计媒体商品销售报表等。

库存管理：主要有库存控制、设置库存警戒线，并对库存商品的调拨和盘点方面进行管理。

网店管理：主要是处理电子商务下的销售单据，并分析统计电子商务商品销售报表等。

财务管理：主要是管理财务方面的业务，如预收款、调价单，还有对库存商品和客户的结算业务。

物流管理：指对快递公司资料的编辑和物流回单的处理。

呼叫管理：主要是对呼叫中心的坐席、呼损等方面的管理。

系统管理：系统管理包括对系统参数的设定和对编码规则更改密码、配置坐席以及热键设置的管理。

统计管理：系统提供了非常丰富的报表，多维度分析数据，并以图表形式显示。

目前无论是电商企业还是物流企业，呼叫中心的建设明显滞后，要充分发挥电商与物流的融合优势就必须大力开发呼叫中心，使之真正成为协调和信息处理中心。

3. 响应中心将会取代传统呼叫中心

企业响应中心是从传统呼叫中心的基础上发展起来的，呼叫中心从第一代发展到现在的第四代，已经从原来的人工热线电话系统升级为具有接入和呼出方式多样化的特点，支持电话、VOIP 电话、计算机、传真机、手机短信、WAP、寻呼机、电子邮件等多种通信方式。能够将多种沟通方式和格式互换，可实现文本到语音、语音到文本、E-MAIL 到语音、E-MAIL 到短消息、E-MAIL 到传真、传真到 E-MAIL、语音到 E-MAIL 等模式的自由转换。

而第四代呼叫中心也有其先天的不足，它不能有效打通企业、电商、物流、客户之间的端到端核心业务流程，同时也不能有效实现数据的有效管理，因此，基于 UC、SOA 和实时服务总线技术的、具备 JIT 管理思想和作为全业务支撑平台的响应中心应运而生。图 5 为响应中心工作场景图。

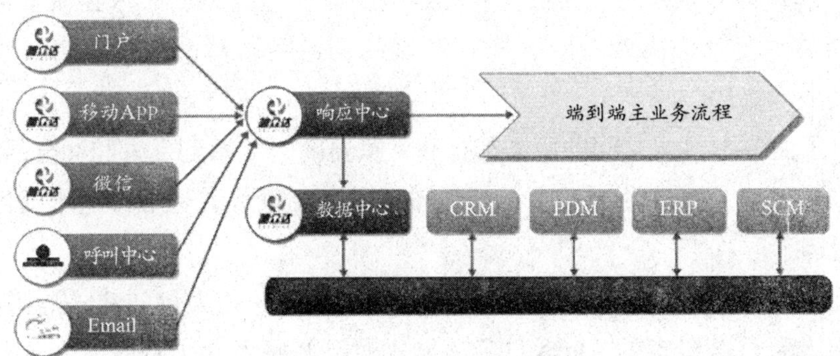

图5　响应中心工作场景图

第五节　四位一体模式或将成为商业主流

一、关于商业模式的有益探索

纵观全球，信息技术革命催生了以深度互动为特征的电子商务时代。面对残酷的竞争和日益缩减的利润，企业必须重新思考获利的途径和方式才能继续生存。因此，新商业模式的探寻和创造就显得更为重要，也更具有挑战性。海尔首席执行官张瑞敏把海尔成功的秘诀概括为“第一是创新，第二是创新，第三还是创新”，由此可见，创新对于企业的意义之大。

回溯到2005年的“中国电子商务大会”，当时eBay易趣与淘宝在会场互相抨击，双方的工作人员更是在展台布置上尽显江湖气派，令电子商务大会变成了两家公司的“阵地战”。随后两年，电子商务迎来了第一轮变局：老贵族eBay易趣黯然没落，淘宝在C2C领域独领风骚。更出乎意料的是，战火落幕，紧接着C2C模式没落。

C2C模式最大的贡献是让商户和消费者都认识了电子商务，但也令“假货”问题成为顽疾，最终影响购物体验并制约电子商务的发展。在C2C模式下，平台处于中立，无须为买卖双方担责。以淘宝为例，买家在淘宝买了假货，淘宝并没有法律责任，而B2C的网站则由网站对消费者负责，这便是B2C的成功秘诀。

电子商务中，诚信问题历来都是非常重要的，关系到个人和社会的发展。在我国电子商务发展的过程中，诚信体系的匮乏也一直是阻碍电子商务发展的重要因素。

据业内人士称，许多B2B平台为了冲击流量，花大量的钱去购买流量，然后用人为点击出来的Alexa排名，欺骗对互联网不甚了解的广大企业主用户。传统的C2C网站对卖家的产品质量缺乏必要的监督机制，容易让广大消费者的权益受到损害；B2C网站虽然在很大程度上保障了买卖双方诚信交易，但在利益的驱使下，仍然暴露了不诚信行为。被媒体广泛关注的“25元门”“盗版门”“旧货门”“砖头门”等一系列事件，恰恰说明了这个问题，一时间，引起了众多网友不满。

电子商务的发展面临着网上信用的巨大挑战，网上诚信成为公众和企业普遍担忧的问题。调查表明，有过网上交易经历的企业对电子商务的不信任比例高达36.3%，公众所占比例稍低，为13.3%。在对“你对电子商务最担心的问题是什么”的回答统计中，企业中回答“诚信”的比例为23.5%，排名第一，公众中回答“诚信”的比例为26.34%，略低于产品质量，这表明诚信已成为公众和企业在网上交易时普遍担忧的问题。

公司进入投资发展领域是一次战略性选择，更是企业发展的必然结果。在市场环境风云变幻、竞争日新月异的今天，电商企业既要毫不动摇地肩负

起推动社会诚信建设的使命，承担带动就业和创业的社会责任，又要坚定不移地继续探索电子商务行业发展之路。所有这一切，都需要企业以发展的眼光，与社会各界创造性地展开深度合作，凝聚智慧，形成合力，团结一切能团结的力量，才能真正推动社会诚信、促进公平贸易，打造企业自身的价值。

中国经济出版社的王振岭社长曾说："电子商务的实质就是解决企业与企业的问题、人与人的问题、人与信息的问题、人与商品的问题。"用一句话概括，电子商务的实质就是利用信息技术的发展，为顾客创造更高的服务价值。所有模式的创设、发展无不是围绕这一问题展开的。

现在，很多网络营销产品，如网络实名、搜索引擎、网络广告、电子地图、在线客服等，其服务商之间没有进行有效整合，都是在单兵作战，都是在以单一的营销手段为中小企业提供网络营销服务，这种道路是走不长远的。于是有人开发了属于每一个会员自己的网站平台，比在 C2C 网站平台开个人网店要更具优势。会员伙伴无须每天花费大量的时间守店和服务，也无须任何原始资本的投入，人工、进货、仓储、发货、售后服务等各项工作的管理及资金投入都由网站承担。会员不但可以把自己经营的商品放在商城上销售，同时也可以代理直购官方网站所有的商品资源。这就为会员提供了前所未有的便利条件，同时也大大节约了投资成本。

《牛津管理评论》里有文章写道：三流的企业卖力气，二流的企业卖产品与服务，一流的企业卖品牌与技术，而超一流的企业卖的是规格。这说明要做一流甚至超一流的企业，无论是品牌、技术还是行业规格，都是需要去创造的。重视商业模式的创新和利用，才是赢得市场的利器。想要走在时代的最前沿，就必须寻求改变。

二、UPCC四位一体的商业模式

UPCC 就是用户（user）、产品（products）、渠道（channel）、企业（company）4 个英语单词的首字母组合，用以描述一种全新的商业模式。

电子商务现在的主打商业模式是 B2C、B2B 和 O2O 等，而梁海宏写的、清华大学出版社出版的《连接时代——网络化商业模式解密》一书中则指出一种四位一体的商业模式，然而，四位一体的商业模式是否会成为商业主流呢？

产品的智能化、连接性让产品回到了其服务于消费者使用的本质（而非更多考虑生产的可行性或者产品的特殊定位）。基于其智能连接性衍生的各种功能一方面让产品使用变得更为便捷，使用中效能的发挥更突出；另一方面也让产品作为一个连接终端发挥着与外界连接的作用。后者一定程度上让产品脱离了其本身的功能使用价值，产品使用情景被包括进来，并被加以利用。通过产品使用情景的丰富性，更多相关的服务被包括了进来。这就是产品作为终端的连接价值。

从这个意义上说，产品作为终端的背后就是更为通用的渠道。以往，产品更多的是依赖渠道，现在产品则有可能将渠道整合进来。因为产品的连接性，用户、渠道、企业的特征在这个地方都得到了体现。用户的信息在这里汇集、上传，企业的战略、诉求在这里落地。用户（user）、产品（products）、渠道（channel）、企业（company）四位一体的特征在这里表现得淋漓尽致。

四位一体的商业生态之所以能够成为可能并且有效运转，关键是其背后有网络化和数据化（大数据）的支撑。这样一种模式更具有生态性，跟基于分工的功能区隔或机械的流水线流程设计是完全不同的。网络化让不同的主体便利地连接起来。主体之间不再孤立，或者仅仅停留在逻辑思维上的相关性，而是在实际运作的过程中就相互依赖，相互支撑。以前这种依赖或支撑尽管也非常重要，但局限于信息采集、物品运输方面的限制（很大程度上是一种空间限制），往往只停留在了表面。因此一定程度上可以说连接性是对商业空间约束的一种突破。

大数据确保了连接的记忆性和前瞻性。基于大数据记录下来的信息让商业的运作不仅仅停留在了当前，还与过去发生了关系。这种关系不是停留在纸面或者逻辑思维上。对过去记忆的价值挖掘也使得对未来的预判成为一种可能。从这个角度讲，大数据拓展了商业的时间特征。网络化的连接性和数据化的大数据最终在时空层面拓展了未来商业的空间。

用户、产品、渠道、企业四位一体的生态这样一种商业模式不但让未来商业的发展丰富性值得关注，更是直接影响到现有商业的一些核心概念和规则。如我们对交易、赢利、价值、产权等各方面的理解。下面就这几个相关方面来分析一下。

连接价值的出现让产品本身的财产权、归属权变得不再重要。以往我们

会考虑去购买一件产品，然后才有使用权。几乎所有的商业模式都是基于这样一种买卖交易。一件产品出售出去以后，除了售后服务外，跟供给的企业基本上没有什么关系。消费者购买了以后，这个产品就变成自己的，哪怕买回来一次不用，也需要自己去买单。在这个意义上，一个消费者购买了一辆汽车开了30万千米，跟一个开了10万千米的消费者付出的成本是一样的（如果单纯考虑早期购买车的花费，不考虑中间各位维修费用差异以及二次出售获利情况的话）。

这样一种看似公平，其实包含着“自认倒霉”的不公平，属于分工时代一种相对粗放的商业模式：财产私有，各负其责。而且财产可以用金钱很好地去衡量，并在不同主体之间进行流转。每个主体需要对自身的财产负责，这包括本身已有的财产和别人转化来的财产，但不包括已经流转出去的。

杰里米·里夫金在《第三次工业革命》对私有财产与共享、金融资本与社会资本关系的论述非常精彩，带给我们很多启发。结合本书前面论述到的时代差异的观点，一定程度上可以说私有财产、金融资本的重要性都属于分工时代的产物。连接时代连接价值的发挥，将会逐渐削弱私有财产、金融资本对社会的影响力，共享连接、社会资本的价值会得到更大的发挥。

共享连接意味着各自付出，各取所需。每个人在四位一体的生态中付出自己的努力，然后获得自己应得的收获。社会资本意味着连接的可能性以及对潜在付出和收获的评估。例如，买一件商品不一定非得支付金钱，也可以将自己的口碑影响力，或者使用产品后的数据，承诺未来的连带消费等拿来作为交换条件。

在一个完整的四位一体商业情景中，甚至有可能因为系统连接的广泛性，使所有传统意义上的交易理念失去意义，不同主体之间形成的完全是一种共生共荣关系。即使有数字意义上的货币的计算和流转，但已经与我们现在对货币的理解完全不同。

这样一种形态其实暗示只要连接足够长，大家也愿意付出努力，那么就可以免费获得几乎所有的生活所需。这种努力包括具体的工作，也包括将自己相关的一些信息贡献出去，甚至包括将自己的社会关系贡献出去。合约、手机其实只是商业的一半。商业的另一半是手机厂商或者电信提供商，很多时候也在做一些营销活动，甚至需要一些消费者将他们的背景信息、社交信息等贡献出来，并付给他们一定的费用。

一个最简单的脱离所有权、货币的例子就是：一家手机厂商（或电信提供商）送给一个用户一部手机，但条件是该用户在未来的2年中将自己使用手机的所有数据授权给前者，或者将自己所有社交媒体上的关系授权给前者。用户收获的是一部手机，手机厂商收获的是用户使用信息以及周边的朋友关系，这些意味着未来产品升级的成功概率和产品潜在购买人群的增加。这里我们看到，消费的过程跟生产、销售、推广的过程出现融合，它们之间原来相对的隔离被逐渐消除。现实基于连接思维的商业会比这个更复杂，也更精彩。

在这样一种情景下，消费者完全可以不用为直接的商品买单，而是为直接的产品使用买单。而且即使是产品使用的费用，也可以通过将自己的使用时间、在平台上的使用数据交换出去，或帮助供应商去解决其他用户的问题等方式全部免除或部分免除。即使不能免除，其收费也可以采用一定时间内付租金等方式来解决。传统所有权的概念在这里会逐渐淡化。交易、货币这些在传统商业中的核心概念将被逐渐淡化，或者性质发生很大的变化。而这就是连接时代的商业模式。

四位一体的新商业模式给我们描绘了未来商业的一个图景，让我们顿悟"连接"对于人类、社会、信息革命所产生的重大革命。

三、电子商务的蛋糕依然在发酵

中国电子商务从无到有，从0到10万亿，仅仅花了17年时间，平均增速34%。这是一个令人惊讶的高速度。

（一）中国电子商务仍将继续高速发展

2015年中国电子商务市场交易规模为16.2万亿元，增长了21.2%。未来，电子商务仍然将继续保持高速发展的势头。2011～2017年中国电子商务市场交易规模及预测见图6。主要源于以下原因：

第一，国内政策支持与引导。继工业和信息化部2012年3月发布的《电子商务发展十二五规划》后，商务部于2013年11月21日发布了《促进电子商务应用的实施意见》，并推出十大措施促进电商发展。商务部积极推进制定《电子商务法》，既对电子商务交易主体给予法律约束，又能够保证消费者权益，通过

规范网络购物行业发展，规范市场秩序，推动电子商务健康有序发展。

第二，电商企业加速转型。从各电商企业的发展重点来看，一方面各电商企业瞄准开放平台缓解电商企业供应链管理的压力，降低由自营产生的高费用率，另一方面可以扩充品类和单品数，在最大限度上满足消费者的需求。B2B 企业方面，主要以促进平台交易为发力重点，同时增加增值服务，在平台大数据等领域继续深化发展。

第三，网络购物的渗透率持续攀升。根据艾瑞咨询发布的中国网络购物市场数据，2015 年中国网络购物市场交易规模达到 3.8 万亿元，同比增长 36.2%。

从网购市场份额来看，B2C 市场中天猫占比近六成，继续领跑 B2C 市场，京东发展迅速，在自营 B2C 市场中占比过半。随着网民购物习惯的日益养成，网络购物相关规范的逐步建立及网络购物环境的日渐改善，中国网络购物市场将逐渐进入成熟期，未来几年网络购物市场增速将趋稳，移动互联网的发展促使移动网络购物日益便捷，中国网络购物市场整体还将保持相对较快的增长。

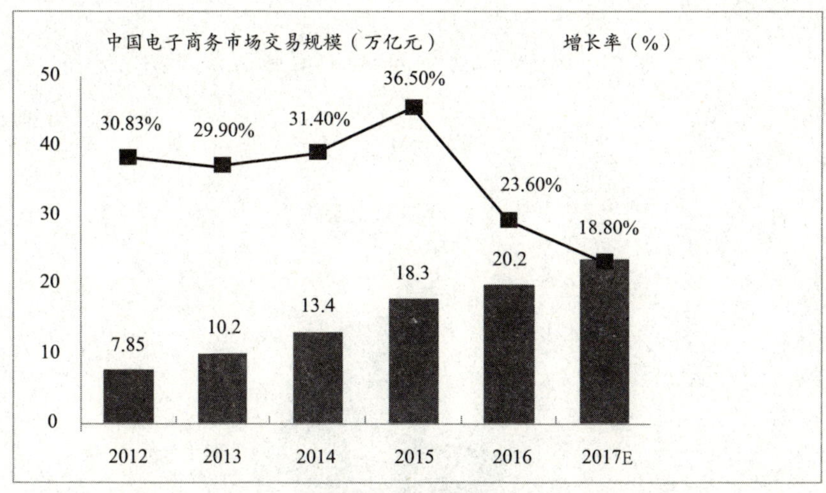

图6　2011～2017年中国电子商务市场交易规模及预测

（二）目前中国电子商务发展状况

1. 电商市场结构稳定，网购及在线旅游占比增长

2015 年电子商务市场细分行业结构中，规模以上 B2B 占 27.8%；网络购物交易规模市场份额达到 23.6%；在线旅游交易规模占比为 2.6%，O2O 占比

1.2%。如图 7 所示。

电商企业专门打造的双十一购物节持续刷新纪录，近年来传统零售商加速“触电”脚步，移动网购的快速发展使中国网购市场整体保持迅速增长；此外，在线旅游市场虽然占比较低，但近年来受机票、酒店、旅游度假等细分市场不同程度的驱动，一直保持 30% 以上的增长，逐渐成为电子商务市场重要的组成部分。通过线上线下的相互融合，加快传统企业电商化进程速度，O2O 逐步落地，发展更加多元化，服务类 O2O 日成规模，未来发展潜力巨大。

企业间电子商务仍是主体

网购与O2O拉动电商整体增长

艾瑞咨询最新数据显示，2015年电了商务市场细分行业结构稳定，企业间电子商务占比有所下降，整体减少至71.7%，网络购物和本地生活服务O2O在电商市场中的占比较上年提升。

2015年中国电子商务市场细分行业构成

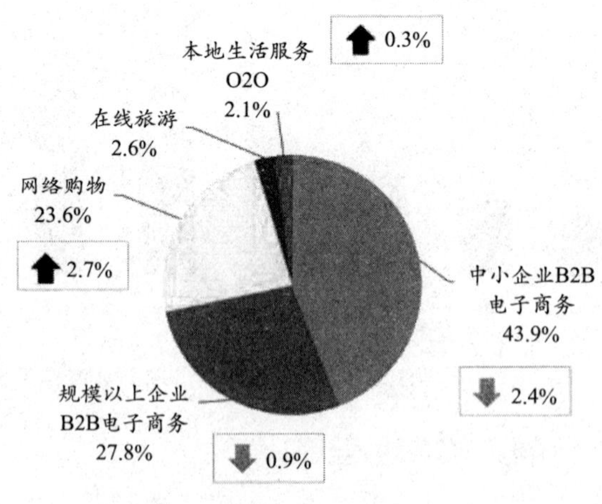

来源：综合企业财报及专家访谈，根据艾瑞统计模型核算

图7　2015年中国电子商务市场细分行业构成

2. 未来趋势展望

未来，O2O模式发展迅速，进入电商主流市场。移动网购成为网购核心增长点。统计数据显示，中国电子商务市场细分领域中，中小企业B2B电子商务仍然是规模最大的领域，复合增长率25%。此外，O2O及移动网购为未来几年增速最快的细分领域。

未来电子商务市场中发展速度最快领域为移动网购和O2O市场。其中，移动网购方面，传统电商巨头着重培养用户移动端使用习惯，我国的网络覆盖系统日趋完善，更多手机、平板电脑的用户开始利用碎片时间，移动网购成为用户填补碎片时间的一大选择。同时，PC端网购增速逐渐放缓，移动市场成为电商企业新增长点，促使移动网购市场成为各电商企业追逐争夺的目标。

O2O方面，传统行业中本地生活服务O2O市场起步较早，发展相对成熟，餐饮、票务等O2O已经初具规模。以扫码/声波支付为主的反向O2O刚刚兴起，基数较小，不过随着扫码、声波技术的成熟，预计未来反向O2O市场规模将超过千亿元。

第六节 美国电商发展给中国电商从业者的启示

美国电商发展早、规模大、模式新，他们的发展对中国同行具有重要的参考意义。

一、美国电商发展的新特点

1. 市场渗透率高

数据显示，2014年美国的互联网用户约为2.5亿人，市场渗透率高达77.8%。其中已经有约3/4的互联网用户属于网购人群，网购渗透率达到71.6%。如图8所示。

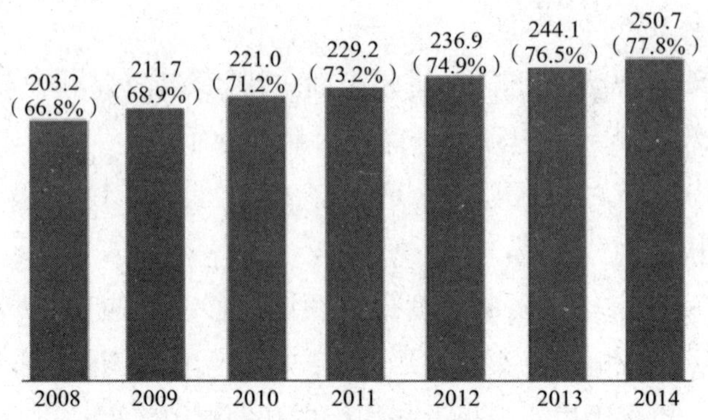

图8 2008～2014年美国互联网用户和渗透率

如此高的互联网用户渗透率和网购渗透率意味着美国电子商务的增长更多的来自老用户线上销售额的提高，而不是吸引新用户的参与，这点与中国的情况不太一样。

2. 前景广阔

2015 年美国电子商务销售额达到 3340 亿美元，占美国全部销售额的 10% 左右。在未来五年内，电子商务将保持 10% 的年复合增长率，预计 2019 年网络零售额将达到 4800 亿美元。随着数字商品变得成熟，实物商品将引领电子商务领域的增长。

而 2012 年美国的线上交易占社会消费品零售总额的比例不过 6%。未来这一比例将最终达到 20% 或是更多。如此将有更多商品品类的销售额转移到线上。

3. 移动端的交易额逐年上升

美国移动互联网发展迅速，来自移动端的交易额也是逐年上涨，并且这一趋势在未来相当长的一段时间内都将持续。未来，移动互联网将不仅带来电子商务交易额的增加，也将使得电子商务的交易方式发生一些改变。

数字显示，2013 年美国移动端的成交额达 390 亿美元，较 2012 年的 250 亿美元增长 56.5%。2012 年来自移动端的交易额占比达到 11%，2013 年达到 15%，2015 年美国移动端的成交额达到 712 亿美元，预计 2017 年移动端的成交额达 1086 亿美元，占比提升到 25%。如图 9 所示。

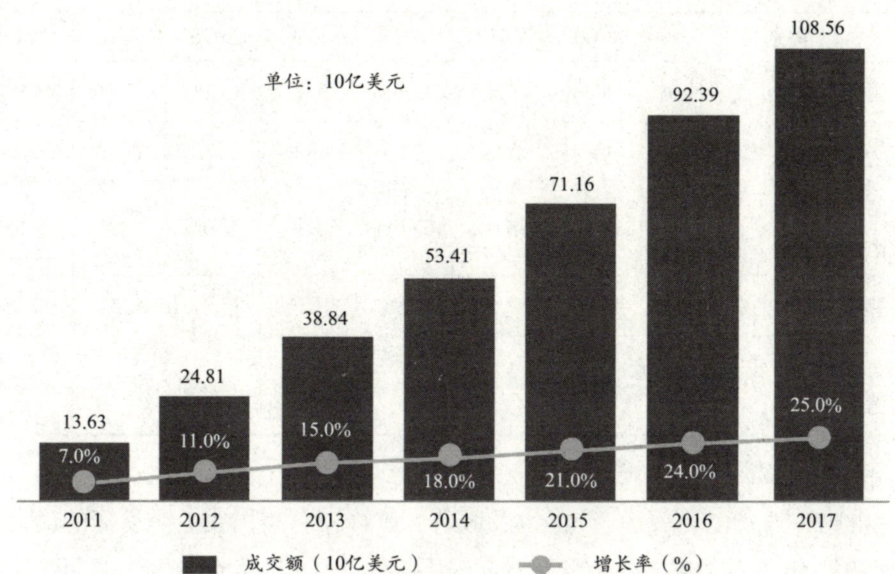

图9　2011～2017年美国移动端交易额变化情况

平板电脑是驱动移动商务的关键。数字显示，目前来自移动设备的交易额平板占到了65%，手机则为35%，预计到2017年，比例将是71.5%和27%。

移动商务交易额的迅速增长得益于智能手机和平板电脑等移动设备的普及。2013年，有7940万美国消费者使用移动设备购物，占有整体网购人群的51%。预计2017年，这一比例将提升至77.1%。见下表所示。

表　2011～2017年美国移动买家变化情况

单位：百万

类别	2011	2012	2013	2014	2015	2016	2017
移动购物者人数	34.0	57.0	79.4	98.9	114.9	128.7	138.8
占购物者人数比例	23.7%	38.2%	51.0%	61.1%	68.5%	74.0%	77.1%
智能手机购物者人数	26.2	41.3	52.3	63.4	73.9	83.0	89.7
智能手机用户占移动用户比例	29.0%	35.0%	38.5%	41.0%	43.0%	44.5%	45.0%
移动购物者占比	77.2%	72.3%	65.8%	64.2%	64.4%	64.5%	64.6%

续表

类别	2011	2012	2013	2014	2015	2016	2017
智能手机占消费者比例	18.3%	27.6%	33.6%	39.2%	44.1%	47.7%	49.9%
平板电脑购物者人数	15.5	50.0	70.6	88.2	102.2	116.5	125.1
平板电脑用户占消费者比例	50.0%	58.0%	63.0%	68.0%	72.0%	77.0%	78.0%
移动用户占消费者比例	45.5%	87.6%	88.9%	89.2%	89.0%	90.5%	90.2%
智能机用户占消费者比例	10.8%	33.4%	45.4%	54.5%	60.9%	66.9%	69.6%

4. 什么品类卖得最好

电脑、消费电子等 3C 产品以及服装、服饰占有美国线上交易额的最大份额，2013 年二者加起来占有 42.9% 的交易额，2016 年达到 46%。然而大宗产品，例如汽车配件以及食物和饮料的线上销售额并不令人十分满意，但是这也预示着电商巨大的成长空间。目前，这些商品的销售大部分还是来自线下。

就品类来看，很多品类 2012 ～ 2017 年的复合增长率将达到 14.0%。例如服装、服饰和图书、音像制品的年均复合增长率分别达到了 17.2% 和 16.3%。与此同时，食物和饮料等线上销售额较低的品类预计也将获得比较高的增速，预计年均复合增长率将达到 17%。如图 10 所示。

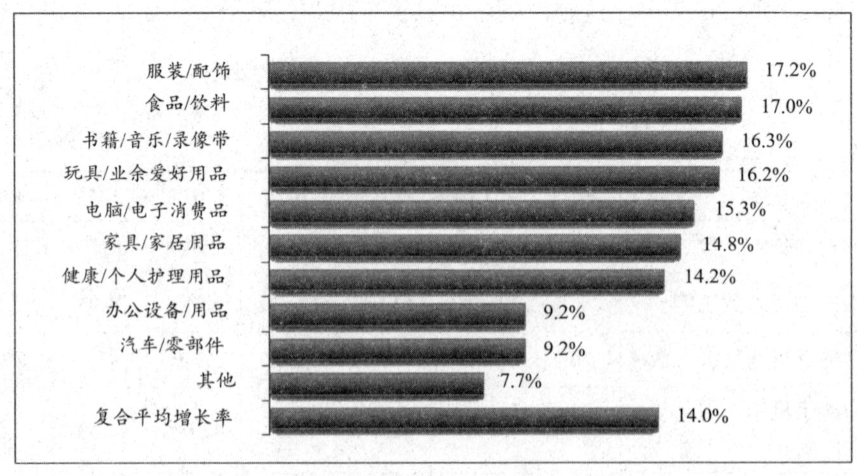

图10　2012～2017年美国一些品类的复合增长率

二、美国电商模式发展的一些新趋势

市场研究机构 eMarketer 以及 Forrester 预测，2018 年美国电商公司的营业额将达到 5000 亿美元。

对于站稳脚跟，能在市场上分得一杯羹的品牌来说，升级现有业务、营销和销售策略来迎合现代消费者的需求，将会变得非常重要。购买行为和科技的变化已经大大影响了人们的购物方式。接受这些变化而不是反抗它们的公司，将会更容易赢得消费的喜爱。

2017 年影响品牌和消费者关系的三大新兴趋势是：

1. 订阅销售模式：常规消费品创造可预见的营业额

2010 ～ 2012 年期间，订阅模式的时尚品牌 Beach Mint 从投资者那里获得 7500 万美元融资，投资者们都很看好“消费者只需每月缴纳固定费用，就可收到 Beach Mint 奉送的精心包装礼物”这种营运模式。

由于其他零售商都只是规规矩矩地等着客户回头购买，Beach Mint 的商业模式就显得非常有吸引力。它们表示，购物者们只要每月缴纳固定费用，就有新的和令人兴奋的礼物送到家门口。

Dollar Shave Club 和 Naturebox 取得了很大的成功。2015 年，在声称成功突破电商订阅模式的瓶颈后，这两家公司分别从顶尖投资者那里获得了 7500 万美元和 3000 万美元的融资。

当然，对于许多现存的品牌来说，有一个简单的方法可以开启订阅销售，而不需要改造现有的商务模式。比如，亚马逊推出的“Subscribe and Save”服务，使用此服务，消费者可每月定期收到他们所需产品，并且每个订单可享受 15% 的折扣。对于很多购物者而言，只需点击订阅，既简单又方便，还可以获得折扣。对品牌而言，这是赚取可预见营业额和大大提高客户终生价值的完美方式。

2. 加强营销内容创造，针对潜在客户进行推广

很多年来，内容营销都是 IT 方面的事情。遗憾的是，很多人都没有明白实行有感染力的内容营销策略意味着什么。一些品牌只是盲目地发博客，进行影像视频宣传，却很少考虑如何有效推广他们的品牌故事。因此很多企业

花费数百万进行营销，却没能挖掘到真正的客户。2016年，由于营销人员发现了宣传推广品牌内容的重要性，我们可以看到很多美国电商已经开始在推广品牌方面改头换面，去吸引客户的注意力。

Threadless的市场营销和社交媒体专家Kyle Geib表示，2016年不仅要创造出吸引人的营销内容，还要把它推广到感兴趣的消费者那里。Geib说："我们将致力于内容创造，通过有趣新奇的内容把人们吸引到Threadless来，从而加强Threadless的品牌形象。"

这就包括更多的视频创作，在博客上发表更多文章或采访，以及加强Threadless品牌的视觉效果。营销预算不止会用于内容创造，部分还将用于付费链接，把营销内容推广到正确的观众面前。

为了品牌宣传，电商企业必须创作出吸引人的、鼓舞人心或者可靠的营销内容，他们就必须找到合适的方法把精心创造的营销内容推广到潜在客户面前。如果缺少专门推广内容的广告预算，电商企业还可以在产品页面增添视觉营销内容——影像视频。

3. 线下实体店推动线上交易增长

在购买之前，触摸、感受和使用产品能够让消费者更加安心。虽然详细的产品描述、良好的顾客评价、高清晰图像和产品展示视频，都是促使消费者下单购买产品的有效方式，但有些品牌的产品销售还是消费者亲身体验过后效果更佳。

自2013年，电商巨头Bonobos和Warby Parker从最开始的数字平台零售商开始向线下扩展业务。几年内，这两家企业开设了几十个实体店，证明了电商产品线上线下都可以卖得很好。

开办一家实体店的好处并不那么明显。虽然繁荣地段的客流量可以带来新的订单，一个在网上犹豫是否下单的消费者，在进入店铺或者样品室参观后可能就会买下产品了。此外，消费者还可以选择网上下单，然后去实体店取货或者退货。每次消费者进入实体店，他们就能进一步了解产品，然后可能在观看的时候进行购买。

三、对中国从业者的启示

美国是电子商务的先行者，对于中国的电子商务从业者必须认真总结他们的经验教训，对其发展路径和模式进行认真分析。从上面介绍的美国电子商务发展的新特点和营销模式中，我们至少可以获得以下启示：

1. 巩固老用户，提高老用户的线上销售额

当市场渗透率和网购渗透率达到一定比例后，电子商务的增长将更多的来自老用户线上销售额的提高，而不是吸引新用户的参与。中国的情况虽然不太一样，但作为战略思考，必须未雨绸缪，巩固老用户。

2. 利用移动互联网发展电子商务大有可为

来自移动端的交易额正在逐年上涨，未来，移动互联网将不仅带来电子商务交易额的增加，也将使得电子商务的交易方式发生一些改变。

对于移动互联网发展电子商务的广阔发展空间，无论电商企业还是个人网店经营者都必须加以重视。

3. 必须不断探索新的营销模式

上面介绍的美国电子商务营销的新模式——订阅销售模式、加强营销内容创造、线下实体店推动线上交易增长，我们需要好好吸纳，认真研究，洋为中用。除此，也要不断创造新模式，探索新模式，用创新促发展。

4. 选好营销品类

电脑、消费电子等 3C 产品以及服装、服饰基本上占美国线上交易额的一半。然而汽车配件、食物和饮料的线上销售额并不令人十分满意。服装、服饰和图书、音像制品的年均复合增长率分别达到了 17% 左右，这就为营销品类的确定指明了方向，特别是个人网店经营者承受风险能力低，没有多少本钱去做试验，必须从年均复合增长率高的品类入手。

参考文献

[1] 黄若 . 走出电商困局［M］. 北京：东方出版社，2013.

[2] 黄若 . 我看电商［M］. 北京：电子工业出版社，2013.

[3] 陈月波 . 电子商务赢利模式分析［M］. 杭州：浙江大学出版社，2011.

[4] 李芏魏 . 电子的战国［M］. 北京：社会文献出版社，2013.

[5] 梁海宏 . 连接时代：未来网络化商业模式解密［M］. 北京：清华大学出版社，2014.

[6] 赵大伟 . 互联网思维独孤九剑［M］. 北京：机械工业出版社，2014.

[7] 马丁 . 决胜移动终端［M］. 杭州：浙江人民出版社，2014.

[8] 胡世良 . 移动互联网商业模式创新与变革［M］. 北京：人民邮电出版社，2013.

[9] 刘伟毅，张文 . 获利时代：移动互联网的新商业时代［M］. 北京：人民邮电出版社，2014.

水藏玺已出版作品

序号	书名	出版社	出版日期
1	吹口哨的黄牛：以薪酬留住人才	京华出版社	2003
2	金色降落伞：基于战略的组织设计	中国经济出版社	2004
3	睁开眼睛摸大象：岗位价值评估六步法	中国经济出版社	2004
4	管理咨询35种经典工具	中国经济出版社	2005
5	看好自己的文件夹：企业知识管理的精髓	中国经济出版社	2005
6	绩效指标词典	中国经济出版社	2005
7	培训促进成长	中国经济出版社	2005
8	拿多少，业绩说了算	京华出版社	2005
9	成功向左失败向右：在企业的十字路口如何正确决策	中国经济出版社	2006
10	激励创造双赢：员工满意度管理8讲	中国经济出版社	2007
11	人力资源管理最重要的5个工具	广东经济出版社	2008
12	人力资源管理体系设计全程辅导（第1版）	中国经济出版社	2008
13	企业流程优化与再造实例解读	中国经济出版社	2008
14	金牌班组长团队管理	广东经济出版社	2009
15	薪酬的真相	中华工商联合出版社	2011
16	流程优化与再造：实践、实务、实例	中国经济出版社	2011
17	管理成熟度评价理论与方法	中国经济出版社	2012
18	流程优化与再造	中国经济出版社	2013
19	定工资的学问	立信会计出版社	2014
20	互联网+时代业务流程再造	中国经济出版社	2015
21	管理就是解决问题	中国纺织出版社	2015
22	年度经营计划管理实务	中国经济出版社	2015
23	学管理、用管理、会管理	中国经济出版社	2016
24	人力资源管理就该这样做	广东经济出版社	2016
25	人力资源管理体系设计全程辅导	中国纺织出版社	2016
26	年度经营计划制订与管理	中国经济出版社	2016
27	互联网+：电商采购、库存、物流管理实务	中国纺织出版社	2016

本书案例来源及技术支持

南粤商学　信睿咨询　CPIO协会

南粤商学　南粤商学是由国内知名管理专家水藏玺、张少勇、崔宇杰、徐一农、梁江洲等为核心发起人，联合近300位南粤优秀企业家及企业高级管理者，以传播南粤优秀企业管理经验，推动中国企业提升管理能力为使命创办的研究机构，旨在帮助中国企业转型升级，为早日实现“中国梦”而努力。

信睿咨询　信睿咨询是由国内知名管理专家水藏玺、吴平新发起，以“持续提升客户经营业绩”为追求目标建立的专业机构，始终坚持“以客为尊，以德为先”的经营理念，信睿咨询率先提出的“与客户结婚”和“咨询零收费”模式，开创了国内咨询行业全新的商业模式。

CPIO 协会　深圳首席流程创新官协会（Chief Process Innovation Officer，简称 CPIO）由国内知名管理专家水藏玺、张少勇等发起，旨在帮助企业打造一批优秀的 CPIO。

CPIO 的工作职责覆盖首席信息官（Chief Information Officer，CIO）、首席创新官（Chief Innovation Officer，CIO）和首席流程官（Chief Process Officer，CPO）的范畴，优秀的 CPIO 是企业经营系统升级的主要推动者和责任承担者。